MACD震荡指标入门与技巧

炒股指标之王技术详解

股市实战专家　永良◎著

立信会计出版社
LIXIN ACCOUNTING PUBLISHING HOUSE

图书在版编目（CIP）数据

MACD震荡指标入门与技巧/永良著.--上海：立信会计出版社；2016.4

（擒住大牛）

ISBN 978-7-5429-4928-8

Ⅰ.①M… Ⅱ.①永… Ⅲ.①股票投资－基本知识

Ⅳ.①F830.91

中国版本图书馆CIP数据核字(2016)第041217号

策划编辑　　蔡伟莉

责任编辑　　蔡伟莉　　彭秋龙

封面设计　　久品轩

MACD震荡指标入门与技巧

出版发行　　立信会计出版社

地　　址　　上海市中山西路2230号　　　　邮政编码　　200235

电　　话　　（021）64411389　　　　　　传　　真　　（021）64411325

网　　址　　www.lixinaph.com　　　　　　电子邮箱　　lxaph@sh163.net

网上书店　　www.shlx.net　　　　　　　　电　　话　　（021）64411071

经　　销　　各地新华书店

印　　刷　　廊坊市华北石油华星印务有限公司

开　　本　　787毫米×1092毫米　　　　　1/16

印　　张　　16.75　　　　　　　　　　　插　　页　　1

字　　数　　253千字

版　　次　　2016年4月第1版

印　　次　　2017年9月第3次

书　　号　　ISBN 978-7-5429-4928-8/F

定　　价　　42.00元

前　言

　　K线图又称蜡烛图，起源于日本，由本间宗久所创，本间家曾富甲天下，后来他选择学佛参禅，于享和三年（1803年）去世。他的著作被后人整理编成了后来的《酒田战法》一书，这就是日本蜡烛图的早期图形版本。

　　或许是《酒田战法》没有完全归纳本间宗久大师的蜡烛图真谛，本书将蜡烛图引向更深的境界。传统归纳的蜡烛图形态非常看重实体之间的变化而忽略了较长周期的趋势变化和趋势中的加速度变化，所以本书在兼顾传统蜡烛图形态的同时，也注重研究和开发新的技术以弥补这一不足，使蜡烛图研究更趋于完美、精辟、准确。

　　利用经典的MACD指标就能很好地提高K线信号的准确率，加上通过分析MACD红柱和绿柱的加速度变化，更能有效地规避风险，提高胜算，让投资者能够轻松识别K线信号的真假！

目 录

MACD震荡指标入门与技巧

目
录

第一章

经典反转上涨形态

经典反转上涨形态组合，如图1-1所示。

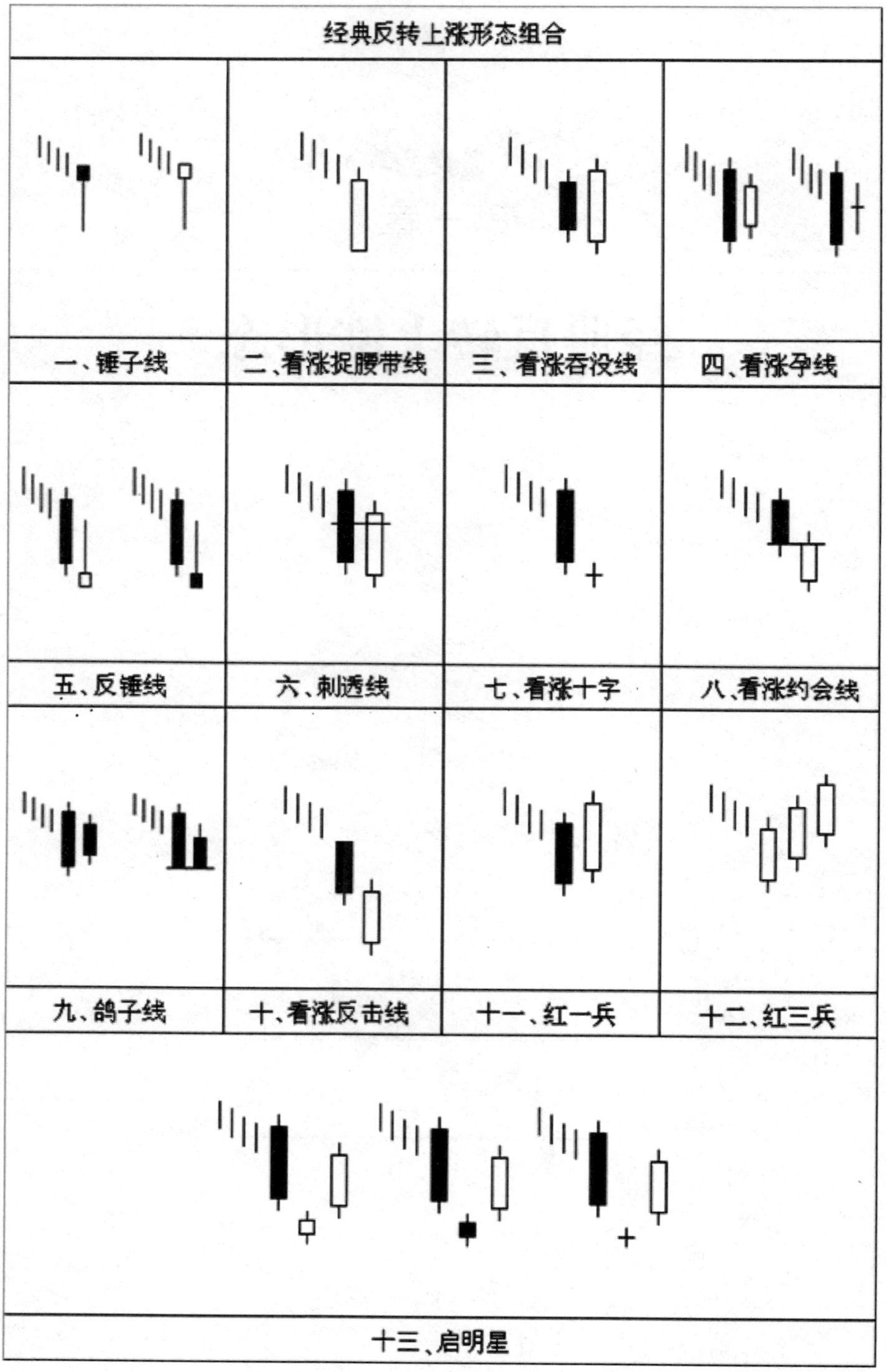

经典反转上涨形态组合			
一、锤子线	二、看涨捉腰带线	三、看涨吞没线	四、看涨孕线
五、反锤线	六、刺透线	七、看涨十字	八、看涨约会线
九、鸽子线	十、看涨反击线	十一、红一兵	十二、红三兵
十三、启明星			

图1-1　经典反转上涨形态组合

一、锤子线

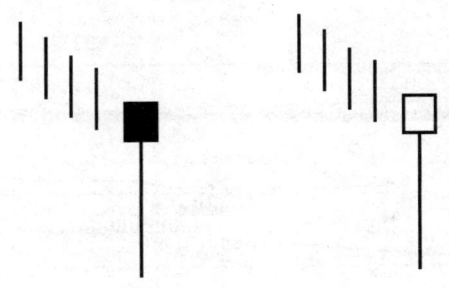

图1-2　锤子线

说明：前期股价一直处于下降趋势中，今日盘中股价一度下跌（有可能创出昨日最低价或支撑点价位的新低），然后尾盘又大幅回升接近今日最高价的位置。这样的行情很有可能会形成日内阶段 V 形底部形态，所以传统上锤子线被定义为看涨反转形态，但是否真的会反转还要看后续走势才能确认。（如图1-2所示）

传统要求：

1.股价近期处于明显的下降趋势中，也可以是整理区间的下调走势中。

2.实体很小而且阴阳不用区分，也有可能是开盘价与收盘价相同或接近，甚至开盘与收盘价相同。

3.下影线的长度越长越好，一般来说下影线是实体的 2 倍以上，但几倍不是硬性标准。

4.不能有太明显的上影线，上影的振幅不能高于1%，最好是没有上影线。

案例：ST百科（600077）锤子线

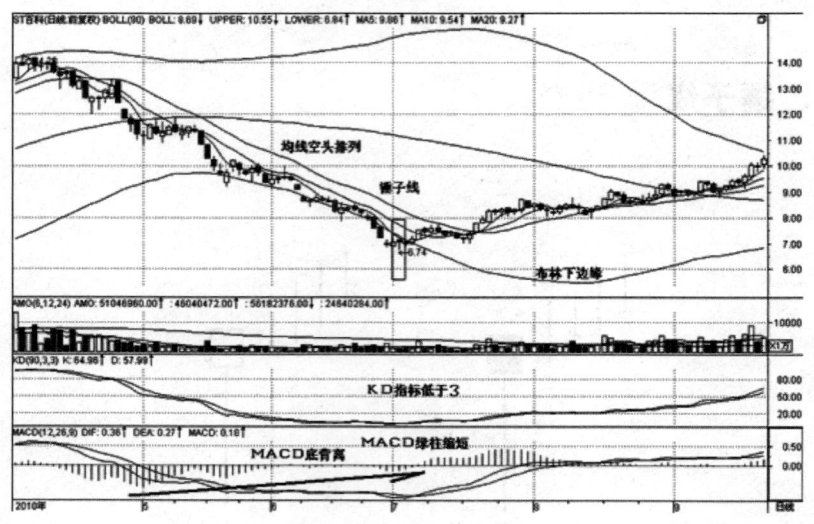

图1-3　ST百科（600077）　锤子线

　　图1-3是个股ST百科（600077）2010年4月1日至2010年9月21日的行情走势，股价在4月初走出顶部后一路下滑，5日、10日、20日均线分别死叉，之后均线出现空头排列的姿态，大致可以将此看成是下降趋势线，在这个大环境下，股价在7月2日收出一根标准的锤子线，它好像在试图让更多的短线投资者能够看到它，吸引他们的注意，因为这根锤子线在暗示着"反转上涨"。

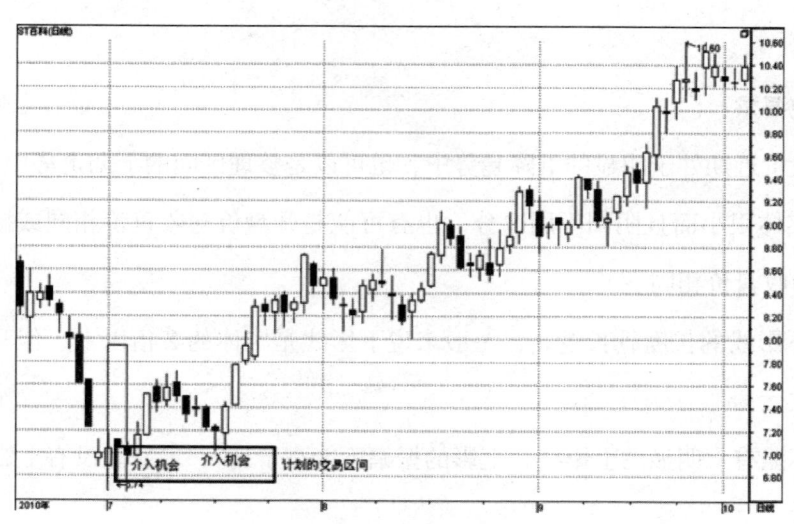

图1-4　ST百科（600077）　后期走势

后期走势： ST百科（600077）7月2日的这根锤子线出现后，股价立即出现了一小段上涨，整个波段赢利约30％。（如图1-4所示）

二、看涨捉腰带线

图1-5　看涨捉腰带线

说明： 前期股价一直处于下降趋势中，今日股价低开（开盘有可能创出整个下降趋势的新低），而且当日最低价就是开盘价，然后股价一度拉高，在接近当日最高价附近收盘，在高处留下一段小上影线，传统上捉腰带线被定义为看涨反转形态，但是否真的会反转还要看后续走势才能确认。（如图1-5所示）

传统要求：

1. 股价近期处于明显的下降趋势中，也可以是整理区间的下调走势中。

2. 实体较大，并且必须是阳线，也有可能是最高价与收盘价接近，甚至最高价与收盘价相同。

3. 没有下影线。

4. 如果有上影线，上影线的长度不能超过实体长度的三分之一。

案例：青岛双星（000599）看涨捉腰带线

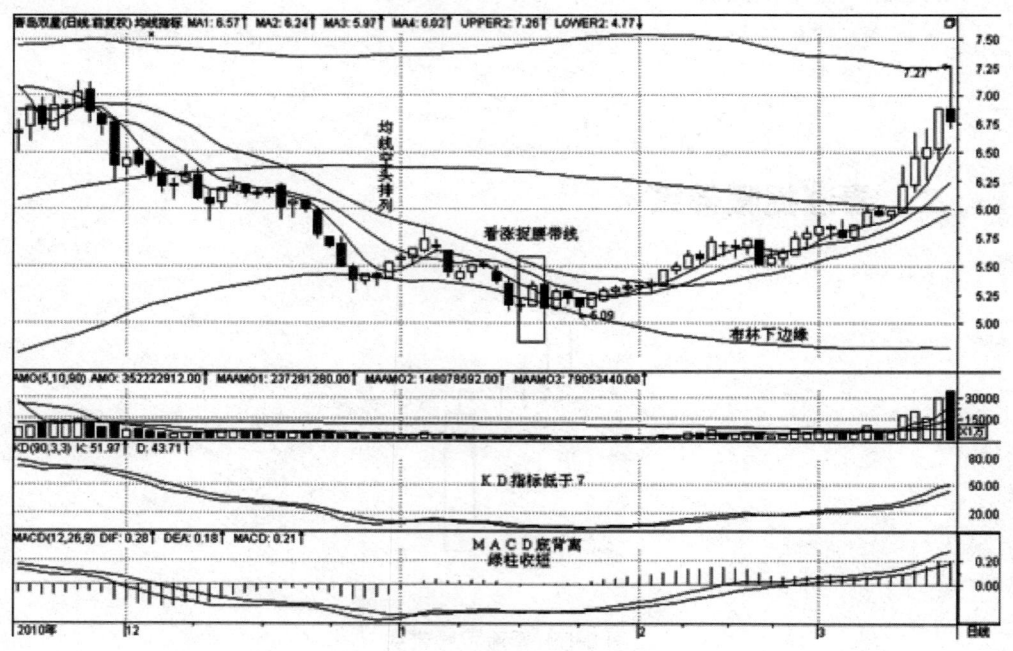

图1-6 青岛双星（000599） 看涨捉腰带线

图1-6是个股青岛双星（000599）2010年11月18日至2011年3月16日的行情走势，股价在2010年11月15日走出顶部后一路下滑，5日、10日、20日均线分别死叉，之后均线出现空头排列的姿态，大致可以将此看成是下降趋势线，在这个大环境下，股价在2011年1月19日收出一根标准的看涨捉腰带线。

传统观点： 这是一个经典的看涨捉腰带线形态，有着明显的下降趋势，实体长度是上影线长度的4倍以上，而且没有下影线。它将预示行情会因此反转，由目前的下降趋势转为上升趋势。

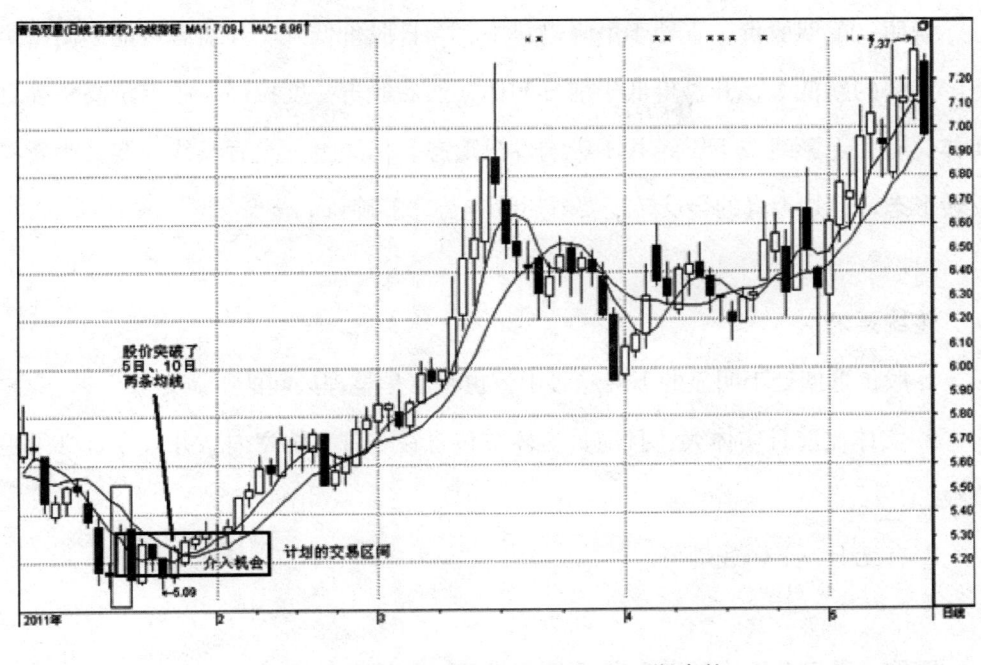

图1-7 青岛双星（000599） 后期走势

后期走势：青岛双星（000599）1月19日的这根看涨捉腰带线出现后，随后几天进入了盘整，短期来看，该上涨波段涨约30%。（如图1-7所示）

三、看涨吞没线

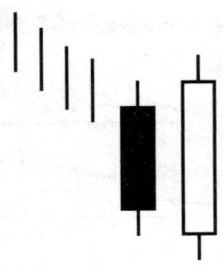

图1-8 看涨吞没线

说明：前期股价一直处于下降趋势中，今日股价低开（开盘有可能创出整个下降趋势的新低），开盘价低于前日实体，然后股价一度拉高，收盘价高于前日实体，有无上影线或下影线并不影响吞没形态。传统上这类吞没线被定义为看涨反转形态，但是否真的会反转还要看后续走势才能确认。

传统要求：

1.股价近期处于明显的下降趋势中，也可以是整理区间的下调走势中。

2.实体比前日实体大，且前日实体被包含在今日实体之内，并且今日必须是阳线。

3.有无上、下影线均可。

案例：青岛金王（002094）看涨吞没线

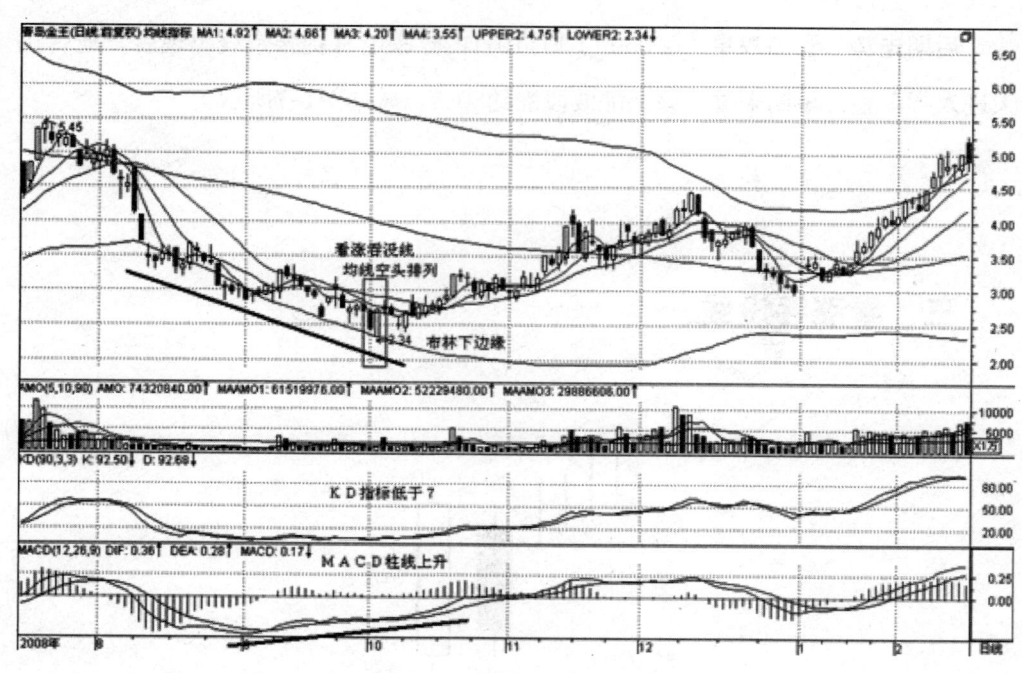

图1-9　青岛金王（002094）　看涨吞没线

图1-9是个股青岛金王（002094）2008年7月17日至2009年2月16日的行情走

势，股价在2008年7月22日走出阶段性顶部后一路下滑，5日、10日、20日均线分别死叉，之后均线出现空头排列的姿态，大致可以将此看成是下降趋势线，在这个大环境下，股价在2008年10月7日收出一根标准的看涨吞没线。

传统观点： 这是一个经典的看涨吞没线形态，有着明显的下降趋势，今日实体将前日实体包含在内。它将预示行情会因此反转，由目前的下降趋势转为上升趋势。

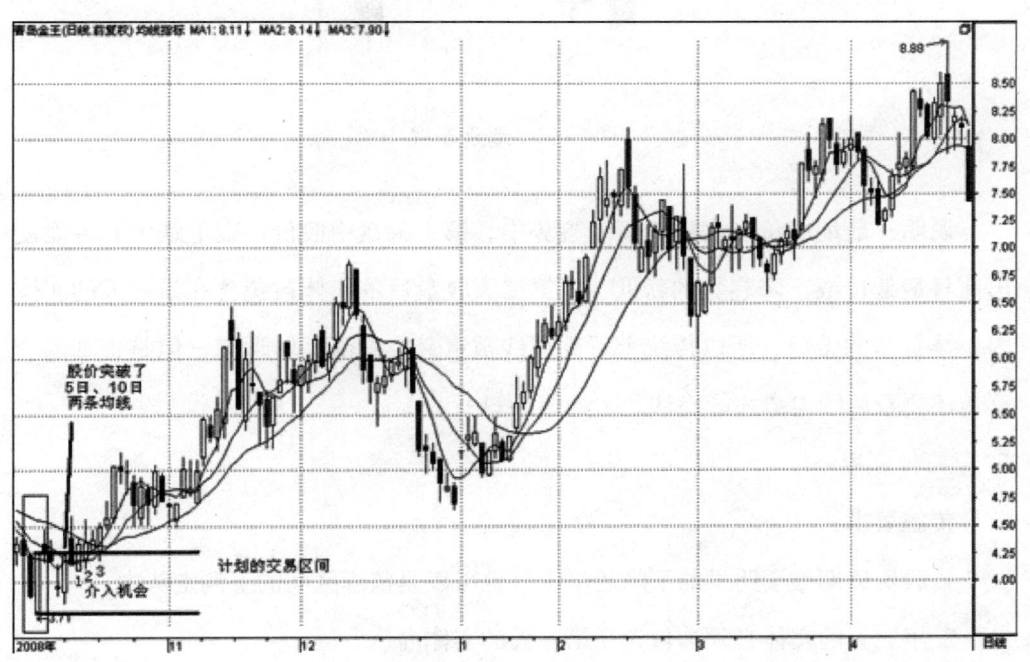

图1-10　青岛金王（002094）　后期走势

后期走势： 青岛金王（002094）10月7日的这根看涨吞没线出现后，随后几天进入了盘整，吞没线出现后的两个交易日，股价曾两度试图上破5日、10日均线，但未告成功。在第四个交易日，股价收盘突破了5日、10日均线，完成均线的突破，该短期上涨波段赢利也相当可观。（如图1-10所示）

四、看涨孕线

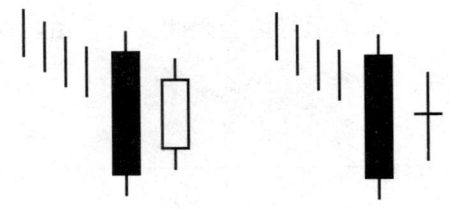

图1-11　看涨孕线

说明：前期股价一直处于下降趋势中，第一天盘中股价一度下跌（有可能创出前日最低价或下降趋势的新低），第二天收盘后的实体被包含在第一天的实体内，孕育新的希望，所以传统上看涨孕线被定义为看涨反转形态，但是否真的会反转还要看后续走势才能确认。（如图1-11所示）

传统要求：

1. 股价近期处于明显的下降趋势中，也可以是整理区间的下调走势中。

2. 第二天的实体必须被包含在第一天的实体内。

3. 上、下影线不必计较。

案例：风帆股份（600482）看涨孕线

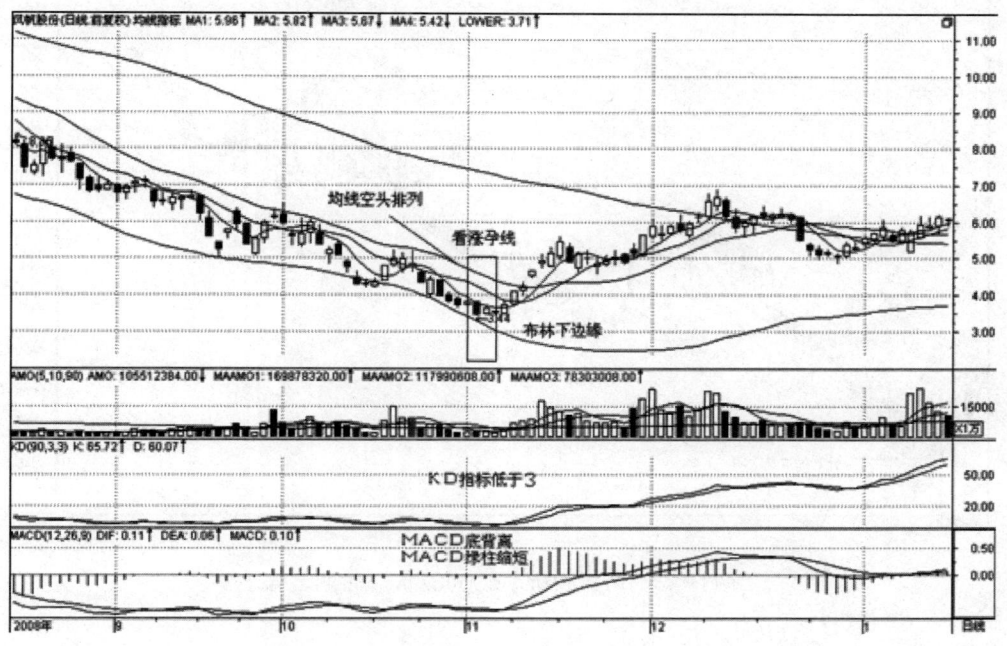

图1-12　风帆股份（600482）　看涨孕线

　　图1-12是个股风帆股份（600482）2008年8月15日至2009年1月20日的行情走势，股价在2008年7月走出阶段性顶部后一路下滑，5日、10日、20日均线分别死叉，之后均线出现空头排列的姿态，大致可以将此看成是下降趋势线，在这个大环境下，股价在11月5日报收一根看涨孕线。

　　传统观点： 这是一个经典的孕线形态，有着明显的下降趋势，今日的实体被包含在前日实体之内。它预示行情正在犹豫中，有可能会因此反转，由目前的下降趋势转为上升趋势。

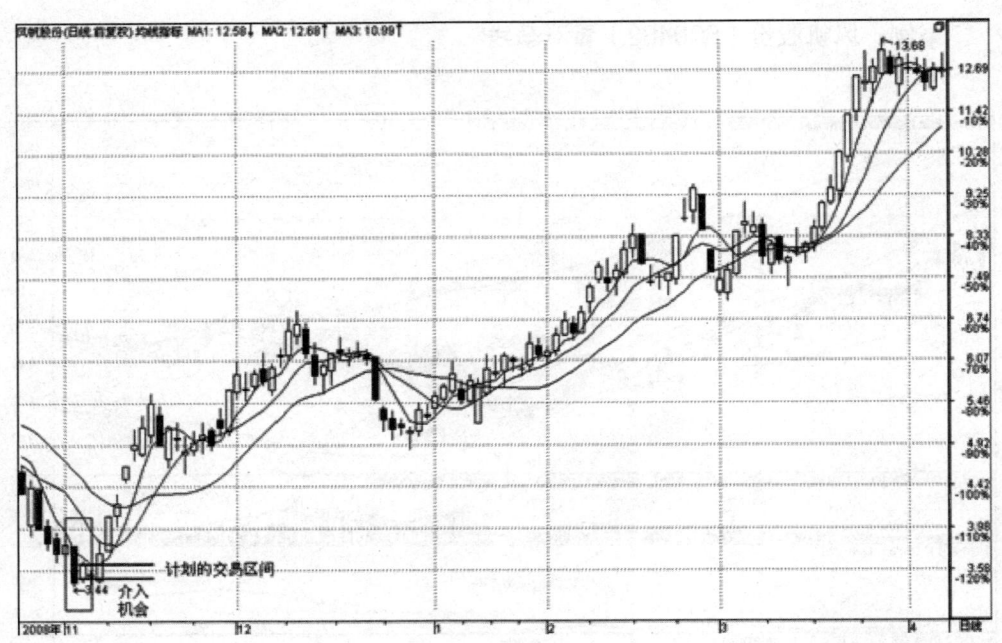

图1-13　风帆股份（600482）　后期走势

后期走势： 风帆股份（600482）11月5日的这根看涨孕线出现后，虽然没有经过一小段上涨，但是股价低走也给了我们提前买入的机会，然后以一个创新高阳线一举突破5日、10日均线的压制，整个波段赢利至少2倍。（如图1-13所示）

五、反锤线

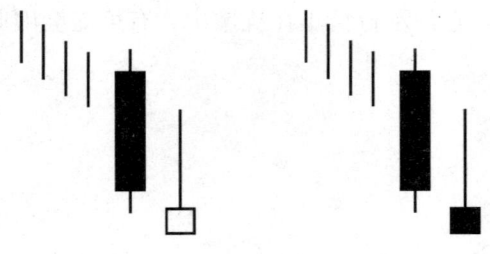

图1-14　反锤线

说明：前期股价一直处于下降趋势中，今日盘中股价一度上涨（有可能创出昨日新高），然后尾盘又大幅回落接近今日最低价的位置，这样的行情很有可能会形成日内阶段W形底部形态，所以传统上反锤线被定义为看涨反转形态，但是否真的会反转还要看后续走势才能确认。（如图1-14所示）

传统要求：

1. 股价近期处于明显的下降趋势中，也可以是整理区间的下调走势中。

2. 实体很小而且阴阳不用区分，也有可能是开盘价与收盘价相同或接近，甚至开盘与收盘价相同。

3. 上影线的长度越长越好，一般来说上影线是实体的2倍左右，但几倍不是硬性标准。

4. 不能有太明显的下影线（有的话也不能超过1%的振幅），最好是没有下影线。

案例：天地科技（600582）反锤线

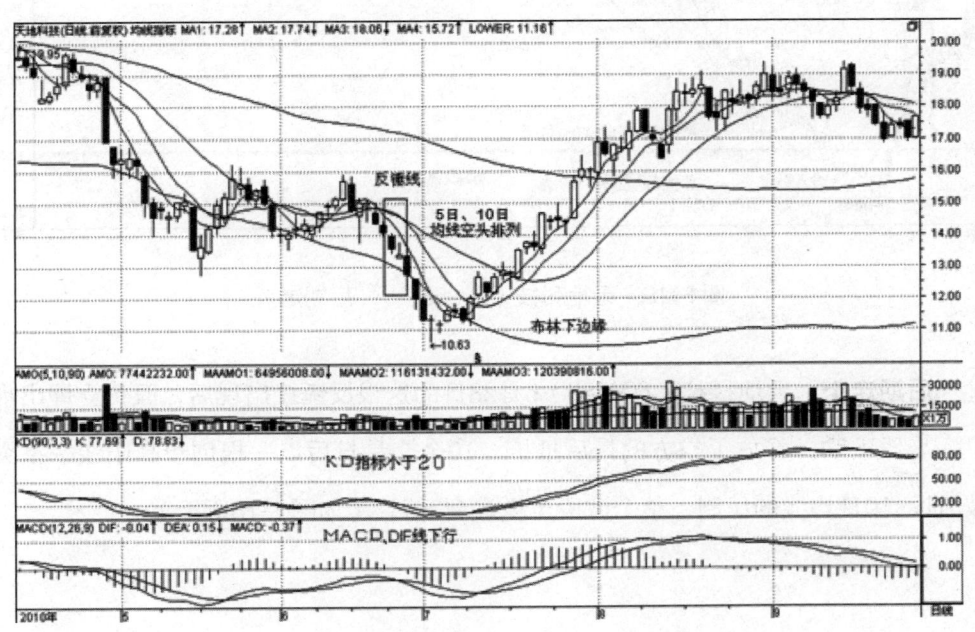

图1-15　天地科技（600582）　反锤线

图1-15是个股天地科技（600582）2010年4月至9月的行情走势，股价在4月中旬走出阶段性顶部后一路下滑，5日、10日均线分别死叉，之后均线出现空头排列的姿态，大致可以将此看成是下降趋势线，在6月28日股价报收一根反锤线。

传统观点：这是一个经典的反锤线形态，之前有着明显的下降趋势，上影线长度是实体长度的2倍以上，而且没有下影线。它将预示行情会因此反转，由目前的下降趋势转为上升趋势，但在反转之前空方还会拼命抵抗，所以还可能会进入一小段下跌行情。

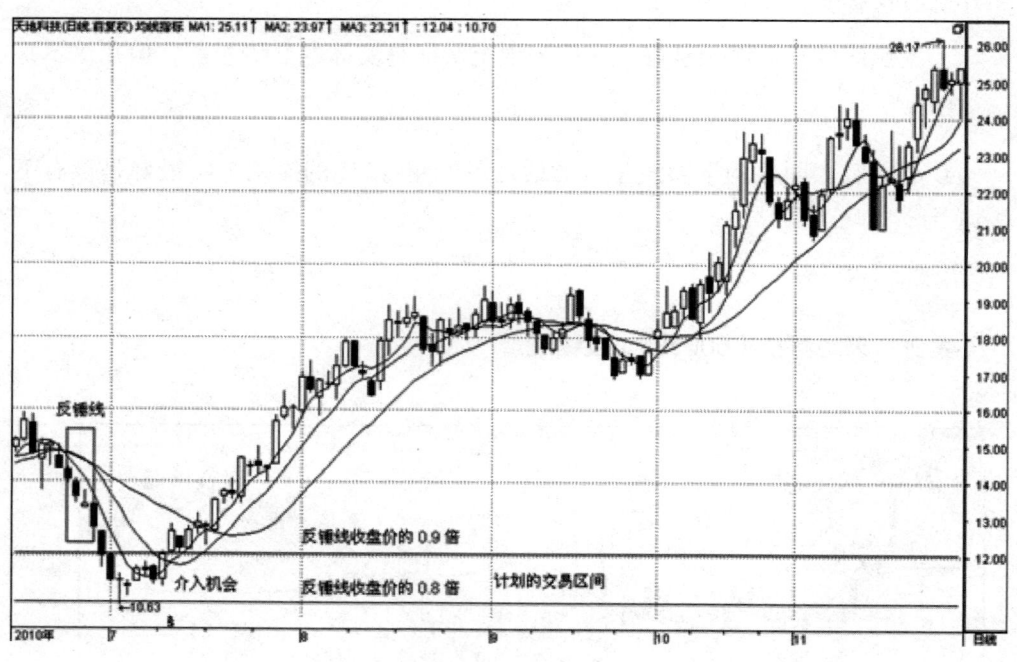

图1-16　天地科技（600582）　后期走势

后期走势：天地科技（600582）6月28日的这根反锤线出现后，股价立即出现了一小段下跌，释放了空方的最后抵抗。10个交易日后以一根创新高阳线一举突破5日、10日均线的压制，整个波段至少赢利2倍。（如图1-16所示）

六、刺透线

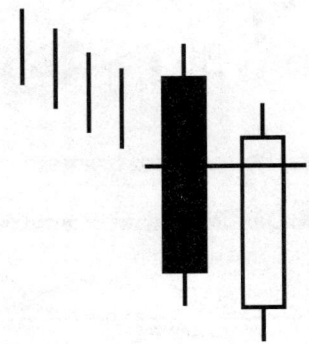

图1-17　刺透线

说明：前期股价一直处于下降趋势中，今日盘中股价一度下跌（有可能创出昨日最低价或支撑点价位的新低），然后又大幅拉升到前日实体中心以上的位置收盘，传统上刺透线被定义为看涨反转形态，但是否真的会反转也需要看后续走势才能确认。（如图1-17所示）

传统要求：

1.股价近期处于明显的下降趋势中，也可以是整理区间的下调走势中。

2.第一天必须是阴线，第二天必须是阳线，而且第二天必须在第一天实体中心以上价位收盘。

3.两个交易日的上、下影线可以忽略不计。

案例：熊猫烟花（600599）刺透线

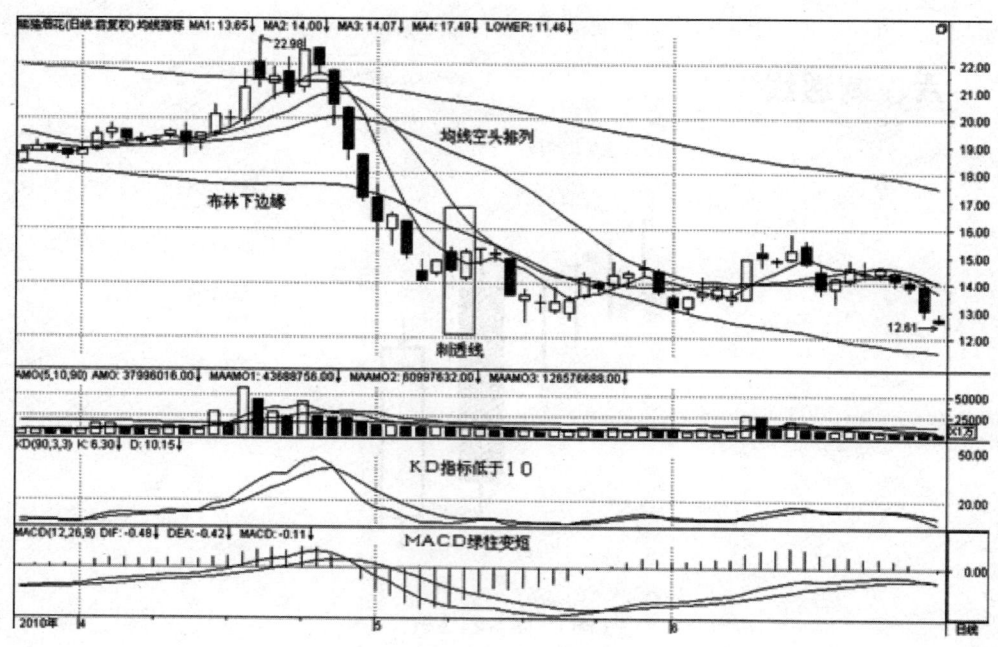

图1-18　熊猫烟花（600599）　刺透线

　　图1-18是个股熊猫烟花（600599）2010年3月26日至2010年6月30日的行情走势，股价在4月下旬走出顶部后一路下滑，5日、10日均线分别死叉，之后均线出现空头排列的姿态，大致可以将此看成是下降趋势线。

　　传统观点：这是一个经典的刺透线形态，有着明显的下降趋势，第二天的实体穿透了第一天阴线实体的中心以上，它预示行情将会出现反转，由目前的下降趋势转为上升趋势。

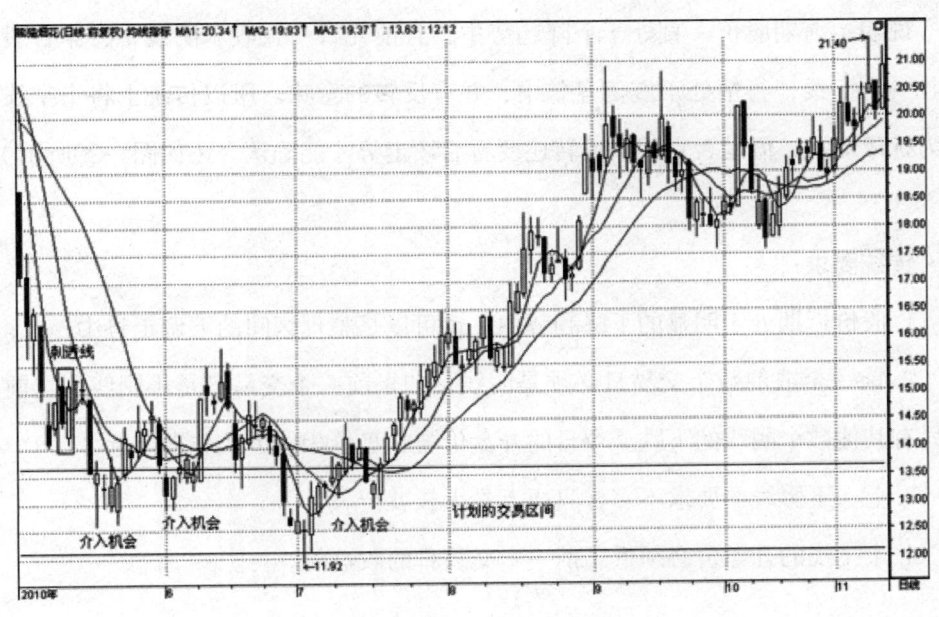

图1-19　熊猫烟花（600599）　后续走势

后期走势：熊猫烟花（600599）5月12日的这根刺透线出现后，股价立即出现了一小段上涨，但是时间不长。股价曾四次回调到一个较低的价格区间中，在这个区间共持续了数个交易日，然后在7月20日以一根创新高阳线一举突破5日、10日、20日均线的压制，整个波段赢利约50%。（如图1-19所示）

七、看涨十字

图1-20　看涨十字

说明：前期股价一直处于下降趋势中，且前几日一直收于阴线中，今日股价报收一十字线，行情处于震荡盘整中，并有反转的意味。所以传统上将十字线定义为犹豫形态，但是否真的会反转还要看后续走势才能确认。（如图1-20所示）

传统要求：

1. 股价近期处于明显的下降趋势中，也可以是整理区间的下调走势中。

2. 前一个或前数个交易日必须是阴线，如果前一个交易日是小阴线则之前必须另有其他数个阴线的下跌。今日的开盘价与收盘价相同（或非常接近）。

3. 上、下影线的要求不多，只要不是太长就行。

4. 十字线的开盘价必须低于前一个交易日的收盘价。

案例：招商地产（000024）看涨十字

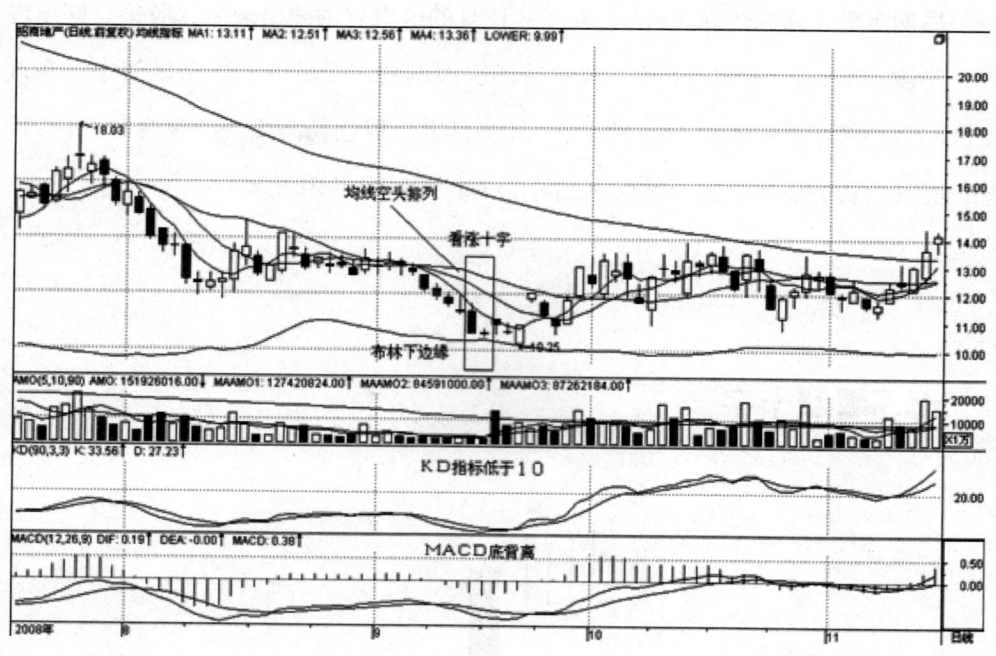

图1-21　招商地产（000024）　看涨十字

MACD震荡指标入门与技巧

图1-21是个股招商地产（000024）2008年7月21日至2008年11月14日的行情走势，股价在7月28日走出阶段性顶部后一路下滑，5日、10日、20日均线分别死叉，之后均线出现空头排列的姿态，并在9月12日收出一根标准的看涨十字线。

　　传统观点： 这是一个经典的看涨十字形态，有着明显的下降趋势，近7个交易日连续收阴线并且下跌幅度高达20%，今日收出十字线，上下影线都不长，它预示行情可能因此反转，下跌可能将告一段落。

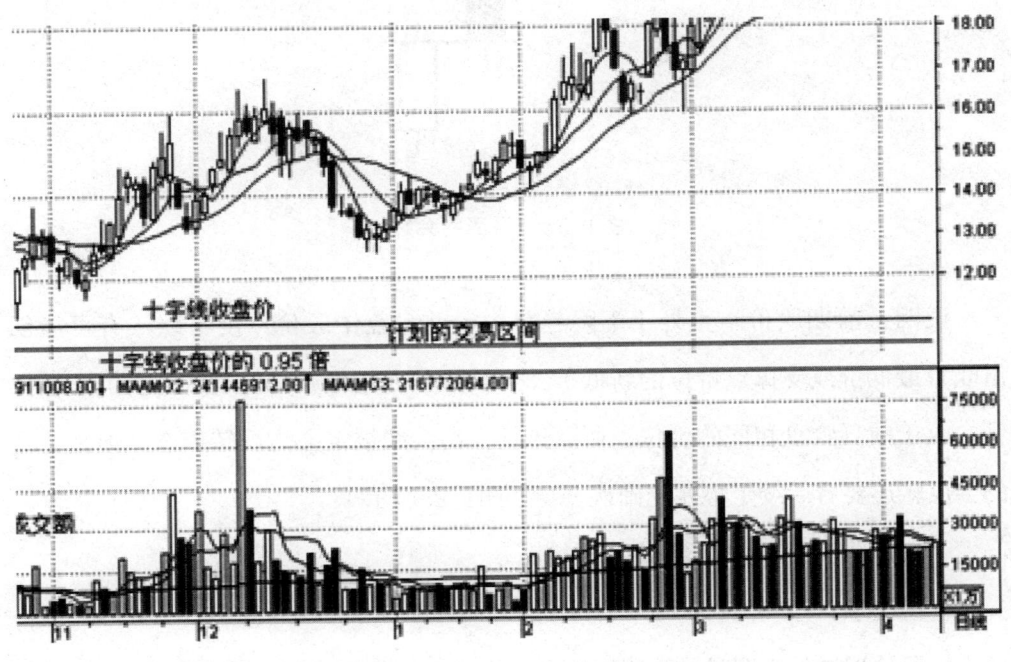

图1-22　招商地产（000024）　后期走势

　　后期走势： 招商地产（000024）9月12日的这根看涨十字线出现后，随即股价下挫3%左右，仅一个小时后股价立即拉升，整个波段涨幅约2倍。（如图1-22所示）

八、看涨约会线

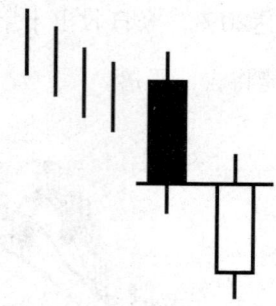

图1-23　看涨约会线

说明：前期股价一直处于下降趋势中，前日盘中股价一度下跌（有可能创出昨日最低价或支撑点价位的新低），今日虽然大幅低开，但股价又向上大幅拉升，收于前日收盘相同的价位。所以传统上约会线被定义为反转形态，但是否真的会反转还要看后续走势才能确认。（如图1-23所示）

传统要求：

1.股价近期处于明显的下降趋势中，也可以是整理区间的下调走势中。

2.第二天必须大幅低开。

3.两个交易日的实体都比较大，并且第一天必须是阴线，第二天必须是阳线。

4.两个交易日的收盘价必须相同。

案例：中航地产（000043）看涨约会线A、B

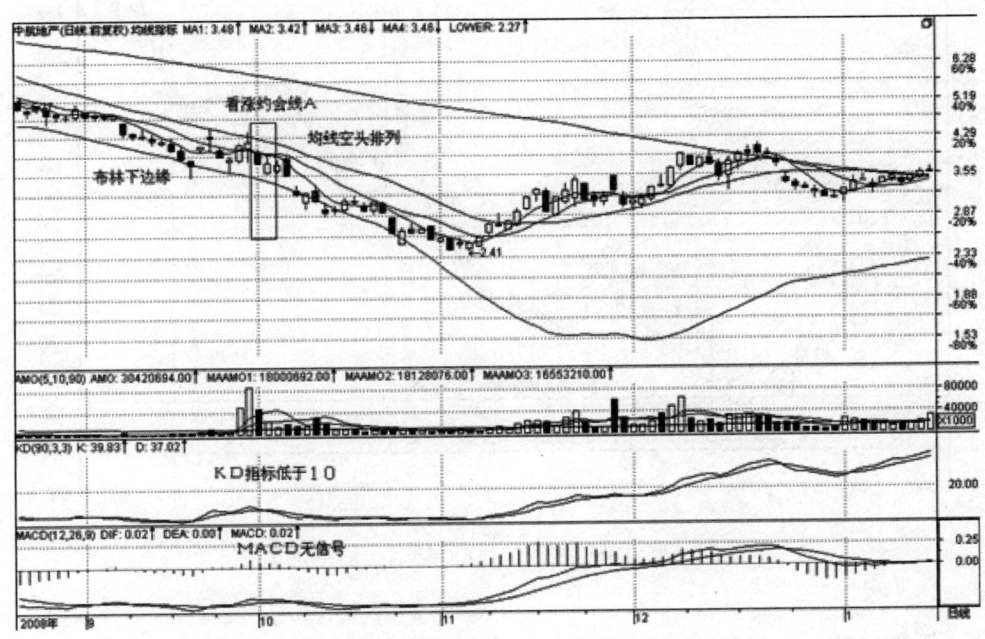

图1-24　中航地产（000043）　看涨约会线A

图1-24是个股中航地产（000043）2008年8月14日至2008年12月19日的行情走势，股价在7月初走出阶段性顶部后一路下滑，5日、10日、20日均线分别死叉，之后均线出现空头排列的姿态，大致可以将此看成是下降趋势线，股价在10月7日收出一根看涨约会线。

传统观点： 这是一个典型的看涨约会线形态，有着明显的下降趋势，第一天是大阴线，第二天是大阳线，两天的收盘价相差仅0.01元，可以当成收盘价相同。它预示行情有反转目前下降趋势的潜力。

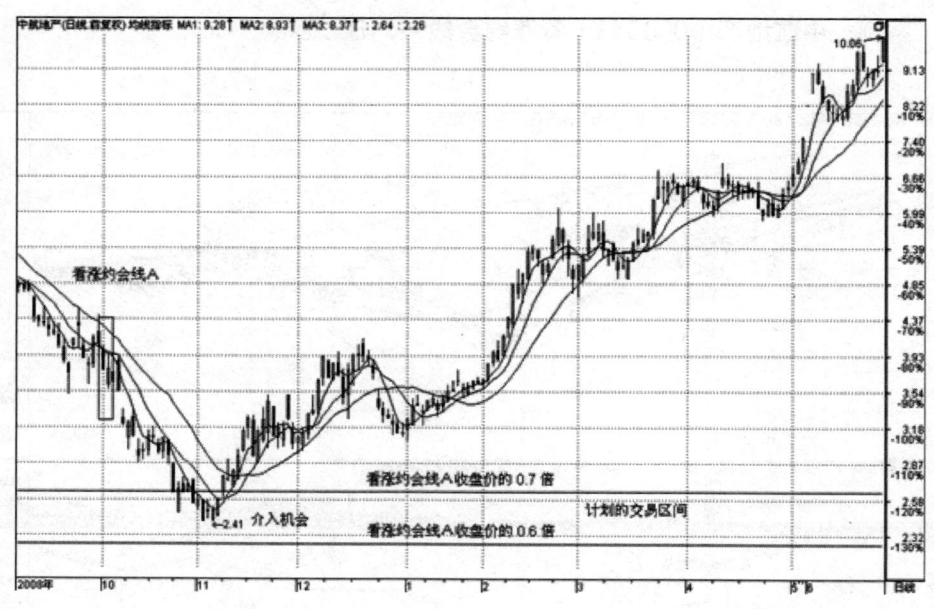

图1-25　中航地产（000043）　后期走势

　　后期走势：中航地产（000043）10月7日的看涨约会线A出现时，在近5个交易日中有4个交易日的日成交额都突破了90天平均成交额，我们将交易区间设置为约会线收盘价的0.6～0.7倍。之后股价立即下跌了一大段。14个交易日后，股价回调到了我们以前计划的价格区间中，买入机会共持续了7～8个交易日，然后以一根创新高阳线一举突破5日、10日均线的压制，整个波段赢利数倍。（如图1-25所示）

九、鸽子线

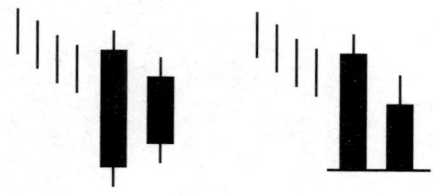

图1-26　鸽子线

说明：前期股价一直处于下降趋势中，上一交易日收出一根大阴线（有可能创出昨日最低价或支撑点价位的新低），今日也必须收一根阴线，而且今日的实体必须被上一交易日实体所包含在内。这样的行情很有可能会形成横向盘整的走势，但是否会因此上涨还要看后续走势才能确认。不过传统上，鸽子线还是被归类为看涨反转形态。（如图1-26所示）

传统要求：

1. 股价近期处于明显的下降趋势中，也可以是整理区间的下调走势中。

2. 两天都必须是阴线，而且第一天必须是大阴线，第二天的实体必须被包含在第一天的实体之内。

案例：沙河股份（000014）鸽子线

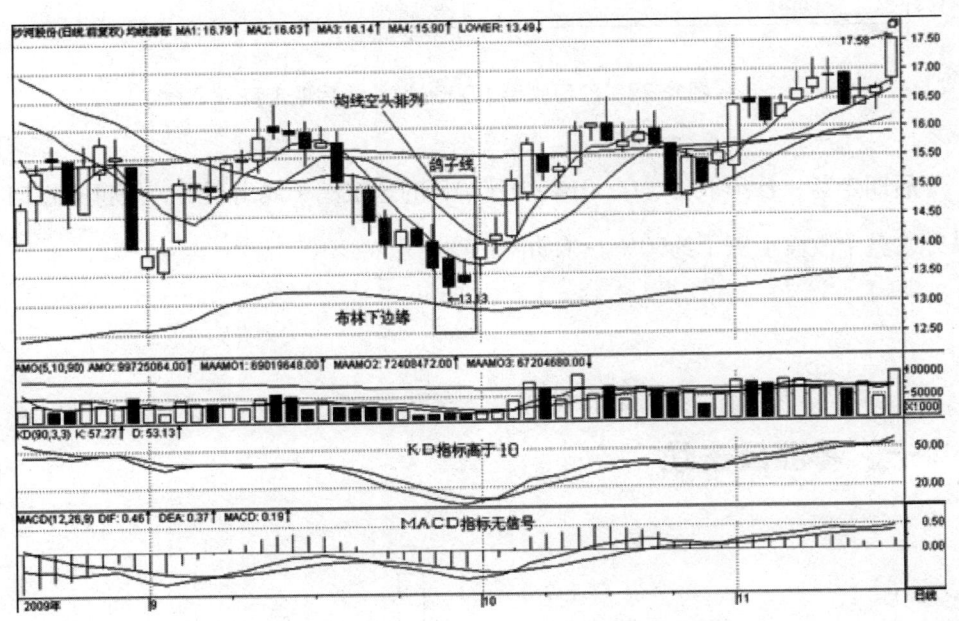

图1-27　沙河股份（000014）　鸽子线

图1-27是个股沙河股份（000014）2009年8月20日至2009年11月16日的行情走势，股价在7月底走出顶部后一路下滑，在9月30日收出一根鸽子线。

传统观点：这是一个经典的鸽子线形态，有着明显的下降趋势，第一天是一根中大级别的阴线，第二天的阴线实体被包含在第一天的实体内，它预示行情处于变化之中，随时可能反转。

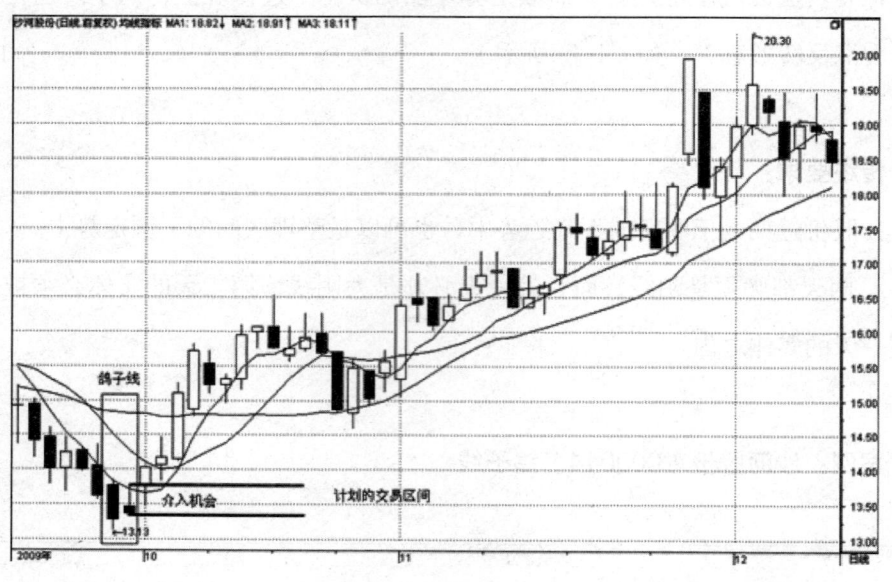

图1-28　沙河股份（000014）　后期走势

后期走势：沙河股份（000014）9月30日的这根鸽子线出现后，股价直接向上攀升，整个波段上涨了约50％。（如图1-28所示）

十、看涨反击线

图1-29　看涨反击线

说明： 前期股价一直处于下降趋势中，第一天盘中股价一度下跌（有可能创出昨日最低价或支撑点价位的新低），然后第二天向上跳空开盘，而且收盘收在当天最高价或非常接近当天最高价的位置。这样的行情有可能会出现Ｖ形反转，所以传统上将反击线定义为看涨反转形态，但是否真的会反转还要看后续走势才可以确认。（如图1-29所示）

传统要求：

1. 股价近期处于明显的下降趋势中，也可以是整理区间的下调走势中。

2. 第一天是阴线，第二天是阳线，而且这两天没有或几乎没有影线。

3. 第二天的阳线必须向上跳空开盘，并且收盘接近或等于当日最高价。

案例：ST二纺（600604）看涨反击线

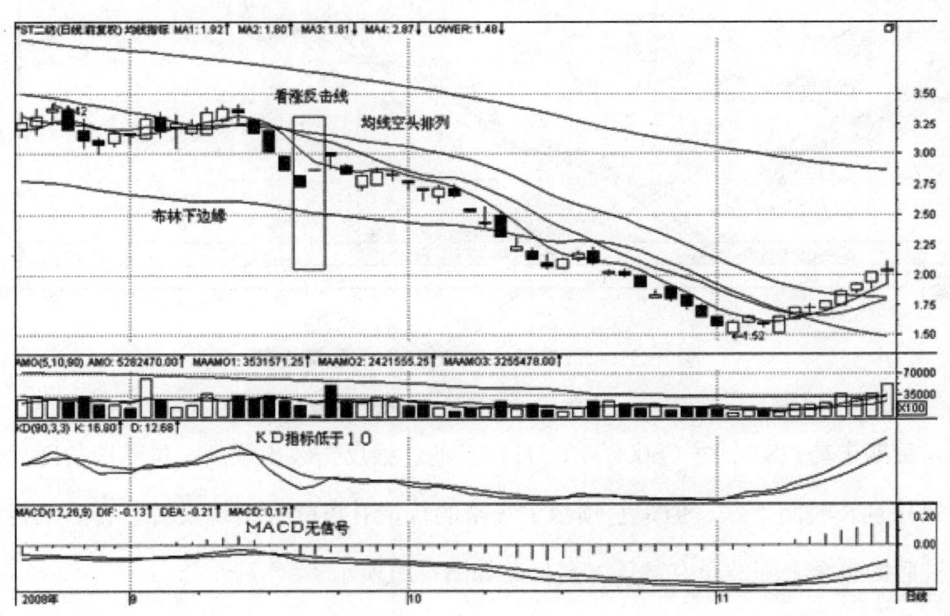

图1-30　ST二纺（600604）　看涨反击线

图1-30是个股ST二纺（600604）2008年8月21日至2008年11月18日的行情走势，股价在8月初走出阶段性顶部后一路下滑，5日、10日、20日均线分别死叉，

之后均线出现空头排列的姿态，股价在9月19日收出一个涨停板（相当于一根大阳线）并形成了看涨反击线形态。

传统观点：这是一个经典的看涨反击线形态，有着明显的下降趋势，之前一个交易日是大阴线，今日是一个大阳线或涨停板，两天之间有一个跳空缺口。它预示行情有可能会反转向上。

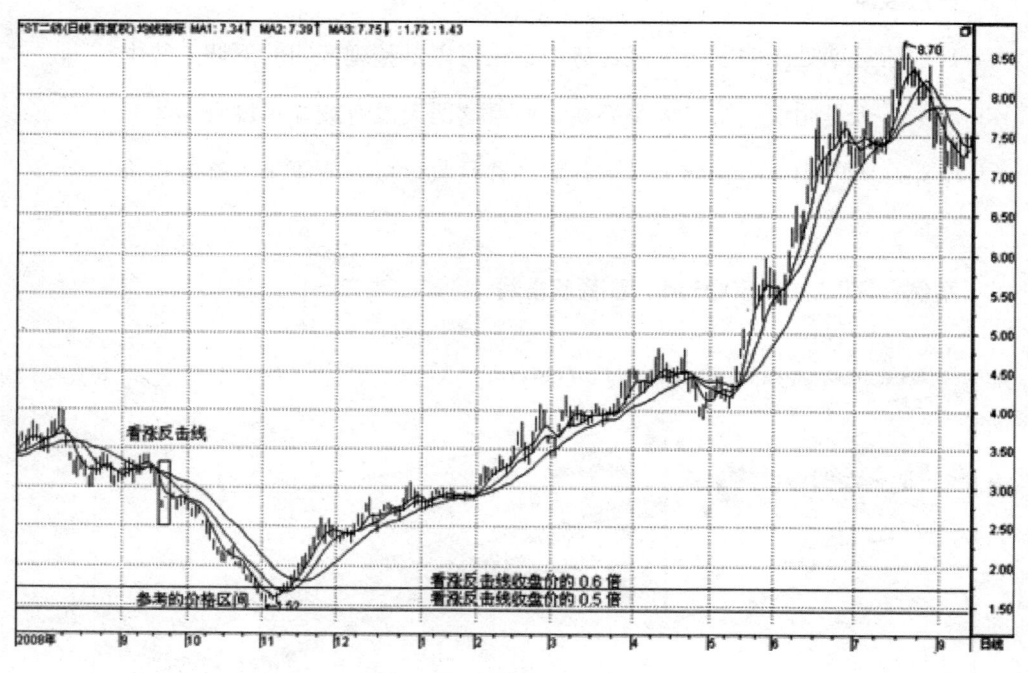

图1-31　ST二纺（600604）　后期走势

后期走势：ST二纺（600604）9月19日的这根反击线出现后，虽然股价随后还大幅并且长时间下跌，但是它预示了未来的行情有可能会出现反转。在后期行情反转后的整个上涨波段有数倍之高！（如图1-31所示）

十一、红一兵

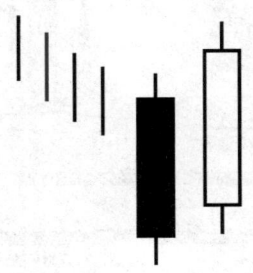

图1-32 红一兵

说明：前期股价一直处于下降趋势中，第一天继续原有的下降趋势收出一根大阴线，而第二天收出一根大阳线，并且大阳线的开盘和收盘都分别高于大阴线的开盘和收盘，所以传统上红一兵被定义为看涨反转形态，但是否真的会反转还要看后续走势才能定夺。（如图1-32所示）

传统要求：

1. 股价近期处于明显的下降趋势中，也可以是整理区间的下调走势中。

2. 第一天必须是大阴线（大跌6.18％以上），第二天必须是大阳线（大涨6.18％以上）。

3. 第二天开盘价必须在第一天的收盘价之上。

4. 第二天收盘价必须在第一天的最高价之上。

案例：渝开发（000514）红一兵

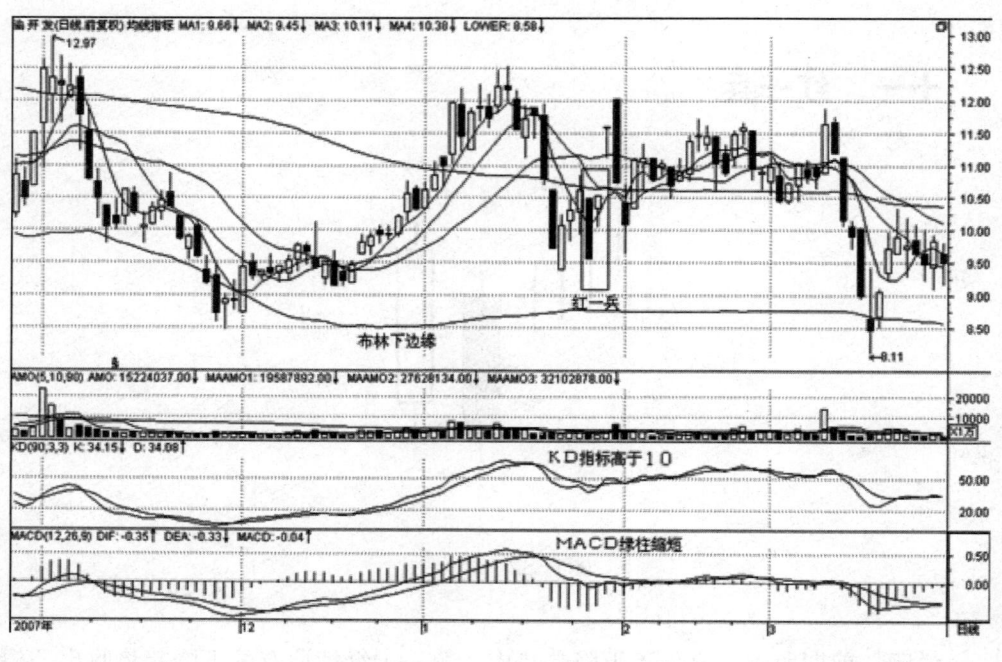

图1-33　渝开发（000514）　红一兵

　　图1-33是个股渝开发（000514）2007年10月26日至2008年3月31日的行情走势，股价在1月中旬走出阶段顶部后一路下滑，5日、10日、20日均线分别死叉，之后均线出现空头排列的姿态，2008年1月29日报收一根红一兵线。

　　传统观点：这是一个经典的红一兵线形态，之前有着明显的下降趋势，上一交易日收出一根大阴线，今日收出一根大阳线，而且今日是高开高走并收于上一交易日最高价之上。它预示行情可能会反转。

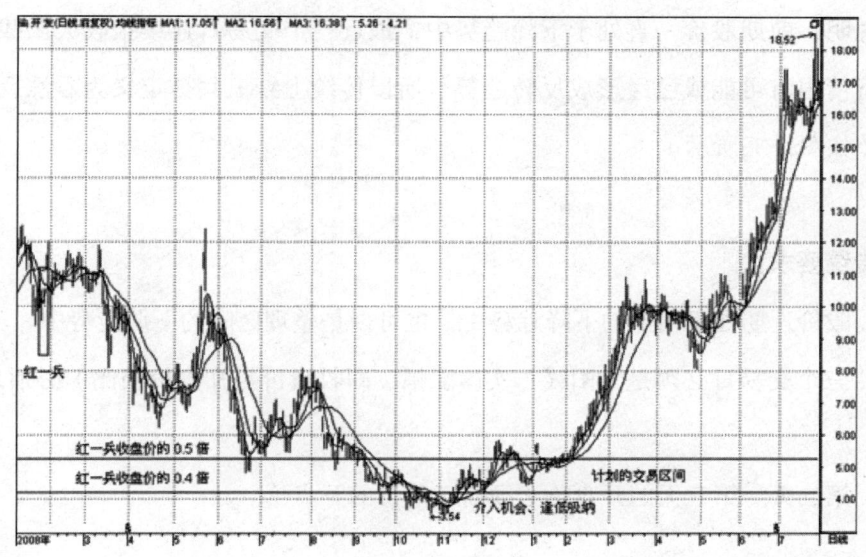

图1-34 渝开发（000514） 后期走势

后期走势：渝开发（000514）2008年1月29日的这根红一兵线出现后，经过数个交易日的整理后，股价选择了向下突破，半年后股价回调到了我们先前计划的价格区间中，正好给稳健投资者以介入机会。

这次买入机会共持续了3～4个月，在时间上是非常充足的，两个交易日后以一根创新高阳线一举突破5日、10日、20日均线的压制，整个波段上涨数倍。（如图1-34所示）

十二、红三兵

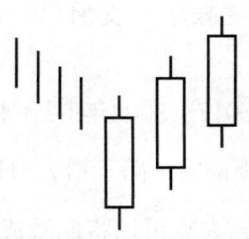

图1-35 红三兵

说明：前期股价一直处于下降趋势中，最近三个交易日连续报收大阳线，这样的行情很有可能或已经形成反转趋势，所以传统上红三兵被定义为看涨反转形态。（如图1-35所示）

传统要求：

1. 股价近期处于明显的下降趋势中，也可以是整理区间的下调走势中。

2. 三个交易日必须是大阳线，实体涨幅（即收盘价与开盘价相比）必须是5%以上。

3. 第二天、第三天的开盘价必须高于前日的开盘价。

案例：日照港（600017）红三兵A

图1-36　日照港（600017）　红三兵A

图1-36是个股日照港（600017）2008年9月下旬日至2009年2月的行情走势，股价在2008年10月走出阶段性顶部后一路下滑，5日、10日、20日均线分别死叉，之后均线出现空头排列的姿态，大致可以将此看成是下降趋势线，股价在2008年11月6日收出一根红三兵形态线。

传统观点：这是一个经典的红三兵形态，之前有着明显的下降趋势，连续三个交易日收出大阳线，它预示行情会因此反转的可能性很大。

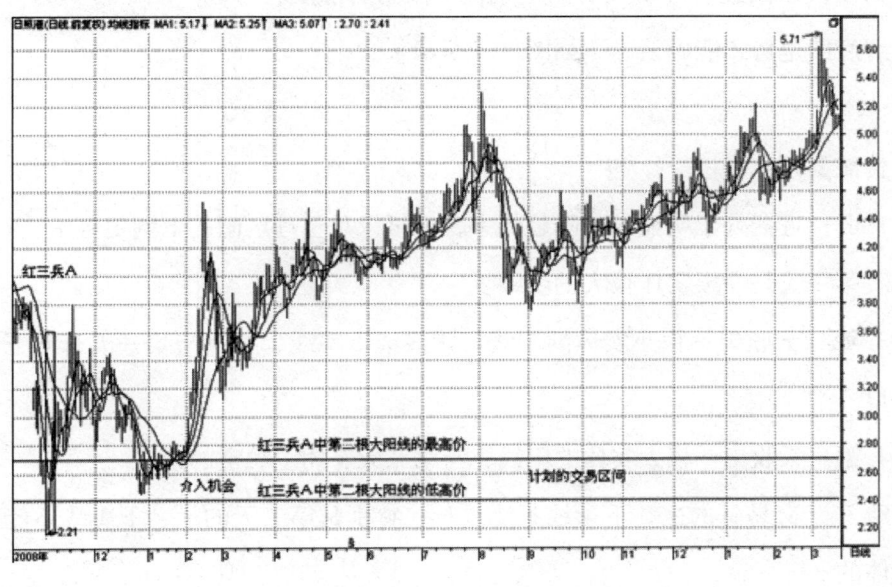

图1-37　日照港（600017）　后期走势

后期走势：日照港（600017）11月6日的红三兵形态出现后，立即出现了一段10％的涨幅，但是一个多月后，股价回调到了我们先前计划的价格区间中，正好给稳健投资者以介入机会。之后，波段又大涨了约2倍。（如图1-37所示）

十三、启明星

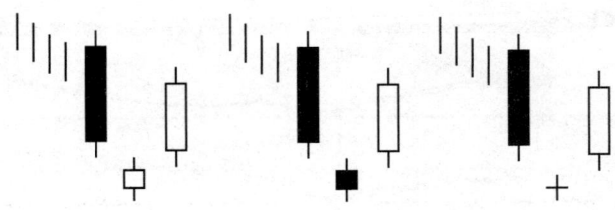

图1-38　启明星

说明： 前期股价一直处于下降趋势中，第一天继续维持下跌走势收出一根大阴线，第二天这种下跌趋势有所收敛，收出一根小实体线或十字线，第三天报收一根大阳线。因此，传统上启明星线被定义为看涨反转形态，但是否真的会反转需要看后续走势才能确认。（如图1-38所示）

传统要求：

1. 股价近期处于明显的下降趋势中，也可以是整理区间的下调走势中。

2. 第一天是一根实体很大的阴线。

3. 第二天收出一根小实体的阳线、阴线或十字线，并且与第一天有向下跳空的缺口。

4. 第三天收出一根大实体的阳线，与第二天有向上跳空的缺口。

5. 三个交易日的上、下影线不能过长，特别是第二天的上、下影线不能超过其实体的2倍。

案例：中天科技（600522）启明星

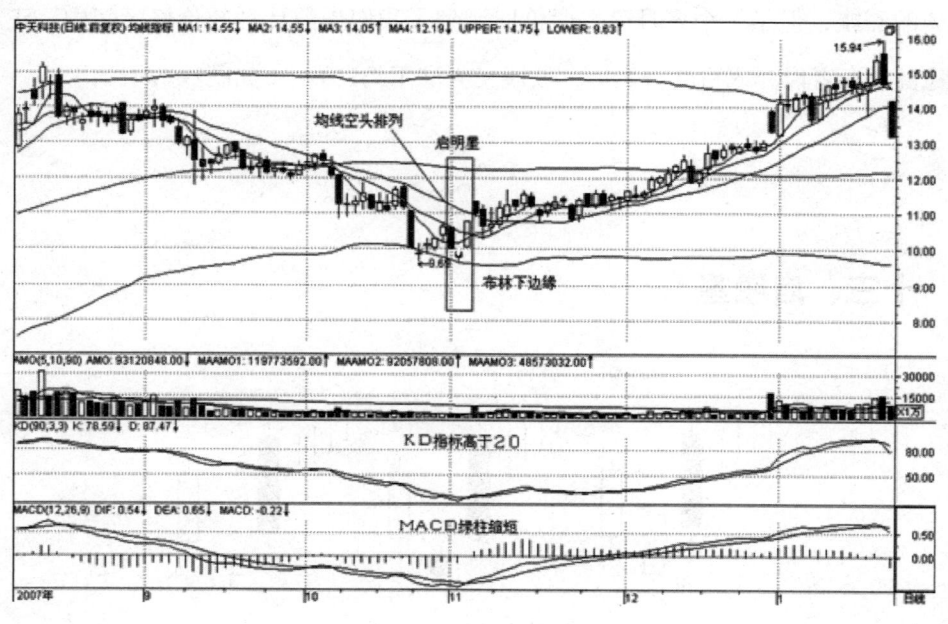

图1-39　中天科技（600522）　启明星

MACD震荡指标入门与技巧

图1-39是个股中天科技（600522）2007年8月10日至2008年1月22日的行情走势，股价在8月15日走出阶段性顶部后一路下滑，5日、10日、20日均线分别死叉。之后均线出现空头排列的姿态，大致可以将此看成是下降趋势线，在这个大环境下，股价在11月5日形成启明星形态。

传统观点：这是一个经典的启明星形态，有着明显的下降趋势，第一天是大阴线，第二天是小实体线，第三天是大阳线，并且两天间也存在着跳空缺口。它预示下跌行情将告一段落，上涨行情已离此不远了。

图1-40　中天科技（600522）　后期走势

后期走势：中天科技（600522）11月5日的启明星形态出现后，立即拉升了近60%。（如图1-40所示）

十四、三川形态

等效于看涨十字，并采用类似看涨十字的评级标准

图1-41　三川形态

说明： 前期股价一直处于下降趋势中，第一次股价下跌到一定价位后遇到多方抵抗，反弹了一段。然后股价第二次下探，在几乎相同的位置又一次遇到抵抗并没有跌下去，反而又上涨了起来。第三次股价再次下跌到该价位后，股价又再次反弹了上来。对于多方来说，股价很明显已是跌无可跌的境况，所以该形态被归属于反转上涨的形态。（如图1-41所示）

传统要求：

1.股价近期处于明显的下降趋势中。

2.三次下跌波段都止步于某一水平价位上。

3.第三次下跌波段的末端应该出现看涨的蜡烛图形态。

案例：祁连山（600720）三川形态

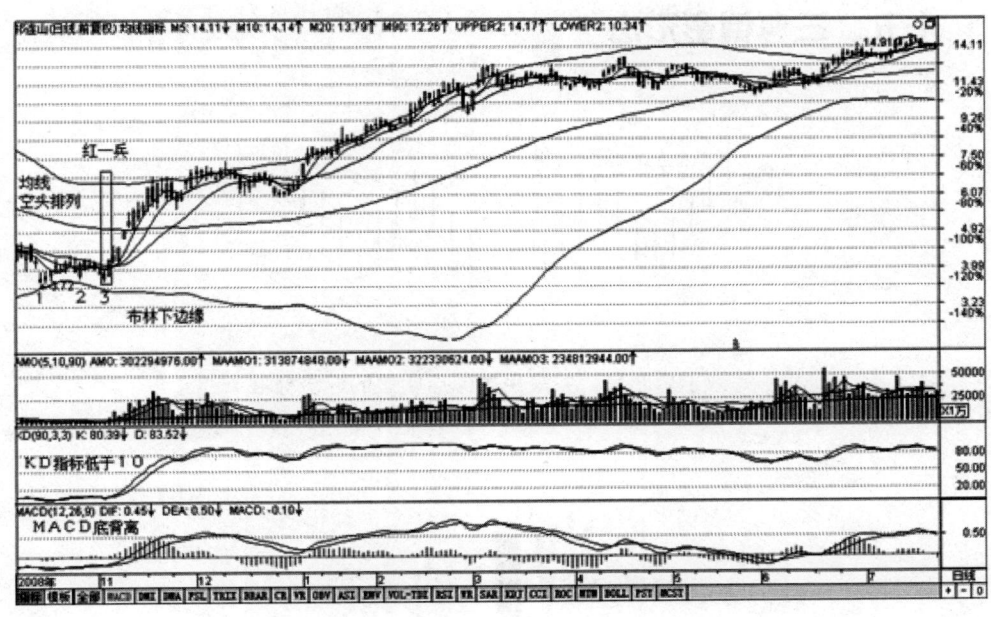

图1-42　祁连山（600720）　三川形态

图1-42是个股祁连山（600720）2008年10月9日至2009年7月21日的行情走势，该股在2008年10月17日、10月28日、11月4日分别走出三次比较平行的底部。

传统观点： 这是一个经典看涨反转三川形态，它之前有着明显的下降趋势，该形态预示行情有可能会反转上涨，因为股价已跌无可跌。

后期走势： 祁连山（600720）2008年10月17日至11月4日形成三川形态后，股价一举反转了下降趋势。股价红一兵形态出现后立即脱离了低价区，这之后的整个波段上涨了约280％。

十五、三尊倒影形态

等效于启明星，并采用类似启明星的评级标准

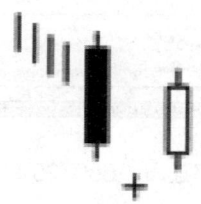

图1-43　三尊倒影形态

说明：前期股价一直处于下降趋势中，第一次股价下跌到一定价位后遇到多方抵抗，反弹了一段。然后股价第二次下探，并跌破了之前那一波的低点，在更低的位置遇到多方的抵抗并没有再跌下去，反而又上涨了起来。第三次股价再次下跌，但没有到达前一波低点之前就遇到了多方的顽强抵抗。对于多方来说，股价很明显已是跌无可跌的境况，所以该形态被归属于反转上涨的形态。（如图1-43所示）

传统要求：

1.股价近期处于明显的下降趋势中。

2.第一波低点和第三波低点都高于第二波低点。

3.第三次下跌波段的末端应该出现看涨的蜡烛图形态。

MACD震荡指标入门与技巧

案例：广电电子（600602）三尊倒影形态

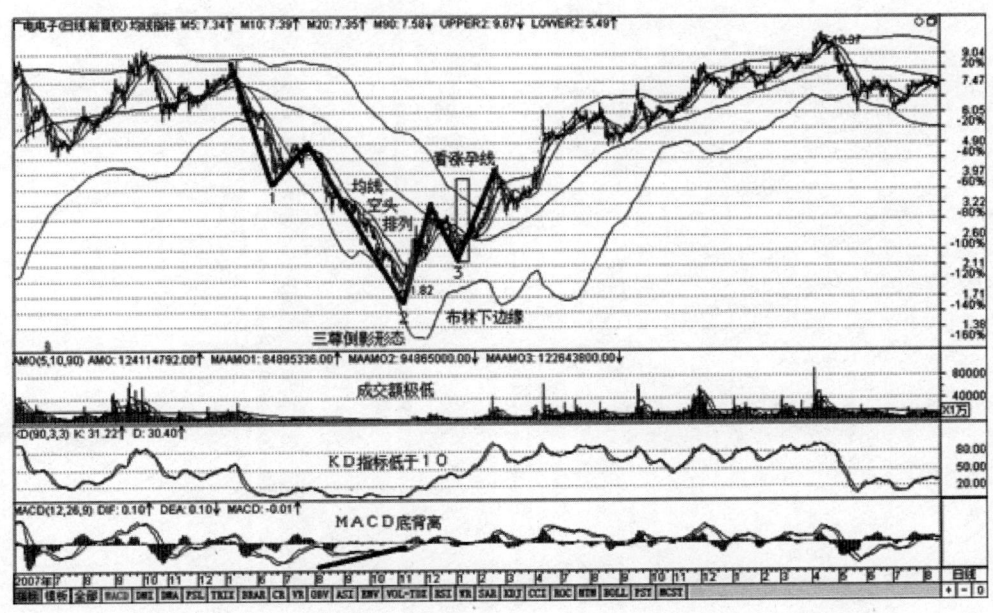

图1-44　广电电子（600602）　三尊倒影形态

图1-44是个股广电电子（600602）2007年5月23日至2010年8月19日的行情走势，该股在2008年6月20日、11月5日、12月31日分别走出三次波段底部。

传统观点：这是一个经典看涨反转的三尊倒影形态，它之前有着明显的下降趋势，该形态预示行情可能会出现反转，因为股价已跌无可跌。

后期走势：该股后期上涨了约3倍！

第二章

经典上涨中继形态

本章讲解的是持续形态中的持续上升形态组合。（如图2-1所示）

一般来说，在波段低位出现的持续上升形态的上涨成功率是最高的，特别是之前出现过较高级别的反转上涨形态时。

这些持续上升形态是在上升趋势中形成，多方一直占据着主导地位，空方曾有意想要与多方争夺主导权，但是都没有很好地把握机会，或多或少地显示出空方自己底气不足，使得多方仍控制着行情的主导权，使行情仍延续原有的上升趋势。这种因空方尝试反击但无果的形态被称为持续上升形态。

传统经典的持续上升形态组合见图2-1。

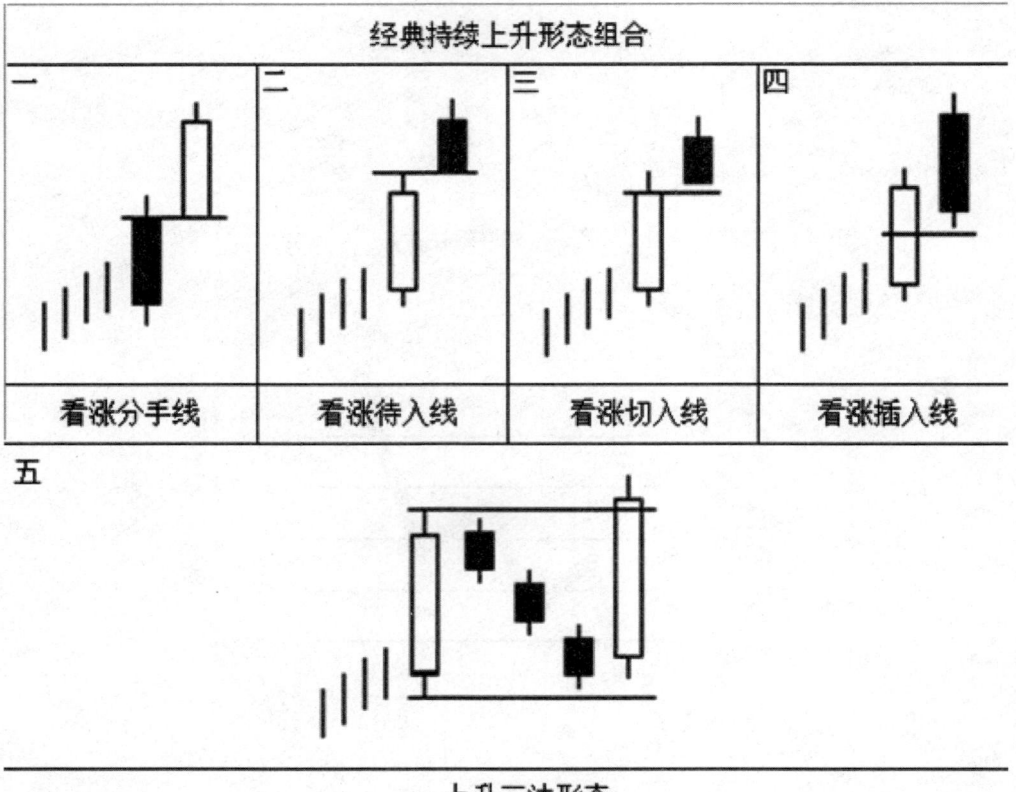

图2-1　经典持续上升形态组合

一、看涨分手线

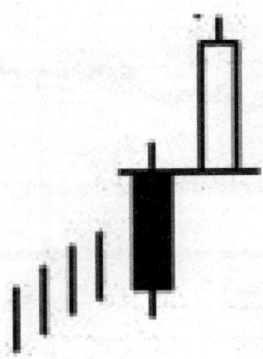

图2-2　看涨分手线

　　说明：前期股价一直处于上升趋势中，上一交易日收出一根阴线，今日在上一交易日的开盘价位置开盘，却收出一根阳线，则上一交易日的开盘价格就可以被看成是一条上涨压力线转换为上升支撑线的水平趋势线。（如图2-2所示）

传统要求：

1.股价近期处于明显的上升趋势中，也可以是整理区间的反弹走势中。

2.两天的开盘价要相同或非常接近。

案例：世纪星源（000005）看涨分手线

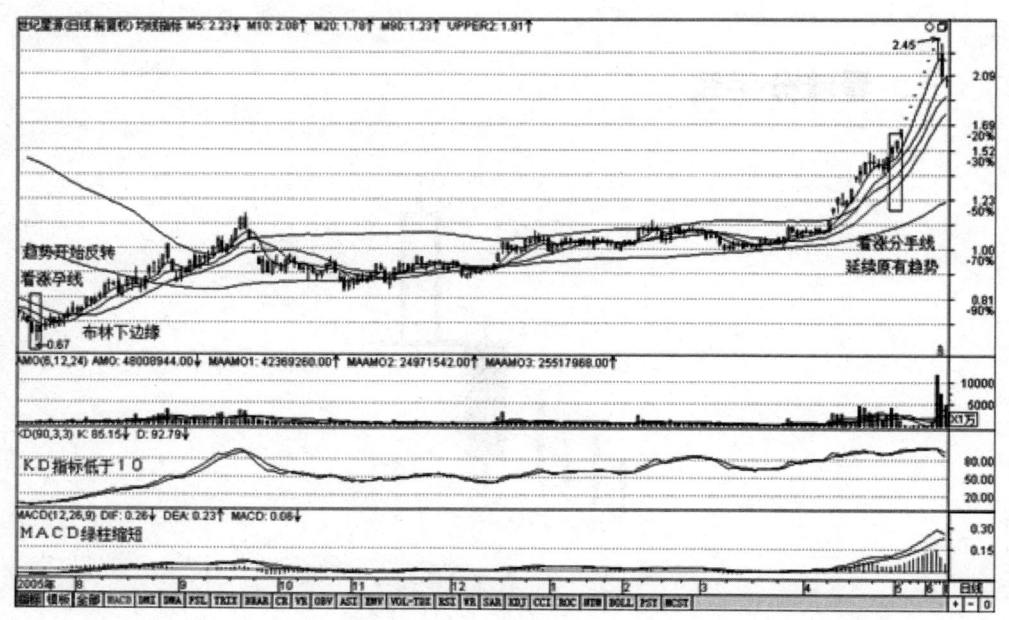

图2-3　世纪星源（000005）　看涨分手线

　　图2-3是个股世纪星源（000005）2005年7月13日至2006年8月1日的行情走势。股价在2005年7月19日走出底部，同时形成可靠性非常高的看涨孕线形态，随后反转进入了上升趋势中。2006年5月8日，股价形成了延续上升趋势的看涨分手线形态，说明股价还会继续上涨一段。

　　传统观点：这是一个典型的看涨分手线形态，前期有着明显的上升趋势，预示行情会沿着原有趋势持续发展。

　　后期走势：世纪星源（000005）2006年5月8日的看涨分手线形态出现后，股价继续原有的上升趋势，连续9个5%的上涨行情。

二、看涨待入线

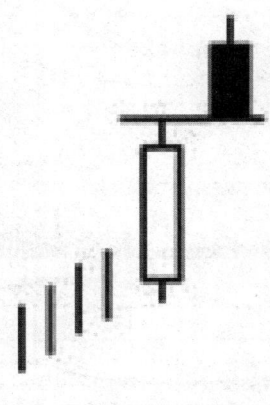

图2-4　看涨待入线

说明：前期股价一直处于上升趋势中，上一交易日收出一根阳线延续原有上升趋势。今日收出一根阴线且收盘价等于上一交易日最高价，说明空方对多方并没有形成太大的威胁。所以该形态没有被列入反转形态中，而是归属于延续目前上升趋势的持续形态中。（如图2-4所示）

传统要求：

1. 股价近期处于明显的上升趋势中，也可以是整理区间的反弹走势中。

2. 第一天是阳线，第二天是阴线，并且阴线的收盘价等于或约等于上一交易日阳线的最高价。

案例：深信泰丰（000034）看涨待入线

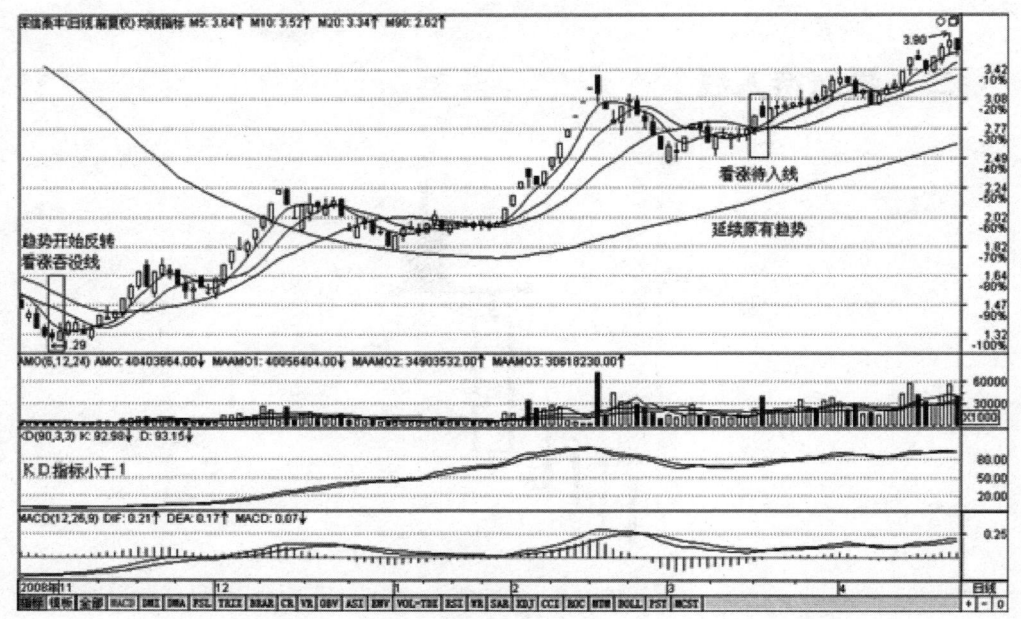

图2-5　深信泰丰（000034）　看涨待入线

　　图2-5是个股深信泰丰（000034）2008年10月27日至2009年4月23日的行情走势。股价在2008年11月3日走出底部并形成可靠性较高的看涨吞没线形态，随后进入了上升趋势中。2009年3月18日，股价形成了延续上升趋势的看涨待入线形态，说明股价还会继续再涨一段。

　　传统观点： 这是一个看涨待入线形态，前期有着明显的上升趋势，预示行情仍会延着原有趋势向上发展。

　　后期走势： 深信泰丰（000034）2009年3月18日的看涨待入线形态出现后，股价继续原有的上升趋势，震荡向上发展。波段最高时，股价大约是该看涨待入线收盘价的4倍。

　　凡是遇到这样的持续形态，稳健投资者应该继续等待更可靠的卖出信号，也不应该追高买入。

二、看涨切入线

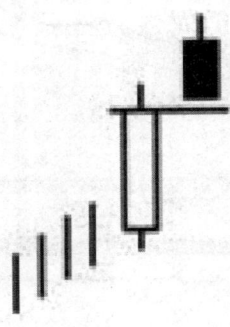

图2-6　看涨切入线

说明：前期股价一直处于上升趋势中，上一交易日收出一根阳线延续原有上升趋势。今日收出一根阴线且收盘价等于或约等于上一交易日收盘价，说明空方对多方并没有形成太大的威胁。所以该形态没有被列入反转形态中，而是归属于延续目前上升趋势的持续形态中。（如图2-6所示）

传统要求：

1. 股价近期处于明显的上升趋势中，也可以是整理区间的反弹走势中。

2. 第一天必须是阳线，第二天必须是阴线，第二天必须在第一天的最高价以上开盘，而且两天的收盘价非常接近甚至是相等。

案例：金种子酒（600199）看涨切入线

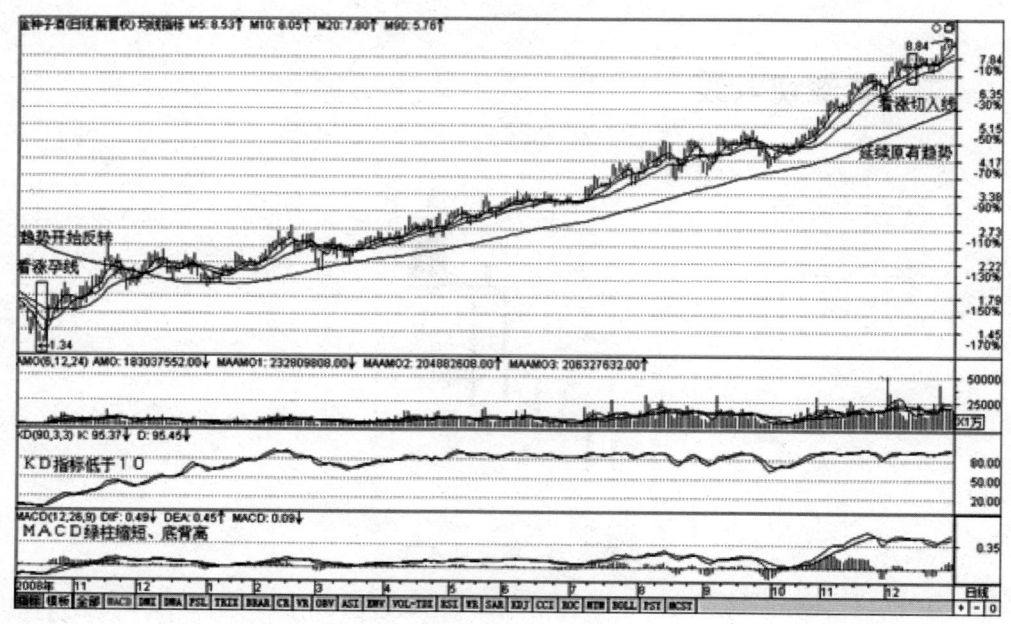

图2-7　金种子酒（600199）　看涨切入线

　　图2-7是个股金种子酒（600199）2008年10月7日至2009年12月30日的行情走势。股价在2008年10月17日走出底部并形成可靠性很高的看涨孕线形态，随后进入了上升趋势中。2009年12月11日，股价形成了延续上升趋势的看涨切入线形态，说明股价还会继续上涨。

　　传统观点：这是一个看涨切入线形态，前期有着明显的上升趋势，预示行情还会延着原有的上升趋势继续上涨。

　　后期走势：金种子酒（600199）2009年12月11日的这根看涨切入线出现后，股价继续原有的上升趋势向上发展，大约1年后，股价较今日上涨了3倍。

MACD震荡指标入门与技巧

四、看涨插入线

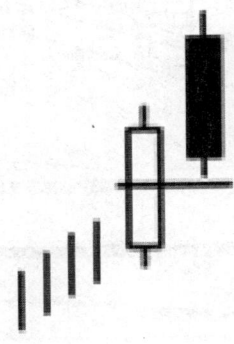

图2-8　看涨插入线

说明：前期股价要处于上升趋势中，上一交易日收出一根阳线延续原有上升趋势。今日收出一根阴线且收盘在上一交易日收盘价和实体的中线价位之间，说明空方对多方并没有形成太大的威胁。所以该形态没有被列入反转形态中，而是归属于延续目前上升趋势的持续形态。（如图2-8所示）

传统要求：

1. 股价近期处于明显的上升趋势中，也可以是整理区间的反弹走势中。

2. 第一天必须是阳线，第二天必须是阴线，第二天必须在第一天的最高价以上开盘，在第一天的收盘价和实体中线价位之间收盘。

案例：华资实业（600191）看涨插入线

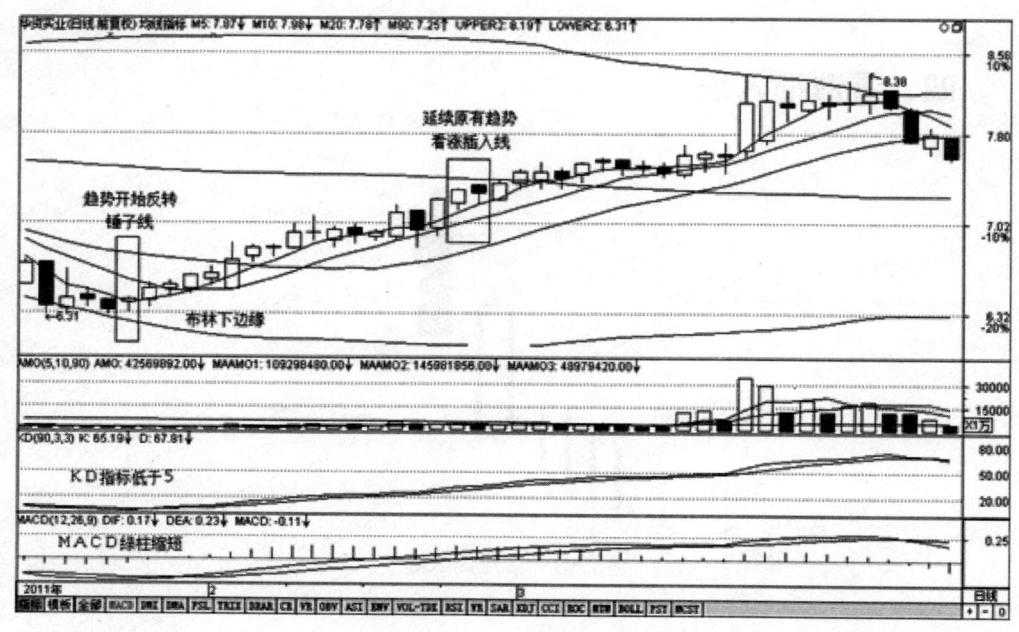

图2-9　华资实业（600191）　看涨插入线

图2-9是个股华资实业（600191）2011年1月19日至2011年3月30日的行情走势，股价在1月26日走出阶段底部并形成可靠性较高的锤子线形态，随后进入了上升趋势中。2011年2月25日，股价形成了延续上升趋势的看涨插入线形态，说明股价还会继续上升一段。

传统观点：这是一个看涨插入线形态，前期有着明显的上升趋势，预示行情会继续沿着原有趋势发展，直到有新的、更可靠的反转下跌形态出现。

后期走势：

华资实业（600191）2011年2月25日的看涨插入线形态出现后，股价继续原有的上升趋势向上发展，突破90日均线，不久股价再次突破90日布林线上边缘，股价短期上升趋势暂时就此告一段落。以该看涨插入线收盘价算起，股价最高上涨了近12%。

五、上升三法形态

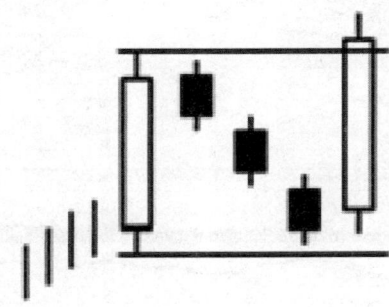

图2-10　上升三法形态

说明： 前期股价一直处于上升趋势中，第一天收出一根中大级别的阳线，用来描述现有上升趋势。第二、第三、第四天分别收出一根中或小的实体阴线，用此来描述空方曾三度试图向下攻击多方的战略据点，但都没有一鼓作气将多方击败，反而让多方死死守住了他们的最后一道防线。结果今日收出一根大阳线，多方援军到达，一举击退了空方的进攻，重新夺回了战略要地。所以该形态被归属于持续上升趋势的形态。（如图2-10所示）

传统要求：

1.股价近期处于明显的上升趋势中，也可以是整理区间的反弹走势中。

2.第一天必须是中大级别的阳线。

3.第二、第三、第四天分别是中小级别的阴线，而且这些阴线的实体波动范围始终没有超过第一天阳线的波动范围，同时这三天的阴线应该逐渐下跌。

4.今日（即第五天）必须是大阳线，同时收盘价要高于第一天的最高价。

案例：京投银泰（600683）上升三法形态

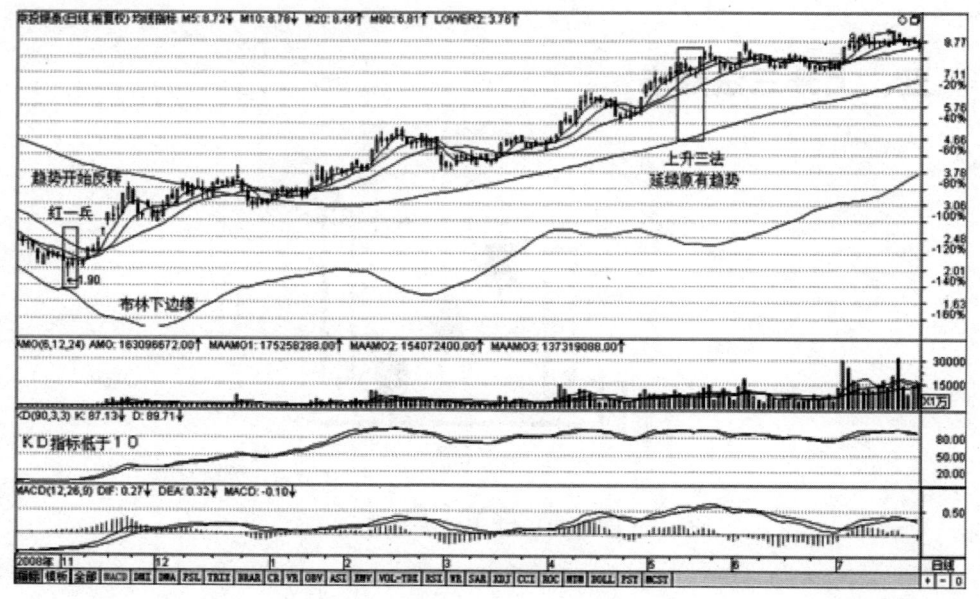

图2-11　京投银泰（600683）　上升三法形态

　　图2-11是个股京投银泰（600683）2008年10月22日至2009年7月24日的行情走势，该股在2008年11月5日走出底部并形成可靠较高的红一兵看涨形态，股价随后反转，进入了上升趋势中。2009年5月19日，股价形成了延续上升趋势的上升三法形态，说明股价还会沿着原有上升趋势继续上涨。

　　传统观点：这是一个经典的上升三法形态，它之前有着明显的上升趋势，该形态预示行情还会延着原有的上升趋势继续发展。

　　后期走势：京投银泰（600683）2009年5月19日的上升三法形态出现后，股价沿着原有的上升趋势继续向上发展。股价在之后几个交易日内下跌了约17%，最后股价反弹，与今日的上升三法形态的收盘价相比，只不过上涨了约20%。该股在之后的两年内一直在涨20%和跌30%的区间内震荡。

第三章

经典反转下跌形态

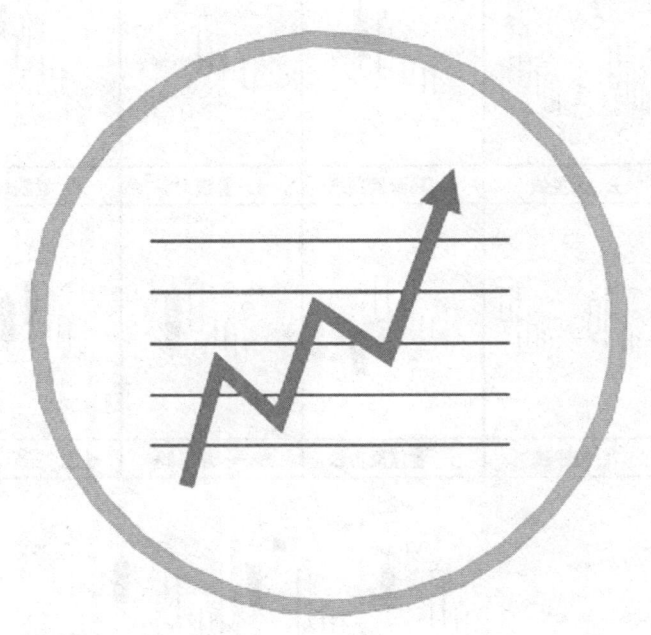

与第一章的反转上涨形态相反，本章主要讲述的是经典的反转下跌形态。（如图3-1所示）反转下跌形态按出现的位置可以分为波段底部、波段中部、波段顶部三种。

在这三种可能出现的位置里，出现在波段中部、波段顶部的反转下跌形态最有可信度，因为股价已处高位，如果股价就此下跌，下跌的空间才会相对较大。作为稳健的投资者，最好是以成交额的增长作为第一要点，然后再来对比见顶信号的反转下跌形态。本章在每个形态案例分析中对具体内容已加以说明。

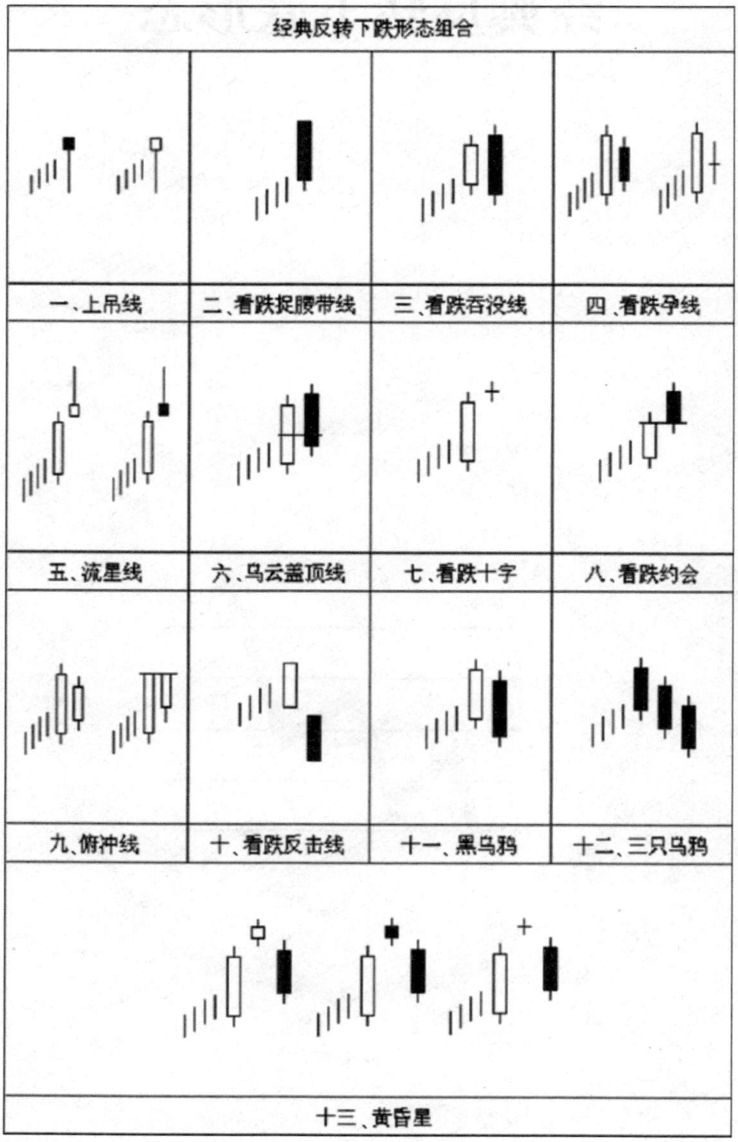

经典反转下跌形态组合

一、上吊线	二、看跌捉腰带线	三、看跌吞没线	四、看跌孕线
五、流星线	六、乌云盖顶线	七、看跌十字	八、看跌约会
九、俯冲线	十、看跌反击线	十一、黑乌鸦	十二、三只乌鸦
十三、黄昏星			

图3-1 经典反转下跌形态组合

一、上吊线

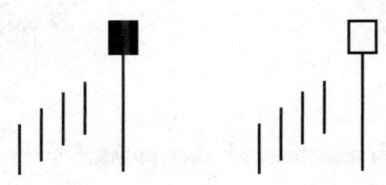

图3-2　上吊线

说明：前期股价一直处于上升趋势中，今日盘中股价一度下跌，而后又大幅拉升接近今日最高价的位置（有可能创出前日最高价或压力点价位的新高），这样的行情很有可能会形成日内阶段M形顶部形态，所以传统上上吊线被定义为看跌反转形态，但是否真的会反转还要看后续走势才能确认。（如图3-2所示）

传统要求：

1.股价近期处于明显的上升趋势中，也可以是整理区间的反弹走势中。

2.实体很小而且阴阳不用区分，也有可能是开盘价与收盘价相同或接近，甚至开盘与收盘价相同。

3.下影线的长度越长越好，一般来说下影线是实体的2倍以上，但几倍不是硬性标准。

4.不能有太明显的上影线，上影的振幅不能高于1%，最好是没有上影线。

案例：ST中葡（600084）上吊线

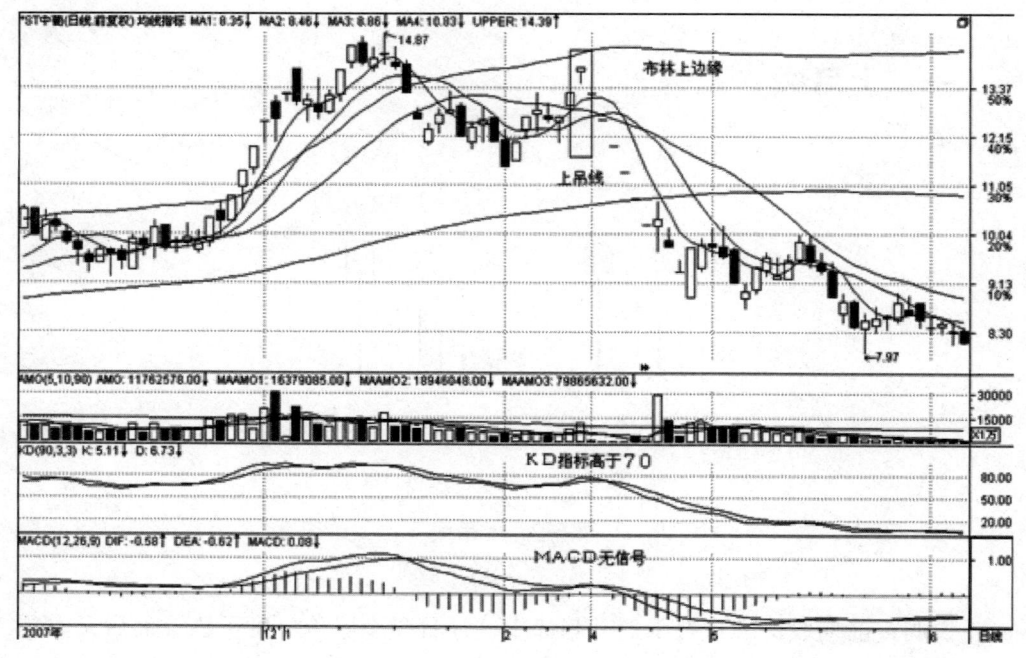

图3-3　ST中葡（600084）　上吊线

　　图3-3是个股ST中葡（600084）2007年7月31日至2008年6月5日的行情走势。股价在2月1日刚回调完毕，后走出一小段上涨波段。5日、10日均线又重新金叉，之后均线又出现一段上涨行情，股价在2008年2月19日收出一根上吊线，预示上升行情可能将告一段落。

　　传统观点：这是一个经典的上吊线形态，有着明显而短暂的上升趋势，下影线长度是实体长度的数倍，而且没有上影线。它预示行情上升乏力，可能会因此反转，由目前的上升趋势转为下降趋势。

MACD震荡指标入门与技巧

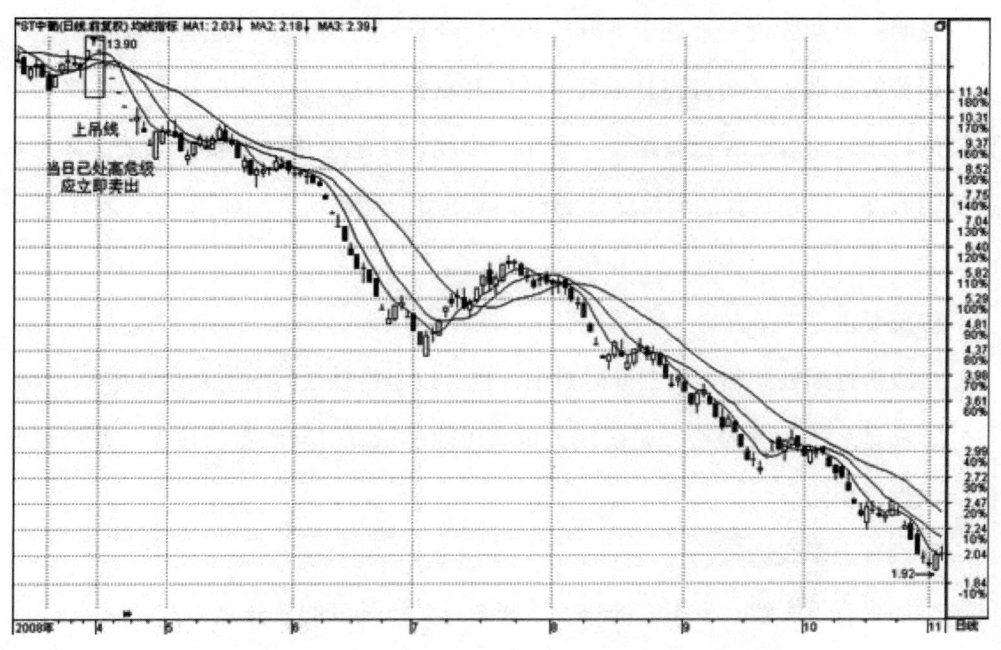

图3-4　ST中葡（600084）　后期走势

后期走势： ST中葡（600084）2008年2月19日的这根上吊线出现后，股后续接连收出6个跌停板，然后进入漫长的下跌趋势中。（如图3-4所示）

卖出机会是在上吊线出现当日，在尾盘还剩5~10分钟而大局已定的情况下，已符合多项条件，整个下降波段下跌了约80%。

二、看跌捉腰带线

图3-5　看跌捉腰带线

说明： 前期股价一直处于上升趋势中，今日股价高开（开盘有可能创出整个上升趋势的新高），而且当日最高价就是开盘价，然后股价一度拉低，在接近当日最低价附近收盘，在低处留下一段小下影线，传统上这种捉腰带线被定义为看跌反转形态，但是否真的会反转还要看后续走势才能确认。（如图3-5所示）

传统要求：

　　1.股价近期处于明显的上升趋势中，也可以是整理区间的上调走势中。

　　2.实体较大，并且必须是阴线，也有可能是最低价与收盘价接近，甚至最低价与收盘价相同。

　　3.没有上影线。

　　4.如果有下影线，下影线的长度不能超过实体长度的三分之一。

案例：佛山照明（000541）看跌捉腰带线

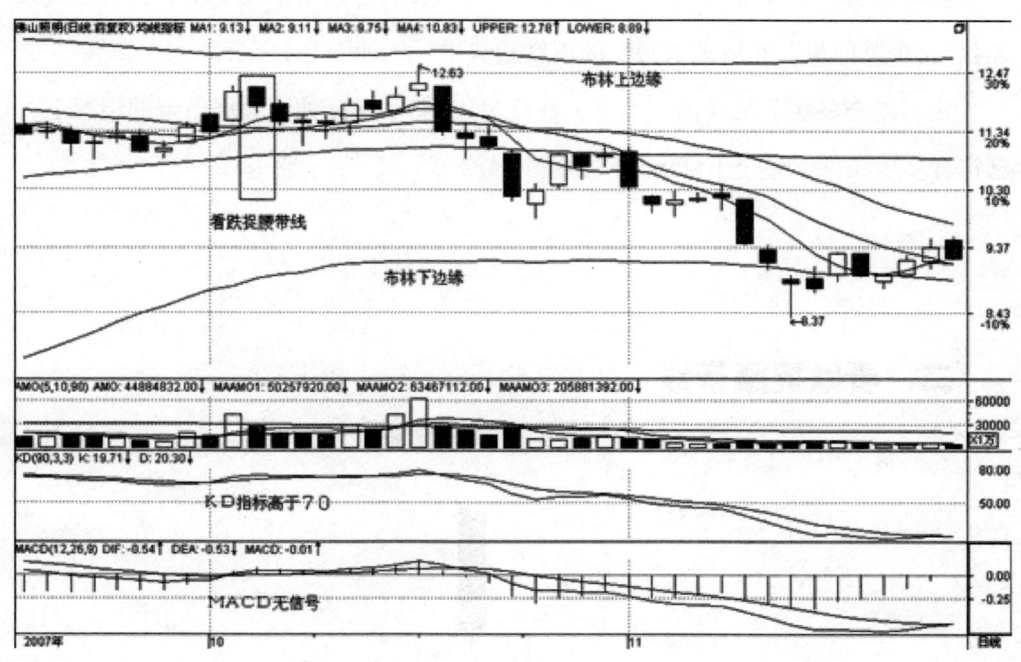

图3-6　佛山照明（000541）　看跌捉腰带线

图3-6是个股佛山照明（000541）2007年9月19日至2007年11月21日的行情走势，股价在2007年6月18日走出顶部后一直处于高位盘整中。10月10日，该股报收一根看跌捉腰带线。

传统观点：这是一个看跌捉腰带线形态，近期有一小段明显的上升趋势，实体长度是下影线长度的3倍，而且没有上影线。它将预示行情会因此反转，由目前的上升趋势转为下降趋势。另外，今日报收蜡烛图线又构成了另一种看跌反转形态——乌云盖顶，同样含有将反转下跌的意思。

图3-7　佛山照明（000541）　后期走势

后期走势：佛山照明（000541）2007年10月10日的这根看跌捉腰带线出现后，随后几天进入了大幅盘整区间的回调走势中，在区间底部获得支撑后曾试图突破区间高点，但好景不长，随后股价一落千丈，整个波段下跌约70%。（如图3-7所示）

三、看跌吞没线

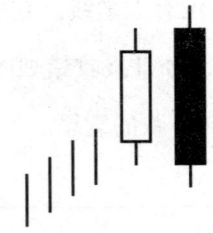

图3-8　看跌吞没线

说明：前期股价一直处于上升趋势中，今日股价高开（开盘有可能创出整个上升趋势的新高），开盘价高于前日实体，然后股价一度拉低，收盘价低于前日实体，有无上影线或下影线并不影响吞没形态，传统上这类吞没线被定义为看跌反转形态，但是否真的会反转还要看后续走势才能确认。（如图3-8所示）

传统要求：

1.股价近期处于明显的上升趋势中，也可以是整理区间的上调走势中。

2.实体比前日实体大，且前日实体被包含在今日实体之内，并且今日必须是阴线。

3.有无上、下影线均可。

案例：青岛双星（000599）看跌吞没线

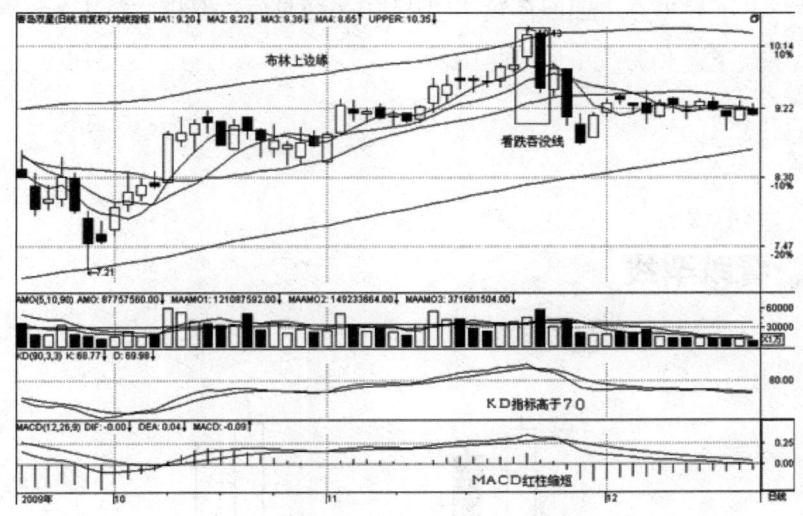

图3-9 青岛双星（000599） 看跌吞没线

图3-9是个股青岛双星（000599）2009年9月22日至2009年12月16日的行情走势，股价在2009年11月23日走出这一波段的顶部后便报收一根标准的看跌吞没线。

传统观点： 这是一个经典的看跌吞没线形态，有着明显的上升趋势，今日实体将上一交易日实体包含在内，它将预示行情会因此反转，由目前的上升趋势转为下降趋势。

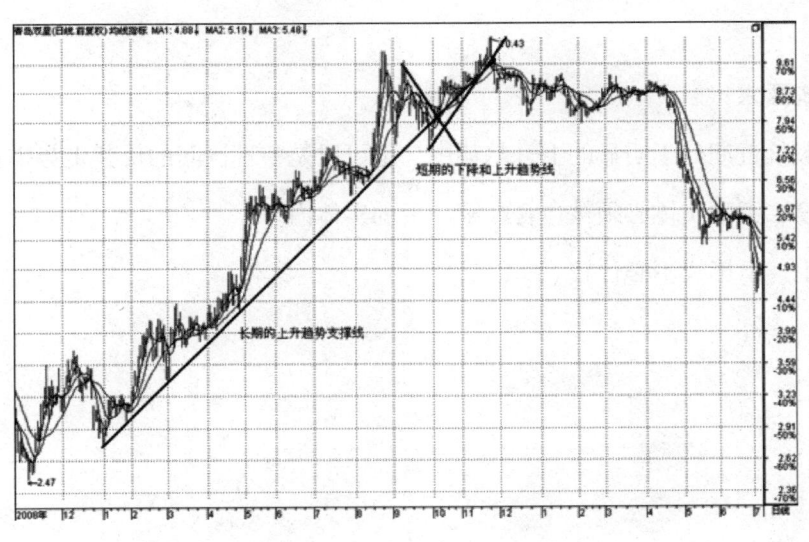

图3-10 青岛双星（000599） 后期走势

后期走势：青岛双星（000599）11月24日的这根看跌吞没线出现后开始下跌，随后没几天就进入了横向盘整。约100个交易日后，股价一落千丈，整个波段由顶到底下跌了近40%。（如图3-10）

四、看跌孕线

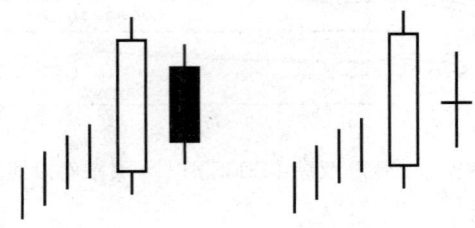

图3-11　看跌孕线

说明：前期股价一直处于上升趋势中，第一天盘中股价一度上涨（有可能创出前日最高价或上升趋势的新高），第二天盘中收盘后的实体被包含在第一天的实体内，孕育新的转变。所以传统上看跌孕线被定义为看跌反转形态，但是否真的会反转还要看后续走势才能确认。（如图3-11所示）

传统要求：

1.股价近期处于明显的上升趋势中，也可以是整理区间的反弹走势中。

2.第二天的实体必须被包含在第一天的实体内。

3.上、下影线不必计较。

案例：绵世股份（000609）看跌孕线

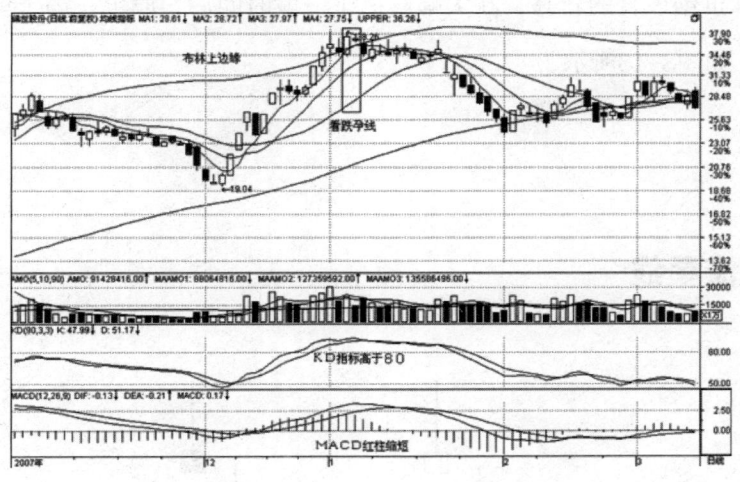

图3-12　绵世股份（000609）看跌孕线

　　图3-12是个股绵世股份（000609）2007年10月30日至2008年3月12日的行情走势。股价在2008年元旦过后第一个交易日便见顶，次日，即2008年1月7日报收一根看跌孕线。

　　传统观点：这是一个经典的孕线形态，之前有着明显的上升趋势，今日的实体被包含在了前日实体之内。它将预示行情正在犹豫中，有可能会因此反转，由目前的上升趋势转为下降趋势。

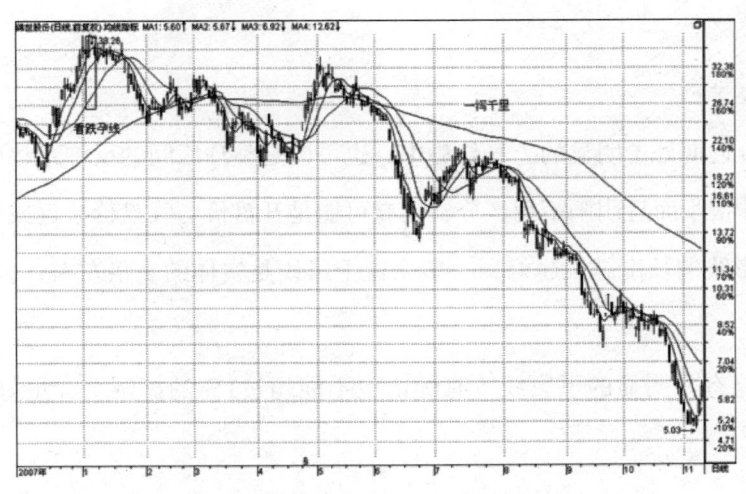

图3-13　绵世股份（000609）　后期走势

后期走势：绵世股份（000609）2008年1月7日的这根看跌孕线出现后，股价就再也没有再创该日的新高，在大幅震荡了一段时间后，股价一泻千里似的下跌约80%。（如图3-13所示）

五、流星线

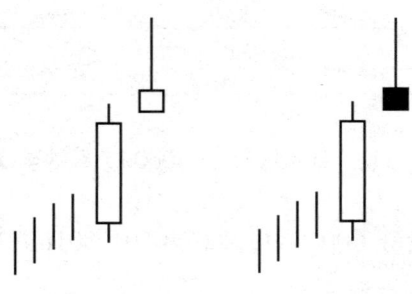

图3-14　流星线

说明：前期股价一直处于上升趋势中，今日盘中股价一度上涨（有可能创出昨日新高），然后尾盘又大幅回落到接近今日最低价的位置。这样的行情很有可能会形成日内阶段Ｖ形顶部形态，所以传统上流星线被定义为看跌反转形态，但是否真的会反转还要看后续走势才能确认。（如图3-14所示）

传统要求：

1. 股价近期处于明显的上升趋势中，也可以是整理区间的反弹走势中。

2. 实体很小而且阴阳不用区分，也有可能是开盘价与收盘价接近或相同。

3. 上影线的长度越长越好，一般来说上影线是实体的２倍左右，但几倍不是硬性标准。

4. 不能有太明显的下影线（有的话也不能超过1%的振幅），最好是没有下影线。

MACD震荡指标入门与技巧

案例：金晶科技（600586）流星线

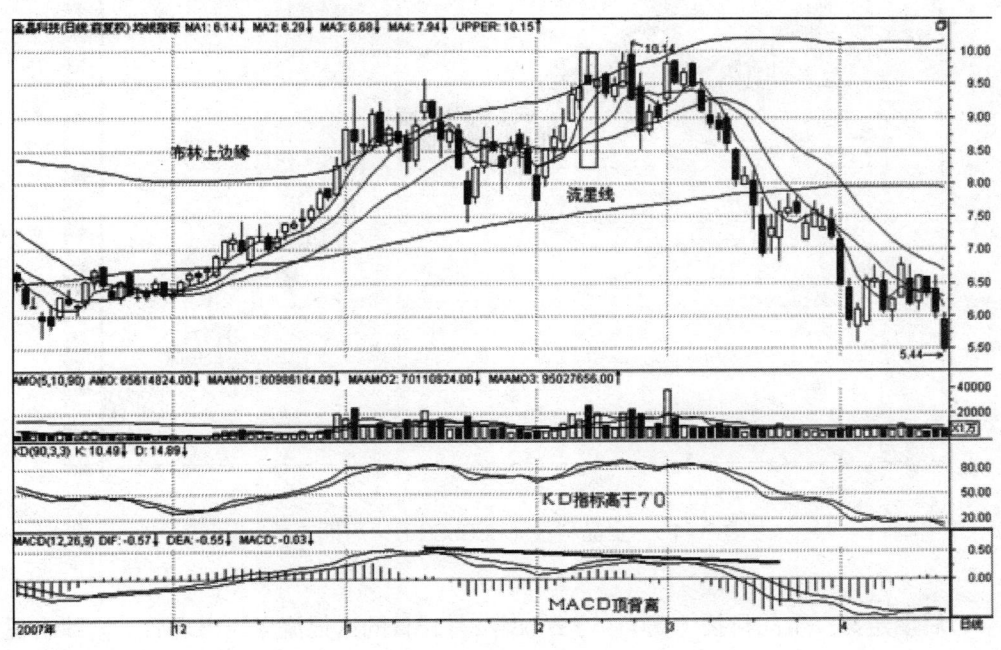

图3-15　金晶科技（600586）　流星线

图3-15是个股金晶科技（600586）2007年11月7日至2008年4月18日的行情走势，股价在2008年1月初走出阶段性顶部后开始高位盘整。在2008年2月18日股价报收一根流星线。

传统观点： 这是一个经典的流星线形态，之前有着明显的上升趋势，上影线长度是实体长度的两倍以上，而且没有下影线。它将预示行情会因此反转，由目前的上升趋势转为下降趋势，但在反转之前多方还会拼命抵抗，所以还可能会进入一小段上升行情。

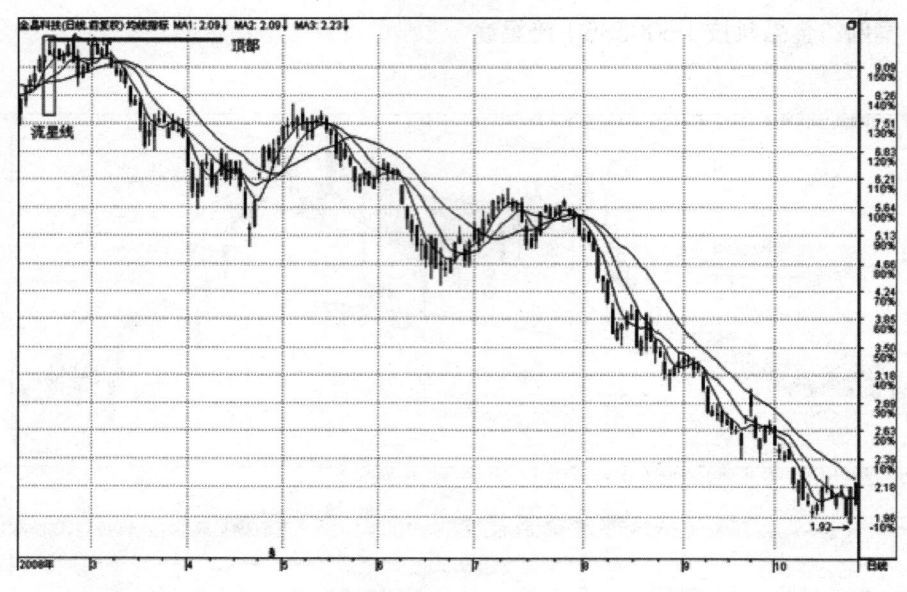

图3-16 金晶科技（600586） 后期走势

　　后期走势：金晶科技（600586）2008年2月18日的这根流星线出现后，立即出现了一小幅回落，接着又小幅反弹，由于该股的顶部的成交额是底部的80倍。所以，我们认为该股风险已非常大，不宜于追高，所以带量突破成功型创新高阴线所显示出来的是将进入整理行情，而要想行情继续上涨几乎不可能。投资者最好不要抱有太大的希望，应该见好就收。后续走势的整个下降波段下跌了70％以上。（如图3-16所示）

六、乌云盖顶

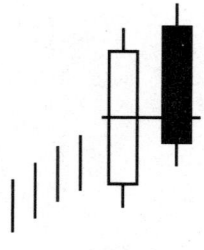

图3-17 乌云盖顶

说明：要求股价处于上升趋势中，所以很多投资者都趋向于顺势地看好后市，空仓的投资者急于介入，持仓的投资者通常愿意继续持有而不急于卖出。一般表现为延着上升趋势，个股的成交量也逐渐增加。（如图3-17所示）

传统要求：

1.股价近期处于明显的上升趋势中，也可以是整理区间的反弹走势中。

2.第一天必须是阳线，第二天必须是阴线，而且第二天必须在第一天实体中心以下价位收盘。

3.两个交易日的上、下影线可以忽略不计。

案例：双钱股份（600623）乌云盖顶

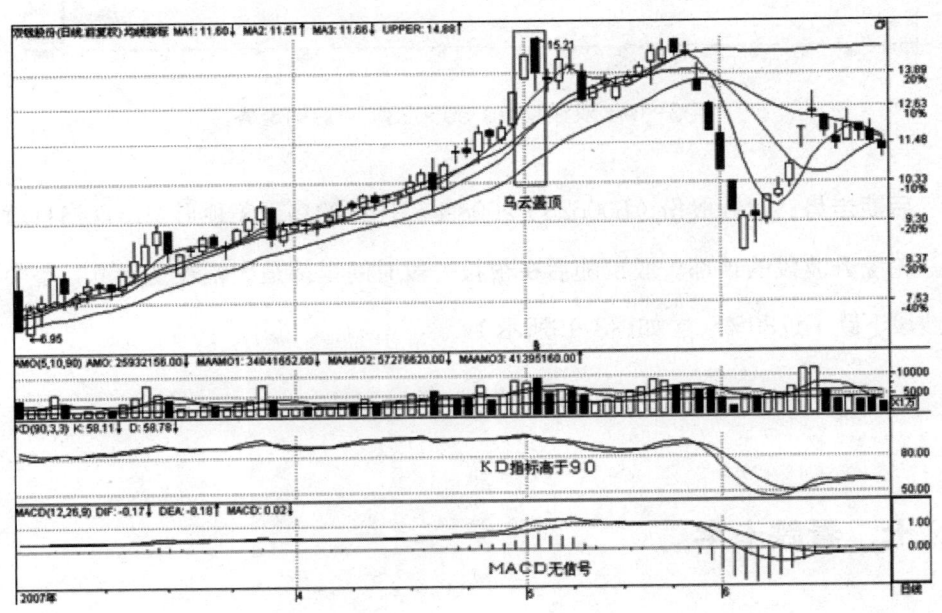

图3-18　双钱股份（600623）　乌云盖顶

图3-18是个股双钱股份（600623）2007年2月27日至2007年6月21日的行情走势，股价在5月9日出顶部报收一根乌云盖顶线。

传统观点： 这是一个经典的乌云盖顶形态，有着明显的上升趋势，第二天的实体穿透了第一天阳线实体的中心以下。它预示行情将会反转，由目前的上升趋势转为下降趋势。

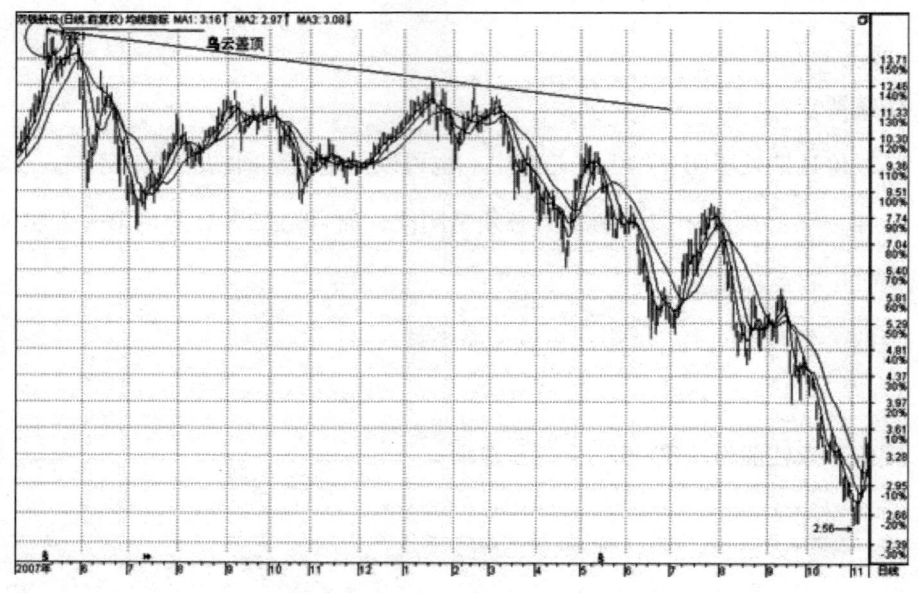

图3-19　双钱股份（600623）　后期走势

后期走势： 双钱股份（600623）2008年5月9日的乌云盖顶形态出现当日就是这一轮上升波段的顶部。股价随后在很长一段时间里都是大幅震荡向下，整个下降波段下跌了近80％。（如图3-19所示）

七、看跌十字

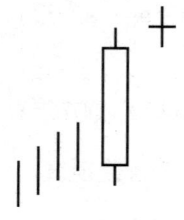

图3-20　看跌十字

说明：其要求股价处于上升趋势中，所以很多投资者都趋向于顺势地看好后市，空仓的投资者急于介入，持仓的投资者通常愿意继续持有而不急于卖出。一般表现为沿着上升趋势，个股的成交量也逐渐增加。（如图3-20所示）

传统要求：

1.股价近期处于明显的上升趋势中，也可以是整理区间的反弹走势中。

2.前一个或前数个交易日必须是阳线，如果前一个交易日是小阳线，则之前必须另有其他数个阳线的上涨。今日的开盘价与收盘价相同（或非常接近）。

3.上、下影线的要求不多，只要不是太长就行。

4.十字线的开盘价必须高于前一个交易日的收盘价。

案例：华天酒店（000428）看跌十字

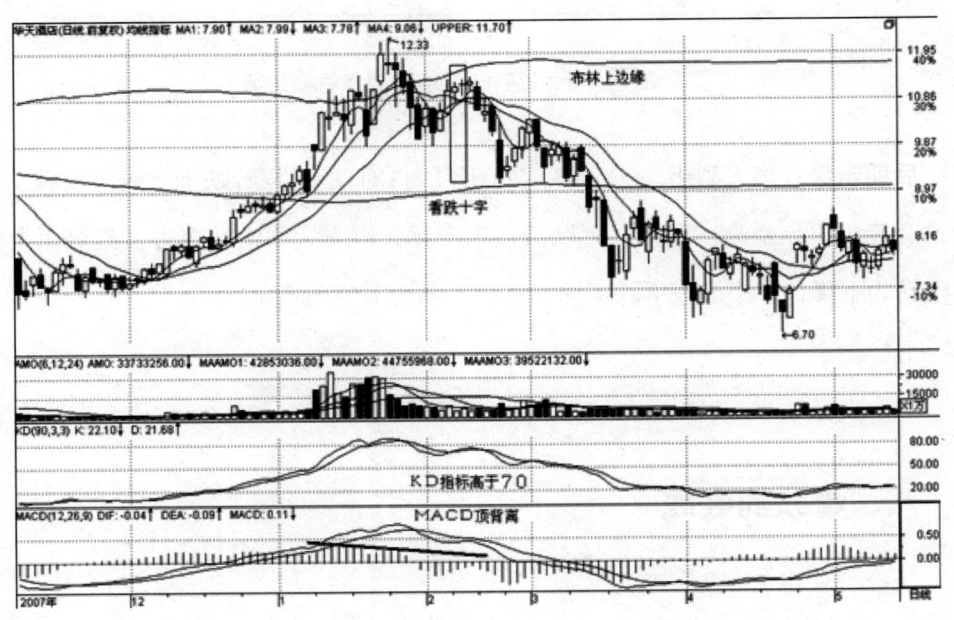

图3-21　华天酒店（000428）　看跌十字

图3-21是个股华天酒店（000428）2007年11月12日至2008年5月16日的行情走势，股价在2008年1月25日走出顶部后再次回调时报收一根看跌十字线。

传统观点： 这是一个经典的看跌十字形态，有着明显的上升趋势，近3个交易日连续收阳线。2008年2月18日收出十字线，上、下影线都不是很长，它预示行情可能因此反转，上涨可能将要告一段落。

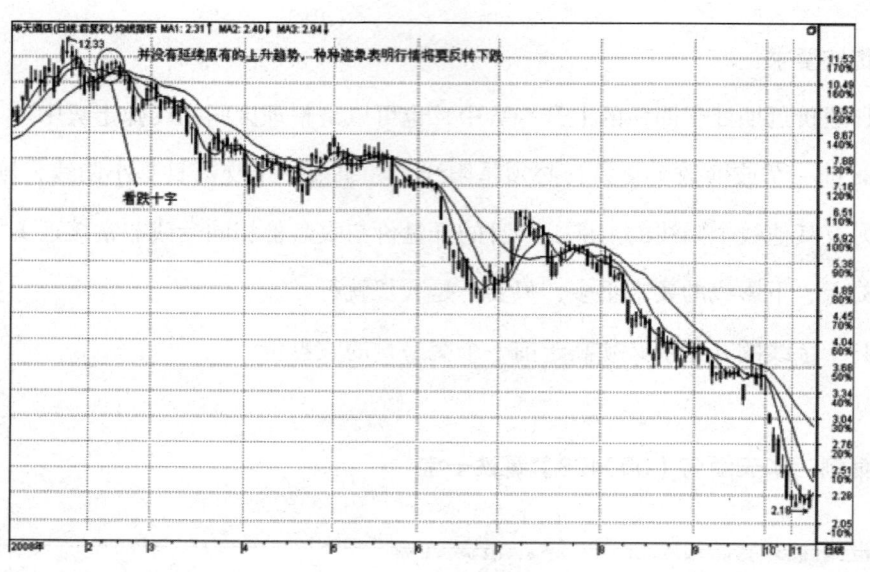

图3-22　华天酒店（000428）　后期走势

后期走势： 华天酒店（000428）2008年2月18日的这根看跌十字线出现后，股价没有能力再创新高。股价马上跌破多项支撑，空方一举击败多方，趋势由上升迅速转为下降，整个波段下跌了约75%。（如图3-22所示）

八、看跌约会线

图3-23　看跌约会线

说明： 其要求股价处于上升趋势中，所以很多投资者都趋向于顺势地看好后市，空仓的投资者急于介入，持仓的投资者通常愿意继续持有而不急于卖出。一般表现为沿着上升趋势，个股的成交量也逐渐增加。（如图3-23所示）

传统要求：

1. 股价近期处于明显的上升趋势中，也可以是整理区间的反弹走势中。

2. 第二天必须大幅高开。

3. 两个交易日的实体都比较大，并且第一天必须是阳线，第二天必须是阴线。

4. 两个交易日的收盘价必须相同。

案例：ST东海A（000613）看跌约会线

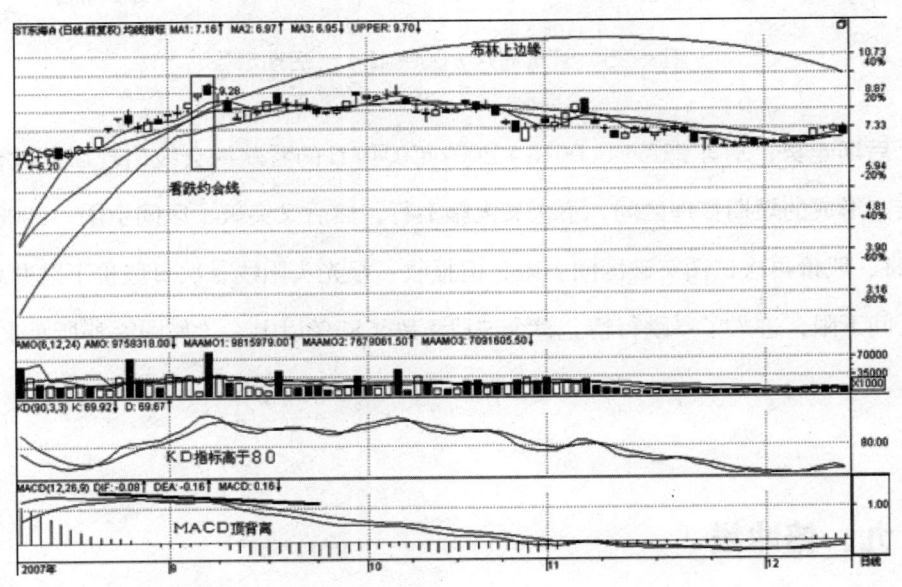

图3-24　ST东海A（000613）　看跌约会线

图3-24是个股ST东海A（000613）2007年8月13日至12月13日的行情走势。股价在8月8日创出阶段高点，9月7日再创新高，该日便形成看跌约会线形态。

　　传统观点： 这是一个较典型的看跌约会线形态，有着明显的上升趋势，第一天是大阳线，第二天是大阴线，两天收盘价相同。它预示行情将会反转，由目前的上升趋势转为下降趋势。也有经验证明这个形态的出现可能是该波段的中间位置，还会继续上涨一段。

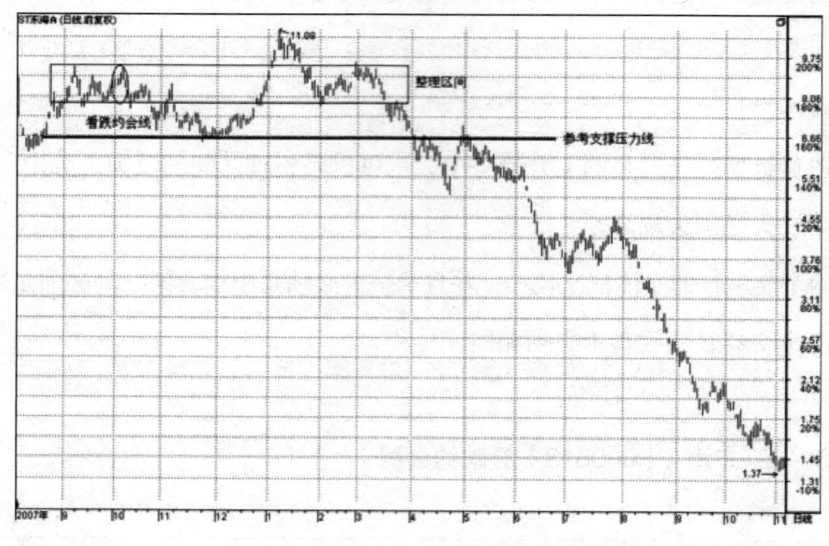

图3-25　ST东海Ａ（000613）　后期走势

后期走势： ST东海Ａ（000613）2007年9月7日的看跌约会线出现后，股价曾跌破刚形成的短期整理区间，不久又大幅上行，然后又突破了区间上限。2008年1月4日，股价再次试图突破区间上限，但报收一根光头阳线，次日股价下跌并跌破了区间下限，进入了暴跌行情。整个波段下跌了85％以上。（如图3-25所示）

九、俯冲线

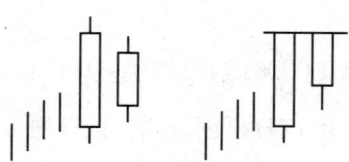

图3-26　俯冲线

说明：前期股价一直处于上升趋势中，前日收出一根大阳线（有可能创出昨日最低价或支撑点价位的新低），今日也必须收一根阳线，而且今日的实体必须被上一交易日实体包含在内。这样的行情很有可能会形成横向盘整的走势，但是是否会因此下跌还未必。不过传统上俯冲线还是被划归为看跌反转形态。（如图3-26所示）

传统要求：

1.股价近期处于明显的上升趋势中，也可以是整理区间的反弹走势中。

2.两天都必须是阳线，而且第一天必须是大阳线，第二天的实体必须被包含在第一天的实体之内。

案例：深康佳A（000016）俯冲线

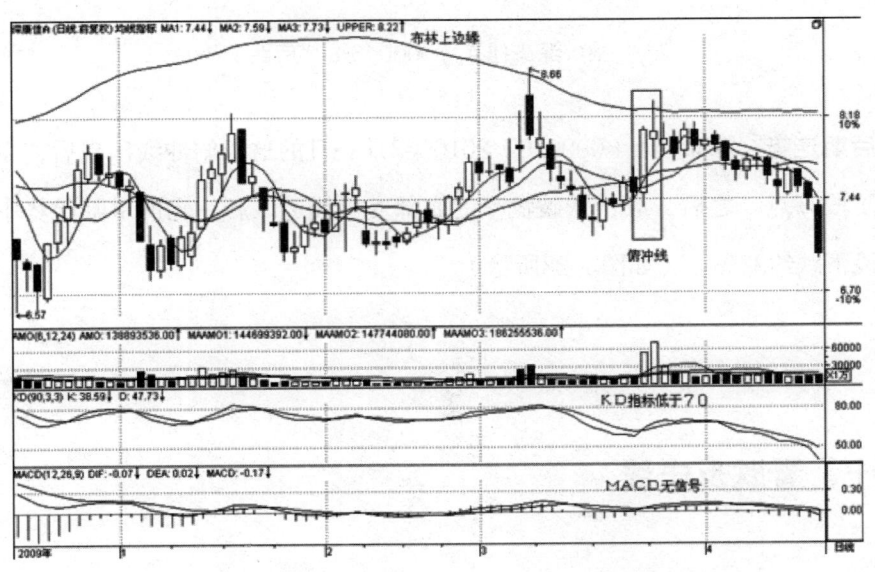

图3-27　深康佳A（000016）　俯冲线

图3-27是个股深康佳A（000016）2009年12月18日至2010年4月19日的行情走势。股价在2009年12月4日走出顶部后，一直处于高位盘整中，2010年3月25日收盘形成俯冲线形态。

传统观点：这是一个俯冲线形态，有一小段明显的上升趋势。第一天是根大级别的阳线，第二天的阳线实体被包含在第一天的实体内，它预示行情正处在犹豫、变化之中，随时有可能反转。

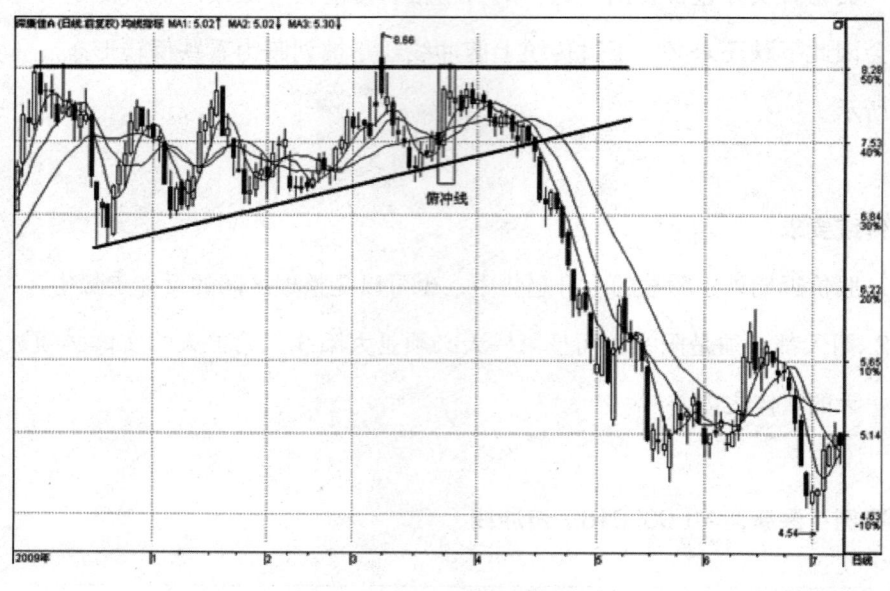

图3-28　深康佳Ａ（000016）　后期走势

后期走势：深康佳A（000016）2010年3月25日的这根俯冲线出现后，立即形成了阶段高点。之后，股价跌破盘整的底部支撑线进入新一轮的下降趋势中，整个波段下跌约36％。（如图3-28所示）

十、看跌反击线

图3-29　看跌反击线

说明：前期股价一直处于上升趋势中，第一天盘中股价一度上涨（有可能创出昨日最低价或支撑点价位的新低），然后第二天向下跳空开盘，而且收盘收在当天最低价或非常接近当天最低价的位置。这样的行情有可能会形成 V 形反转，所以传统上将反击线定义为反转形态，但是否真的会反转还要看后续走势才能确认。（如图3-29所示）

传统要求：

1. 股价近期处于明显的上升趋势中，也可以是整理区间的反弹走势中。

2. 第一天是阳线，第二天是阴线，而且这两天没有或几乎没有影线。

3. 第二天的阴线必须向下跳空开盘，并且收盘接近或等于当日最低价。

案例：道博股份（600136）看跌反击线

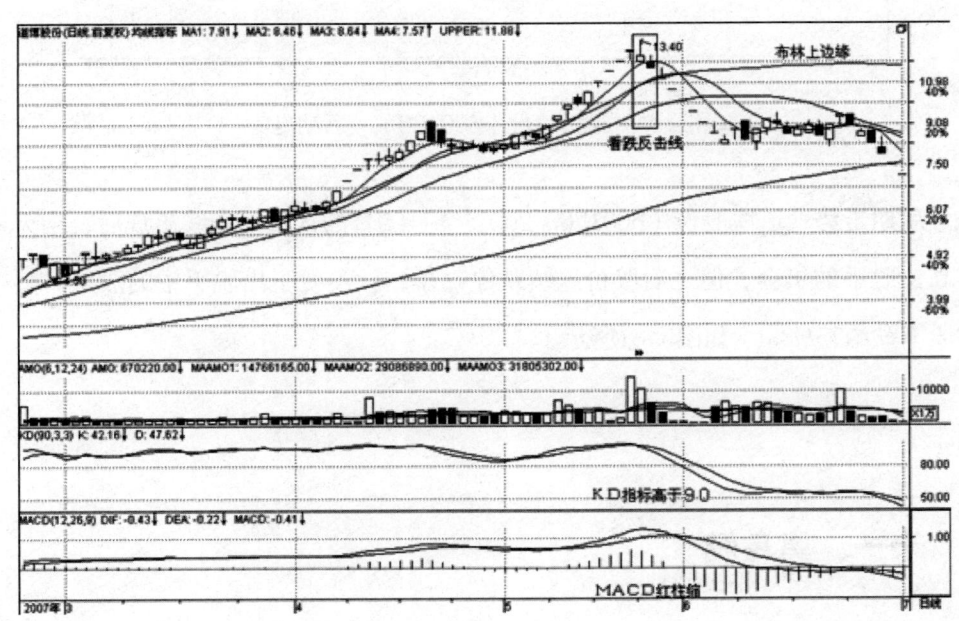

图3-30　道博股份（600136）　看跌反击线

图3-30是个股道博股份（600136）2007年2月16日至2007年7月2日的行情走势。股价在5月28日走波段顶部后的第二个交易日便报收一根看跌反击线。

传统观点: 这是一个比较勉强的看跌反击线形态, 之前有着明显的上升趋势。前一个交易日是大阳线(该股当时属于ST股, 涨跌上下限是5%, 所以按这个幅度来说, 这两个交易日的涨跌幅可以算是大阳线、大阴线了), 今日是一个大阴线的跌停板, 两天之间有一个跳空缺口。它预示行情有可能会反转向下。

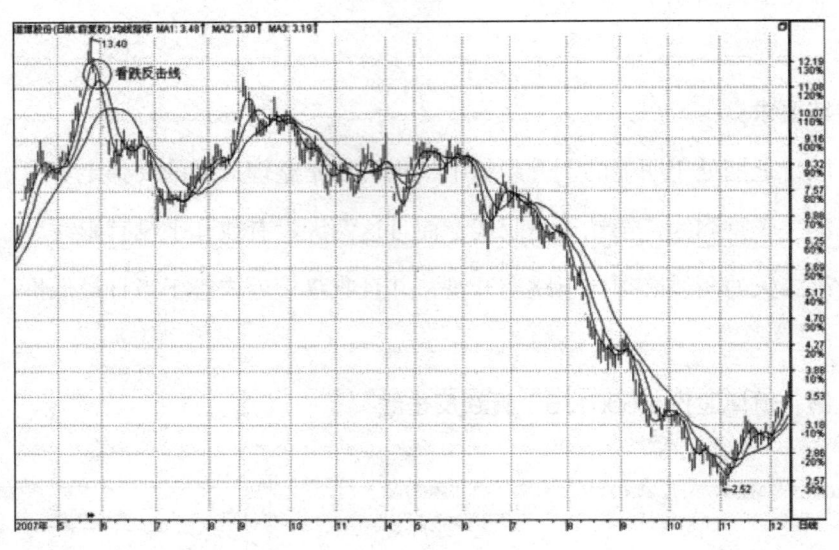

图3-31 道博股份(600136) 后期走势

后期走势: 道博股份(600136)2007年5月29日的这根反击线出现后, 当天还有高位脱手的机会, 但之后股价连续跌停收盘, 就不便于出脱手中的股票, 整个波段下跌约75%。(如图3-31所示)

十一、黑乌鸦

图3-32 黑乌鸦

说明： 前期股价一直处于上升趋势中，第一天继续原有的上升趋势收出一根大阳线，而第二天收出一根大阴线。所以传统上黑乌鸦被定义为看跌反转形态，但是否真的会反转还要看侦察回来的情报才能定夺。（如图3-32所示）

传统要求：

1. 股价近期处于明显的上升趋势中，也可以是整理区间的反弹走势中。

2. 第一天必须是大阳线（大涨6.18％以上），第二天必须是大阴线（大跌6.18％以上）。

3. 第二天必须在第一天的收盘价之下开盘。

4. 第二天必须在第一天的最低价之下收盘。

案例：太极集团（600129）黑乌鸦

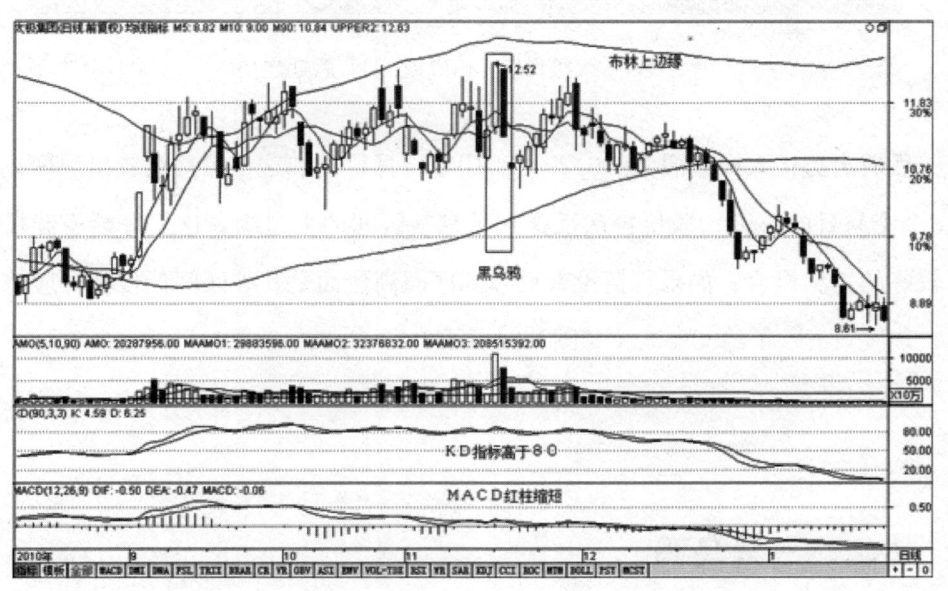

图3-33　太极集团（600129）　黑乌鸦

图3-33是个股太极集团（600129）2010年8月12日至2011年1月24日的行情走势。股价在2010年10月初走出阶段高点后一直在高位进行盘整。11月16日，股价再次向上到达了该盘整区间的最高价位，次日便报收一根黑乌鸦线。

传统观点： 这是一个经典的黑乌鸦线形态，之前有着明显的上升趋势，上一交易日收一根大阳线，今日收出一根大阴线，且是低开低走并收于上一交易日最低价以下。它将预示行情可能会反转。

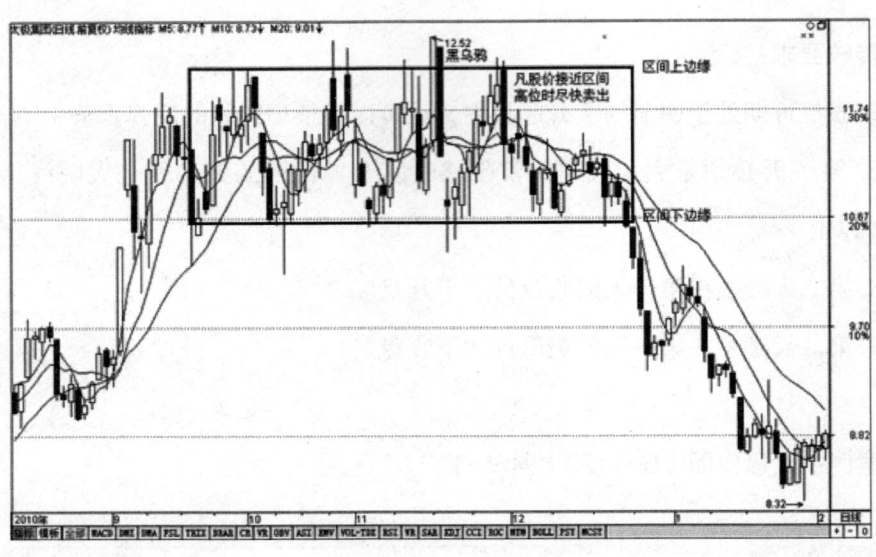

图3-34　太极集团（600129）　后期走势

后期走势： 太极集团（600129）2010年11月17日的这根黑乌鸦线出现后，经过8个交易日的反弹，股价再次反弹到了盘整区间的上边缘。这正好给稳健投资者较好的卖出机会，如果行情没有反弹到区间高位而是跌破区间低位则更应该卖出，该波段下跌了约30%。（如图3-34所示）

十二、三只乌鸦

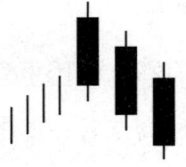

图3-35　三只乌鸦

说明：前期股价一直处于上升趋势中，最近三个交易日连续报收大阴线。这样的行情很有可能或已经形成反转趋势，所以传统上三只乌鸦被定义为看跌反转形态。（如图3-35所示）

传统要求：

1. 股价近期处于明显的上升趋势中，也可以是整理区间的反弹走势中。

2. 三个交易日必须是大阴线，实体涨幅（即收盘价与开盘价相比）必须是3%以上。

3. 第二天、第三天的阴线开盘必须低于上一交易日的开盘价。

案例：兴发集团（600141）三只乌鸦

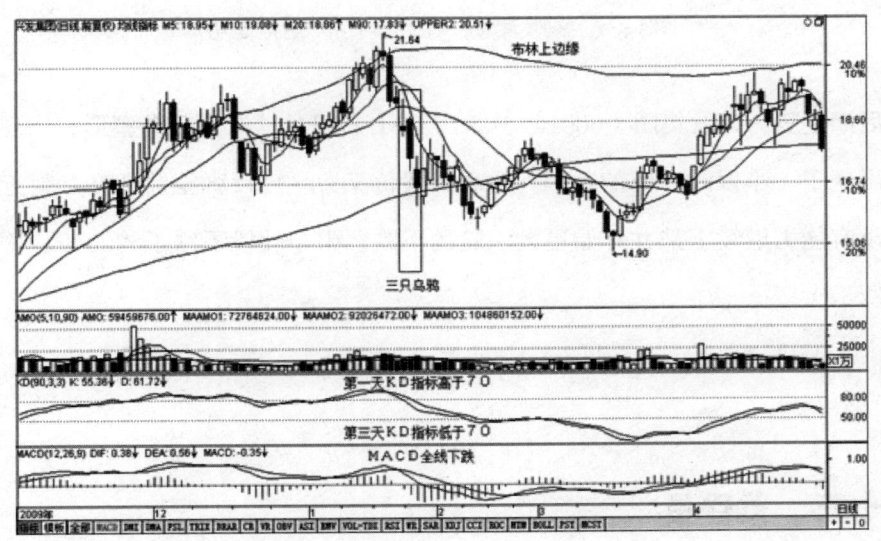

图3-36　兴发集团（600141）　三只乌鸦

图3-36是个股兴发集团（600141）2009年11月3日至2010年4月29日的行情走势。股价在1月底走出波段顶部，之后连续下跌，并于2010年1月27日收出三只乌鸦形态线。

传统观点：这是一个经典的三只乌鸦形态，之前有着明显的上升趋势，最近连续三个交易日收出大阴线。它预示行情会因此反转的可能性增大。

图3-37　兴发集团（600141）　后期走势

后期走势： 兴发集团（600141）2010年1月27日的这个三只乌鸦形态出现后，立即出现了一小段约10%的跌幅。之后，股价又曾一度反弹至前期高点附近，但再也没有能力继续上涨并开始更大一轮的下跌，整个波段下跌了约50%。（如图3-37所示）

十三、黄昏星

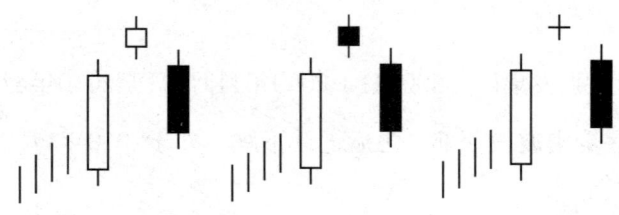

图3-38　黄昏星

说明： 前期股价一直处于上升趋势中，第一天继续维持上涨走势收出一根大阳线，第二天这种上涨趋势有所收敛收出一根小实体线或十字线，第三天报收一根大阴线。因此，传统上黄昏星线被定义为看跌反转形态，但是否真的会反转需要看后续走势才能确认。（如图3-38所示）

传统要求：

1.股价近期处于明显的上升趋势中，也可以是整理区间的反弹走势中。

2.第一天是实体很大的阳线。

3.第二天收出小实体的阳线、阴线或十字线，并且与第一天有向上跳空的缺口。

4.第三天收出一根大实体的阴线，与第二天有向下跳空的缺口。

5.三个交易日的上、下影线不能过长，特别是第二天的上、下影线不能超过其实体的2倍。

案例：宝安地产（000040）黄昏星

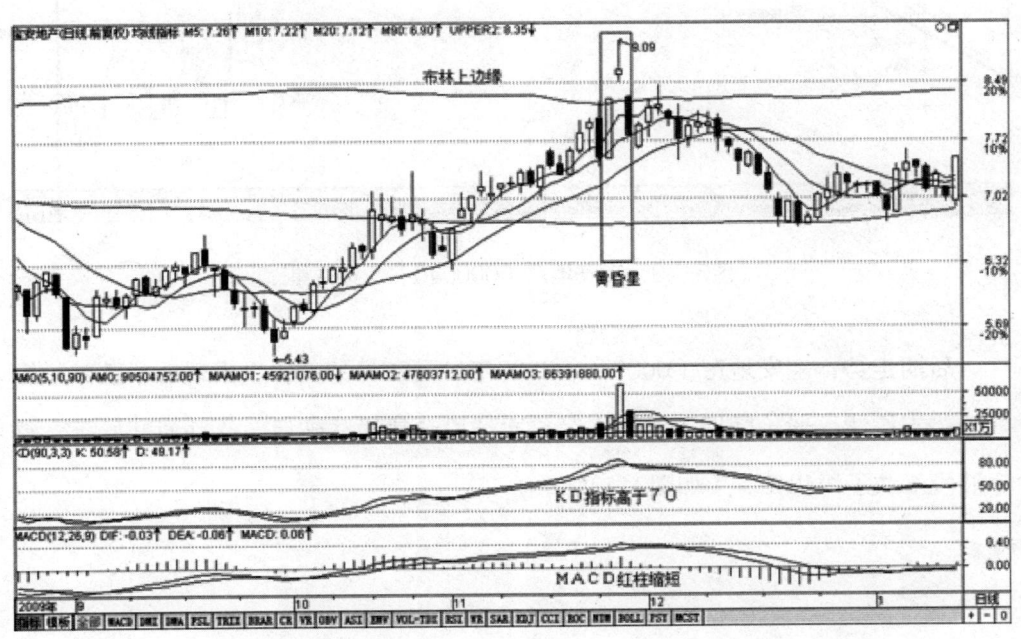

图3-39　宝安地产（000040）　黄昏星

图3-39是个股宝安地产（000040）2009年8月24日至2010年1月14日的行情走势。该股股价在2009年7月初曾走出一个波段高点，此次再次突破前一高点，并于2009年11月27日形成黄昏星形态。

　　传统观点：这是一个还算标准的黄昏星形态，之前有着明显的上升趋势，第一天是大阳线，第二天是小实体线，第三天是大阴线，并且两天间也存在着跳空缺口。它预示阴暗的下跌行情已步步逼近，上涨行情行将结束。

图3-40　宝安地产（000040）　黄昏星

　　后期走势：宝安地产（000040）2009年11月27日的黄昏星出现后，跌破了短期趋势支撑线，股价随即下跌。在第二次波段趋势线跌破后，暴跌便开始了，整个波段下跌了约40％。（如图3-40所示）

十四、三山形态

等效于看跌十字，并采用类似看跌十字的评级标准

图3-41　三山形态

说明： 前期股价一直处于上升趋势中，第一次股价上涨到一定价位后遇到空方抵抗，回调了一段。然后股价第二次上行，在几乎相同的位置再次遇到空方的抵抗并再次回调。第三次股价上涨到该价位后又跌了下来。对于多方来说，股价很明显已是涨无可涨，所以该形态被归属于反转下跌的形态。（如图3-41所示）

传统要求：

1. 股价近期处于明显的上升趋势中。

2. 三次上涨波段都止步于某一水平价位上。

3. 第三次上涨的末端应该出现看跌的蜡烛图形态。

案例：紫金矿业（601899）三山形态

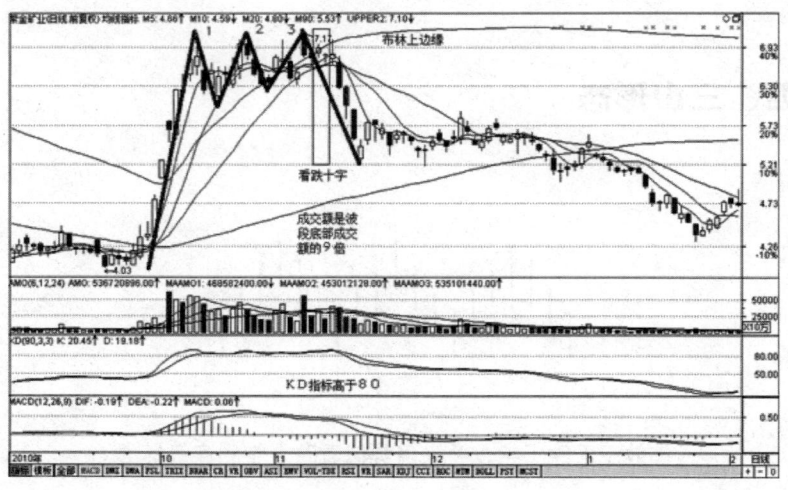

图3-42　紫金矿业（601899）　三山形态

图3-42是个股紫金矿业（601899）2010年8月30日至2011年2月9日的行情走势，该股在2010年10月15日、10月26日、11月5日分别走出三次比较平行的顶部。

传统观点： 这是一个经典看跌反转三山形态，它之前有着明显的上升趋势，该形态预示行情有可能会反转下跌，因为股价已上涨乏力。

后期走势： 紫金矿业（601899）2010年10月15日至11月5日形成三山形态后，股价一举反转了原来的上升趋势，这之后的整个波段下跌超过了30％。

十五、三尊形态

等效于黄昏星，并采用类似黄昏星的评级标准

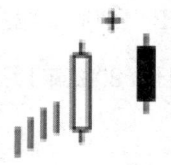

图3-43 三尊形态

说明： 前期股价一直处于上升趋势中，第一次股价上涨到一定价位后遇到空方抵抗，回调了一段。然后股价第二次上行，并突破破了上次的高点，又在更高的位置遇到空方的抵抗后没能再涨上去，反而又下跌了。第三次股价再次上行，还没到达第二次高点就遇到了空方的顽强抵抗。对于多方来说，股价很明显已是涨无可涨，所以该形态被归属于反转下跌的形态。（如图3-43所示）

传统要求：

1.股价近期处于明显的上升趋势中。

2.第一次高点和第三次高点都低于第二次高点。

3.第三次上升波段的末端应该出现看跌的蜡烛图形态。

案例：津劝业（600821）三尊形态

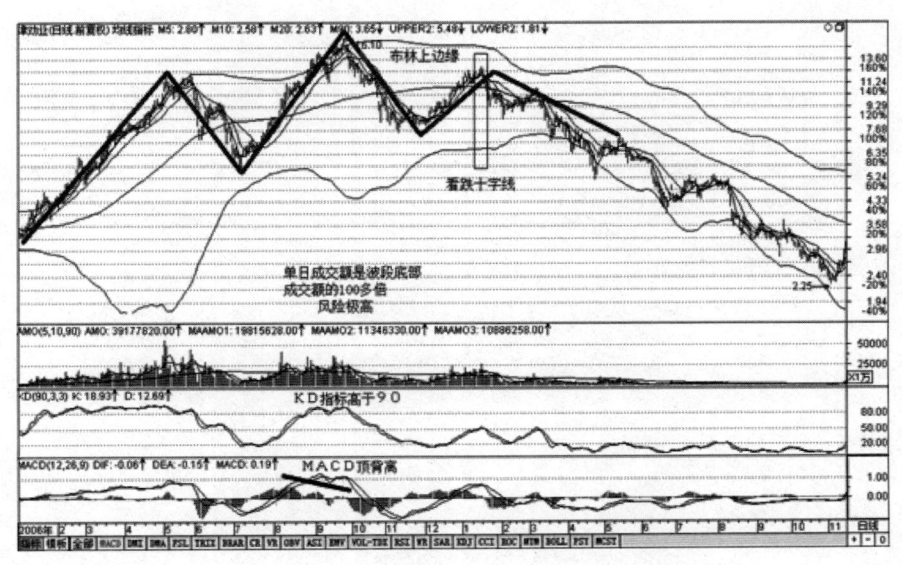

图3-44 津劝业（600821） 三尊形态

图3-44是个股津劝业（600821）2006年12月29日至2008年11月14日的行情走势。该股在2007年5月9日、9月24日、2008年1月16日分别走出三次波段顶部。

　　传统观点：这是一个经典且较长期的看跌反转的三尊形态，它之前有着明显的上升趋势，该形态预示行情非常有可能反转，因为股价已显疲软，上涨乏力。

　　后期走势：津劝业（600821）2007年5月9日至2008年1月16日形成三尊形态后，股价一举反转了上升趋势，并进入下降趋势中去，整个下降波段下跌超过了80%。

第四章

经典下跌中继形态

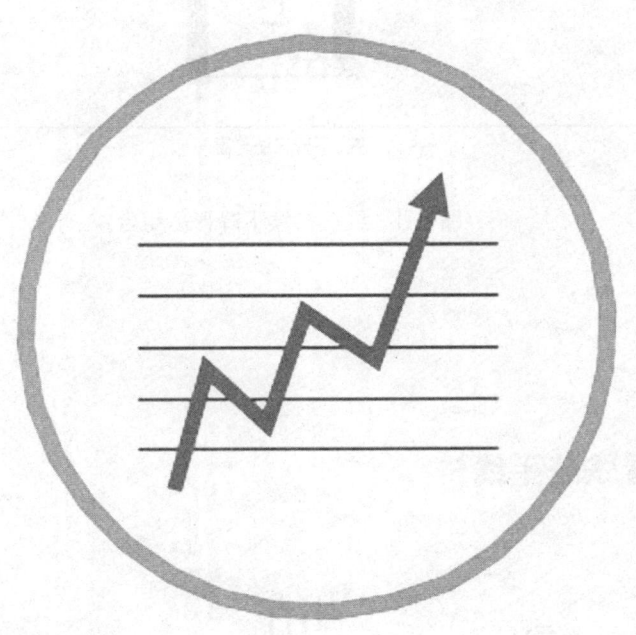

本章讲解的是持续形态中的持续下降形态组合。这些持续下降形态是在下降趋势中形成，空方一直占据着主导地位，多方曾想与空方争夺主导权，但都没有很好地把握住机会，或多或少地显示出多方自己的弱势，使得空方仍控制着行情的主导权，行情仍延续原有的下降趋势。这种多方试图反击但无果的形态就被称为持续下降形态。

传统经典的持续下降形态组合见图4-1。

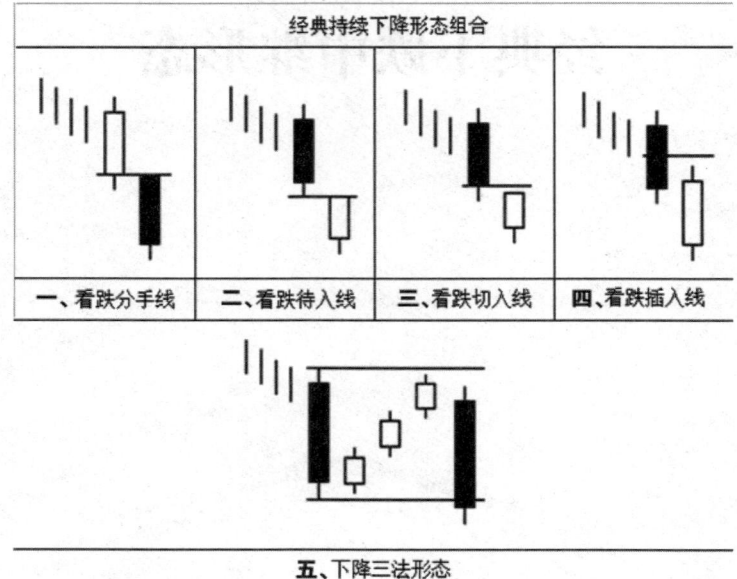

图4-1　经典持续下降形态组合

一、看跌分手线

图4-2　看跌分手线

说明：前期股价一直处于下降趋势中，上一交易日收出一根阳线，今日在上一交易日的开盘价位置开盘，但收出一根阴线，则上一交易日的开盘价就可以看成是一条上涨支撑线转换为下降压力线的水平趋势线。（如图4-2所示）

传统要求：

1.股价近期处于明显的下降趋势中，也可以是整理区间的下调走势中。

2.两天的开盘价要相同或非常接近。

案例：雅戈尔（600177）看跌分手线

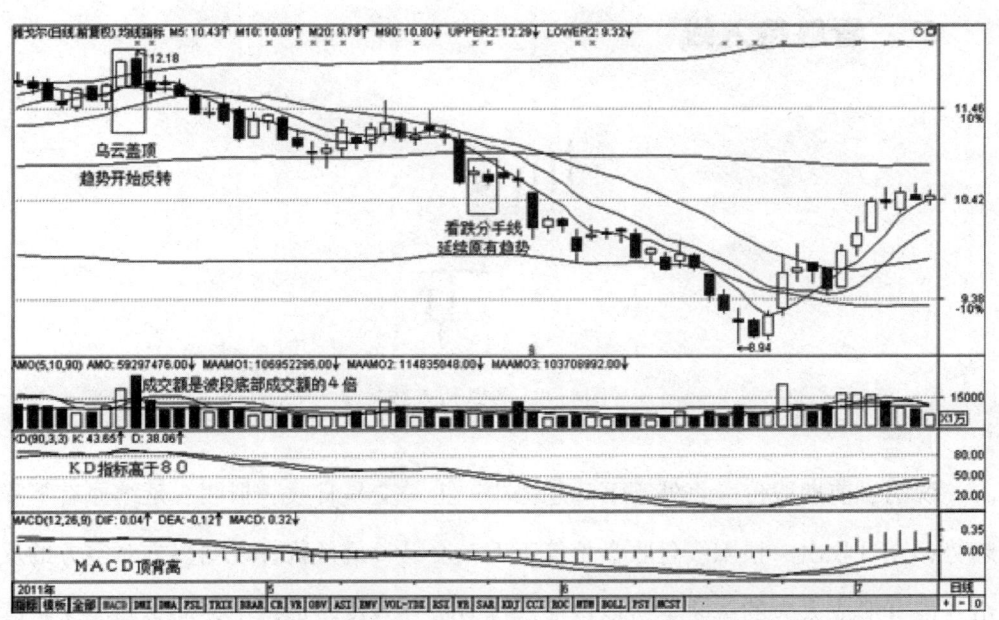

图4-3　雅戈尔（600177）　看跌分手线

图4-3是个股雅戈尔（600177）2011年4月15日至2011年5月30日的行情走势。股价在4月19日走出顶部并形成可靠性非常高的乌云盖顶反转下跌形态，随后进入了下降趋势中。2011年5月25日，股价形成了延续下降趋势的看跌分手线形态，说明股价还会继续下跌一段。

传统观点：这是一个看跌分手线形态，前期有着明显的下降趋势，预示行情会继续沿着原有趋势发展。

后期走势：雅戈尔（600177）2011年5月25日的这根看跌分手线出现后，股价继续原有的下降趋势，直到遇到新的、更可靠的反转形态出现，才能使股价由现有的下降趋势转为上升趋势。稳健投资者应该继续等待，而不应见股价已跌出一段便急于买人。

二、看跌待入线

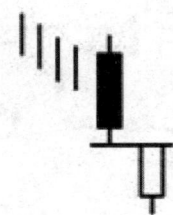

图4-4　看跌待入线

说明：前期股价一直处于下降趋势中，上一交易日收一根阴线延续原有下降趋势，今日收出一根阳线且收盘价等于上一交易日最低价，说明多方对空方的反击并没有形成太大的威胁。所以该形态没有被列入反转形态中，而是归属于延续目前下降趋势的持续形态中。（如图4-4所示）

传统要求：

1.股价近期处于明显的下降趋势中，也可以是整理区间的下调走势中。

2.第一天是阴线，第二天是阳线，并且阳线的收盘价等于或约等于上一交易日阴线的最低价。

案例：泛海建设（000046）看跌待入线

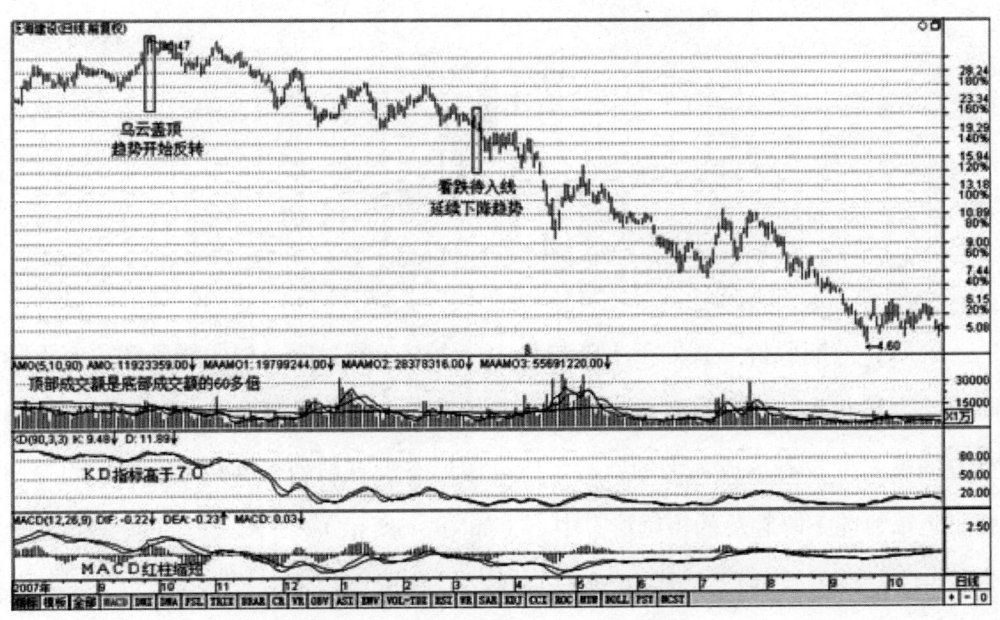

图4-5　泛海建设（000046）　看跌待入线

图4-5是个股泛海建设（000046）2007年7月24日至2008年10月29日的行情走势，股价在2007年9月25日走出顶部并形成可靠性非常高的乌云盖顶反转下跌形态，随后进入了下降趋势中。2008年3月13日，股价形成了延续下降趋势的看跌待入形态，说明股价还会继续下跌一段。

传统观点：这是一个看跌待入线形态，前期有着明显的下降趋势，预示行情会继续沿着原有下降趋势发展。

后期走势：泛海建设（000046）2008年3月13日的这根看跌待入线出现后，股价继续原有的下降趋势，直到遇到新的、更可靠的反转形态出现，才能使股价由现有的下降趋势转为上升趋势。遇到这样的持续形态，稳健投资者应该继续等待，而不应见到股价已跌出一段便急于买进。

三、看跌切入线

图4-6　看跌切入线

说明：前期股价一直处于下降趋势中，上一交易日收一根阴线延续原有下降趋势，今日收出一根阳线且收盘价等于或约等于上一交易日收盘价，说明多方对空方的反击并没有形成太大的威胁。所以该形态没有被列入反转形态中，而是归属于延续目前下降趋势的持续形态中。（如图4-6所示）

传统要求：

1. 股价近期处于明显的下降趋势中，也可以是整理区间的下调走势中。

2. 第一天必须是阴线，第二天必须是阳线，第二天必须在第一天的最低价以下开盘，而且两天的收盘价非常接近甚至是相等。

案例：长城开发（000021）看跌切入线

图4-7　长城开发（000021）　看跌切入线

图4-7是个股长城开发（000021）2010年9月6日至2011年7月8日的行情走势。股价在2010年9月29日走出顶部并形成可靠性非常高的看跌孕线反转下跌形态，随后进入了下降趋势中。2011年6月10日，股价形成了延续下降趋势的看跌切入线形态，说明股价还会继续下跌一段。

传统观点：这是一个看跌切入线形态，前期有着明显的下降趋势，预示行情还会延着原有的趋势发展。

后期走势：长城开发（000021）2011年6月10日的这根看跌切入线出现后，股价继续原有的下降趋势，直到7个交易日后，股价形成底部，趋势转而上升。遇到这样的持续形态，稳健投资者应该继续等待，而不应见股价已跌出一段便急于买入。

四、看跌插入线

图4-8　看跌插入线

说明：前期股价一直处于下降趋势中，上一交易日收出一根阴线延续原有下降趋势，今日收出一根阳线且收盘价在上一交易日收盘和中线价位之间，说明多方对空方的反击并没有形成大的威胁，所以该形态没有被列入反转形态中，而是归属于延续目前下降趋势的持续形态中。（如图4-8所示）

传统要求：

1. 股价近期处于明显的下降趋势中，也可以是整理区间的下调走势中。

2. 第一天必须是阴线，第二天必须是阳线，第二天必须在第一天的最低价以下开盘，在上一交易日的收盘价和中线价位之间收盘。

案例：中金岭南（000060）看跌插入线

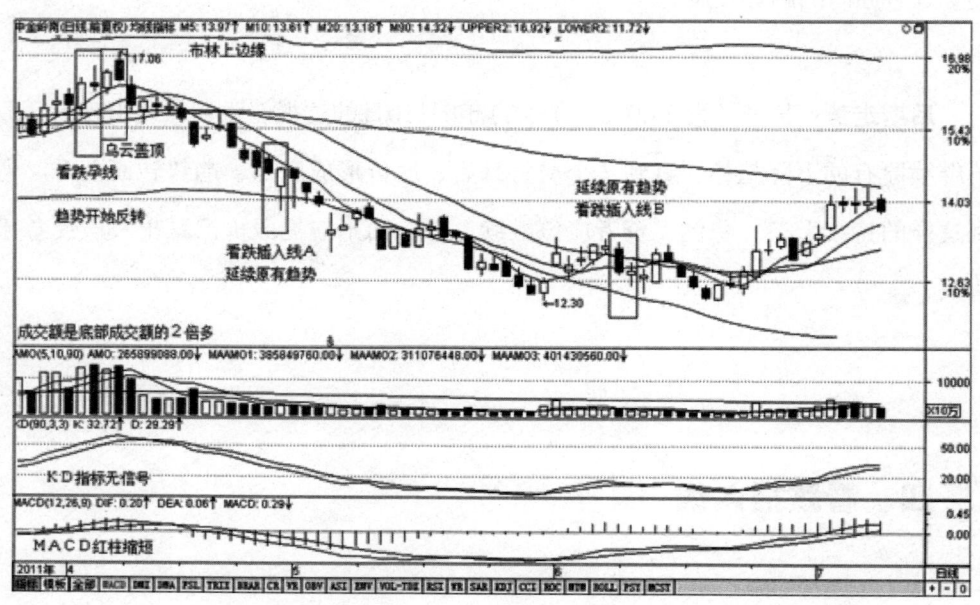

图4-9　中金岭南（000060）　看跌插入线

　　图4-9是个股中金岭南（000060）2011年3月28日至2011年7月8日的行情走势。股价在4月11日走出阶段顶部并形成可靠性较高的乌云盖顶反转下跌形态，随后进入了下降趋势中。2011年4月29日，股价形成了延续下降趋势的看跌插入线A，说明股价还会继续下跌一段。2011年6月10日再次形成了延续下降趋势的看跌插入线B，说明股价仍会再延续下降趋势，再跌一段。

　　传统观点：这是两个看跌插入线形态，前期有着明显的下降趋势，预示行情会继续沿着原有趋势发展，直到有新的反转上涨形态出现。

MACD震荡指标入门与技巧

后期走势：

中金岭南（000060）2011年5月25日的看跌切入线 A 出现后，股价继续原有的下降趋势向下发展。

中金岭南（000060）2011年6月10日的看跌切入线 B 出现后，股价继续下跌了一小段。这几个交易日之后，行情便走出了趋势反转上涨的形态，即看涨吞没线。

五、下降三法形态

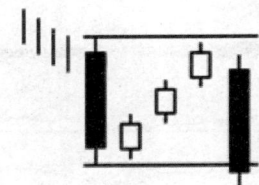

图4-10　下降三法形态

说明：前期股价一直处于下降趋势中，第一天收出一根中大级别的阴线，用来描述现有下降趋势。第二、第三、第四天分别收出一根中小实体的阳线，用此来描述多方曾三度试图向上攻击空方的战略据点，但都没有将空方击败，反而是空方死死守住了他们的最后一道防线。今日收出一根大阴线，空方等待援军到达，一举击退了多方的进攻，重新夺回了战略要地。所以该形态被归属于持续下降趋势的形态中。（如图4-10所示）

传统要求：

1.股价近期处于明显的下降趋势中，也可以是整理区间的下调走势中。

2.第一天必须是中大级别的阴线。

3.第二、第三、第四天分别是中小级别的阳线，而且这些阳实体的波动范围始终没有超过第一天阴线的波动范围，同时这三天的阳线逐渐上升。

4. 今日（即第五天）必须是大阴线，同时收盘价低于第一天的最低价。

案例：中海集运（601866）下降三法形态

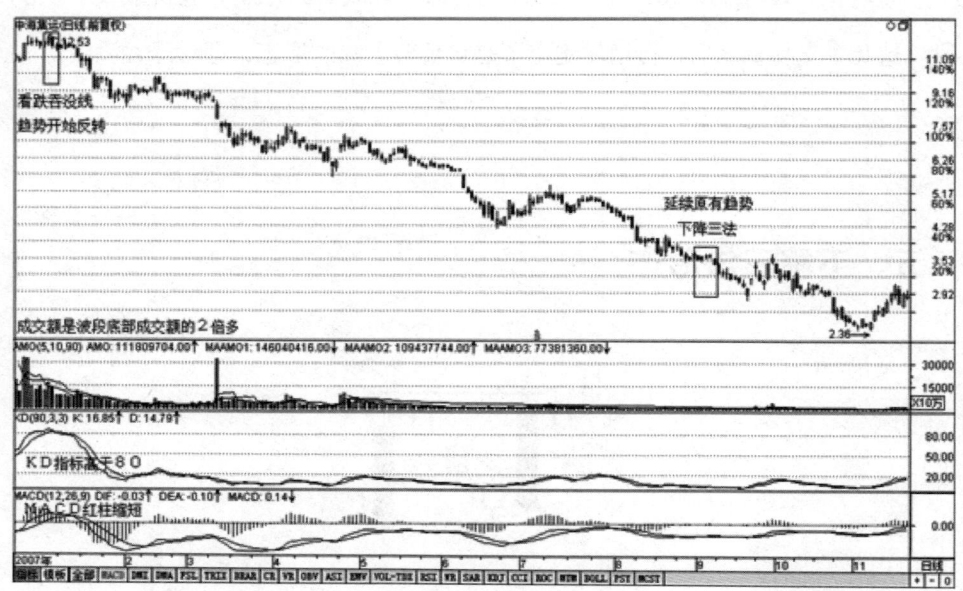

图4-11　中海集运（601866）　下降三法形态

图4-11是个股中海集运（601866）2007年12月24日至2008年11月20日的行情走势。该股在2007年12月12日上市后，于2008年1月8日走出顶部并形成可靠性非常高的看跌吞没线，股价随后进入了下降趋势中。2008年9月5日，股价形成了延续下降趋势的下降三法形态，说明股价还会再继续下跌一段。

传统观点： 这是一个下降三法形态，它之前有着明显的下降趋势，预示行情还会继续沿着原有的下降趋势发展。

后期走势： 中海集运（601866）2008年9月5日的下降三法形态出现后，股价继续原有的下降趋势向下发展，约40个交易日后股价才见底反转。稳健投资者应该继续等待，而不应见股价已跌出一段而急于买入。

第五章

MACD指标详解

一、什么是MACD指标

MACD指标（Moving Average Convergence / Divergence）即指数平滑异同移动平均线指标。

它是非常重要的技术指标，由Gerald Appel于1979年首先提出来并用于研判股票价格变化的强度大小、方向转换、能量变化，甚至趋势的周期性转变。

该指标由黄白两线和红绿柱组成，通过两条均线之间的差值计算出来。

"快"指较短期的均线，而"慢"则指较长期的均线，一般股票软件默认是快均线12天和慢均线26天的均线之差。（如图5-1所示）

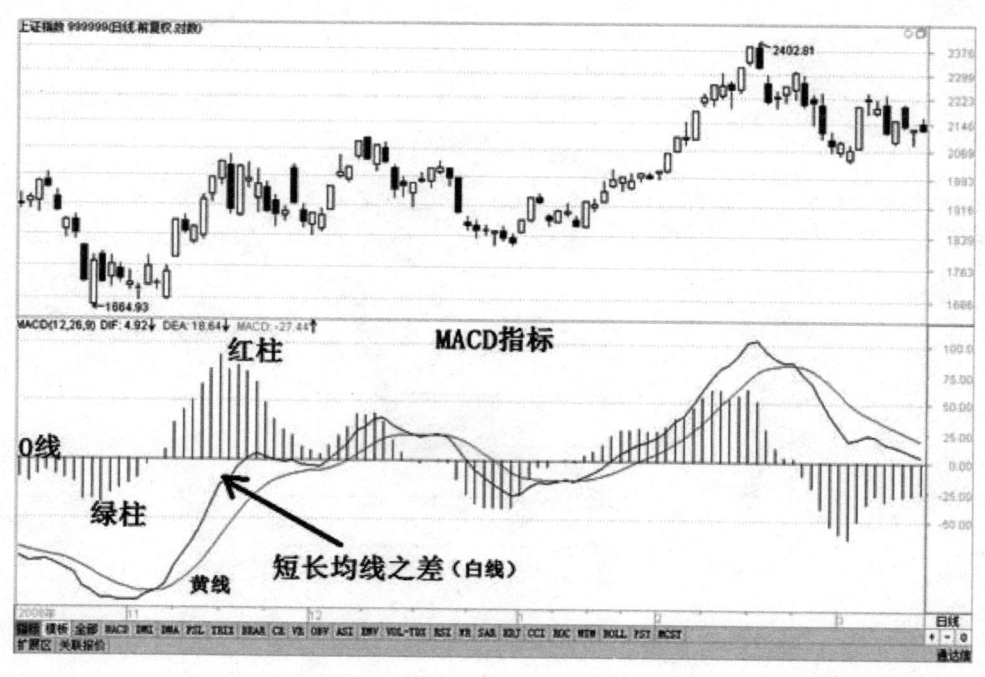

图5-1　MACD指标线

二、MACD指标的含义

MACD指标是利用两条均线之间的差值来判断行情的趋势力度。

一般来说，短期均线在长期均线上，利于看多、做多，这说明短期成本在不断抬高，短线投资者们不断将股价推高，即使价格再高也愿意买进，这将使股价不断上涨，也容易吸引更多的短线客追高买入。

若短期均线在长期均线下，利于看空、做空，这说明短期成本在不断地降低，短期投资者们不惜血本地卖出，这将会使股价不断下跌，形成恐慌浪潮，最后大家都赔本卖出，甚至不再计较价格。（如图5-2所示）

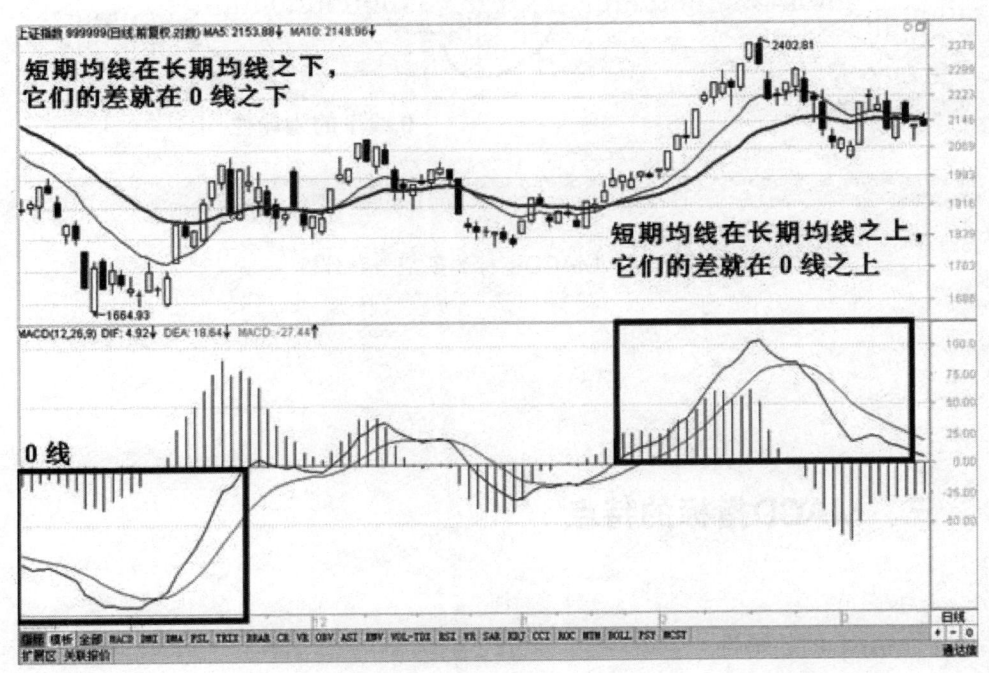

图5-2　MACD指标

MACD又对短期、长期均线的差值做了平均，然后用该值与这条均线进行对

比，取其差值，这就是红绿柱线。

一般来说，红柱代表多方强于空方。相反，绿柱代表空方强于多方。

红绿柱线是MACD指标中非常重要的参考数据。红绿柱线的变化揭示了多空双方争夺的胜败。（如图5-3所示）

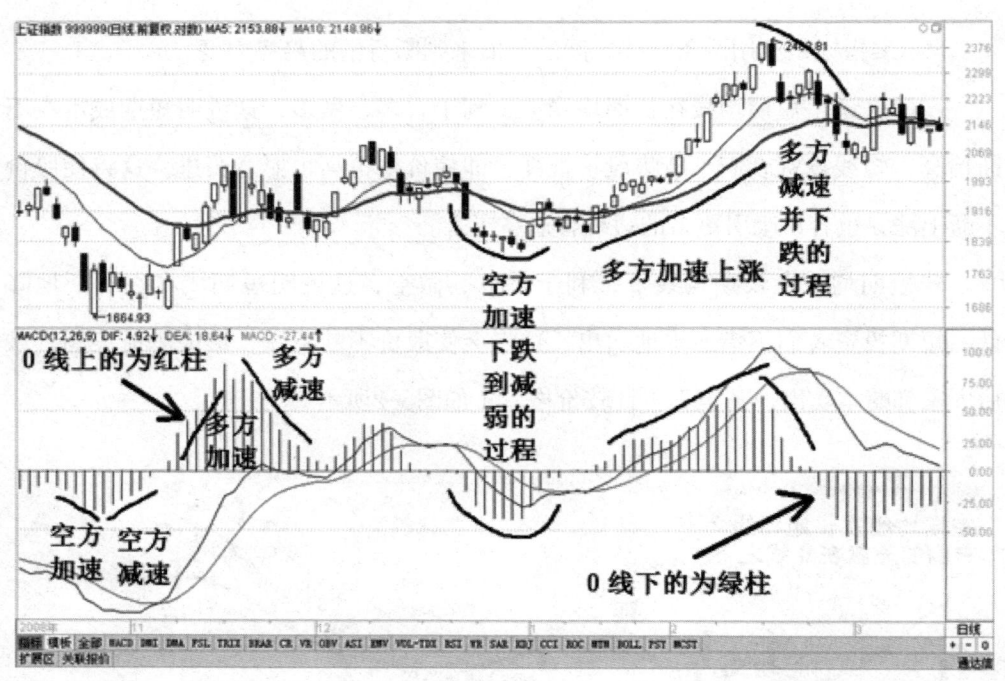

图5-3　MACD指标的多空争夺分析

三、MACD指标的特点

1. MACD的趋势性

12日指数均线，它的走势反映最近12天的价格平均走向，可以用来描述最近12天的股价趋势。如果是连续上涨的行情，该均线会持续向上行走，形成明显的上升趋势。

26日指数均线，它较平缓地反映了较长一些时间段内股价的走势，虽然没有12日均线那样敏感，但它的作用较12日均线更大些，能捕捉到较大较久的上涨行情，同时也能过滤掉一些频繁的波动，使总体趋势得到延续。

MACD将12日均线减去26日均线的值称为DIF线或"白线"。

这条白线代表了短期成本是抬高了或是降低了。抬高了就意味着做多的动力在持续，适合看多做多；反之，就适合看空做空。

为了再对白线进行优化，增加了白线的9日均线（即DEA线或"黄线"），这样，我们就可以通过黄白两线的整体趋势判断出股价整体趋势的走向。（如图5-4所示）

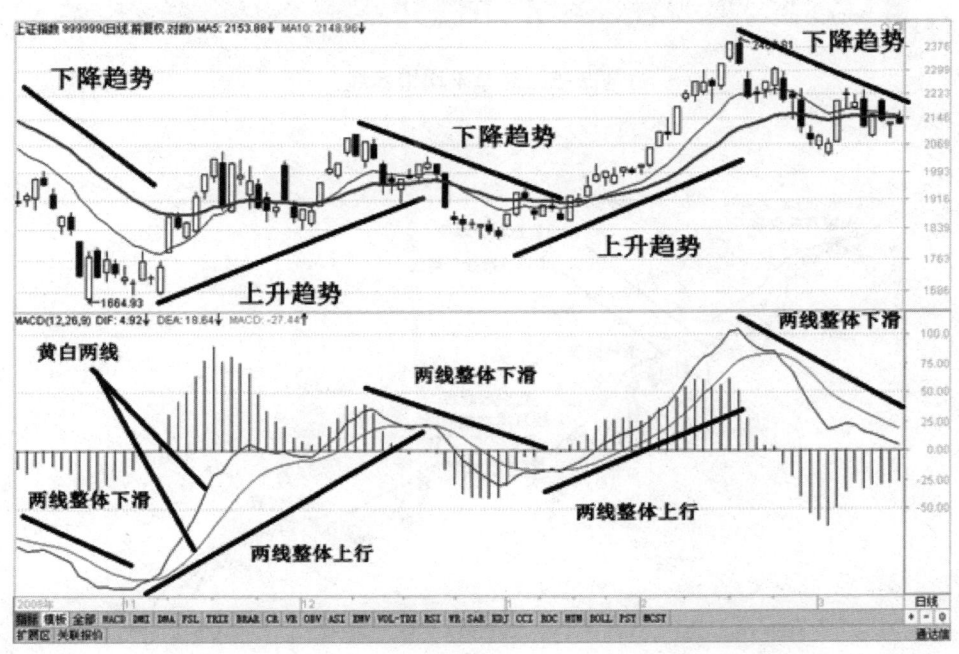

图5-4　MACD指标线与股价趋势

2. MACD的稳定性

由于MACD计算时采用指数平均，所以较之简单的算术平均更为平滑，更好地过滤掉偶然的或突发的因素。

再加上又对其进行一次指数平均，其显得更加稳定可靠。

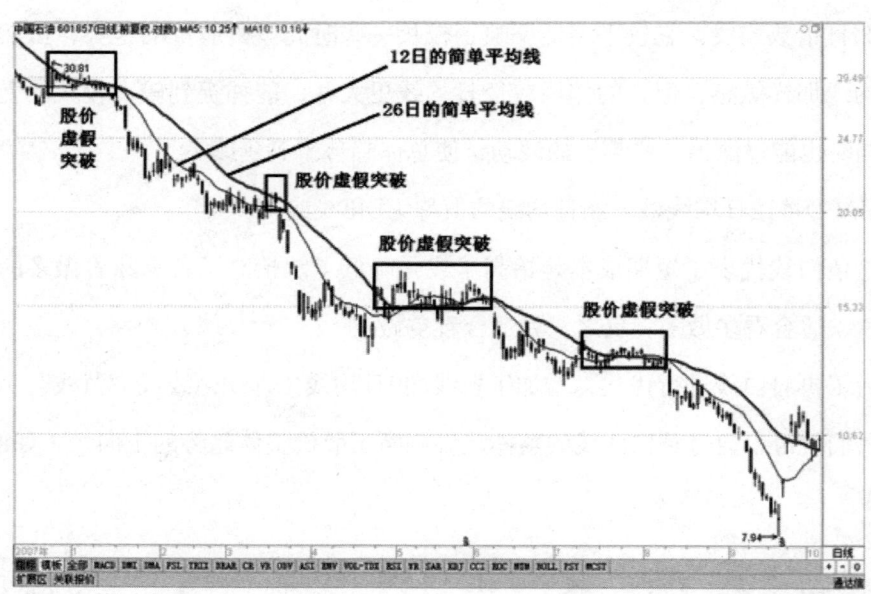

图5-5　简单平均指标线

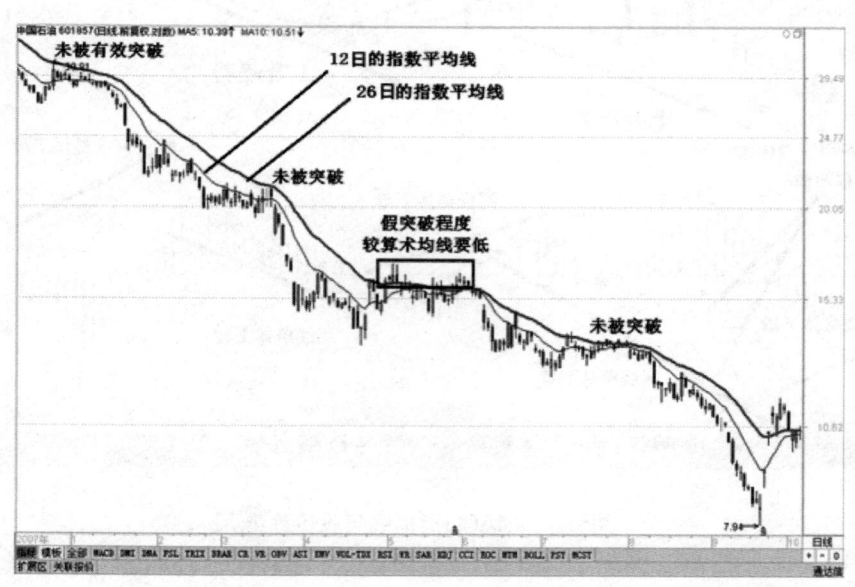

图5-6　MACD指标所使用的指数平均线

对比图5-5和图5-6，指数均线的优势较明显，很好地避开了数次假突破，避免了不必要的损失。

所以以此为基础延伸出来的MACD指标稳定性不可小觑。这也是它被称为十

大经典指标的原因。

不过，事物总有两面性，有利就有弊。下面我们说说它的缺点。

3. MACD的滞后性

指数平均的平滑作用是好的，但也不是绝对的，有利就有弊。MACD指标的问题也同样出现在均线的滞后上，这几乎是所有采用均线算法指标的通病。

稳定和灵敏是不可调和的矛盾。短期均线灵敏但失于稳定，长期均线稳定但失于灵敏。

虽然MACD默认采用12日、26日的指数平均，但依然会给使用者带来滞后的问题。

从大盘2007年10月大顶图可以看出，MACD之前出现了两线下滑而指数趋势并未同步的情况，然后MACD两线掉头向上维持了一周左右，强行与指数同步，这也属于滞后现象。

在图5-7的最高点顶部出现后的两三个交易日，MACD指标仍未给出明显的看空做空形态信号。投资者没能及时在高位卖出股票，或者没能在刚买入股票时收到风险提示。

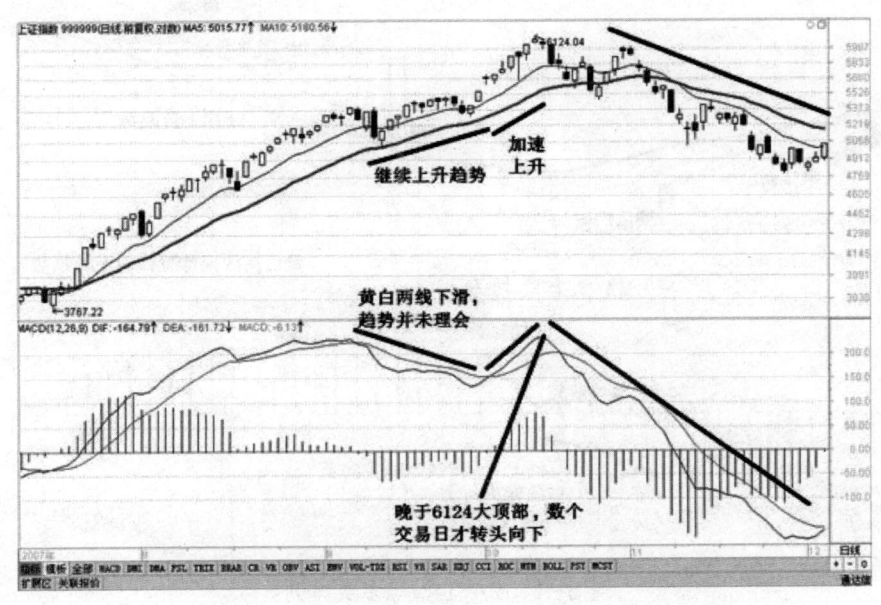

图5-7　MACD指标线的滞后性

虽然MACD指标具有滞后性，但就整体趋势及变化而言，它能较好地显示出来。

四、MACD指标多头、空头排列

多头排列：代表空方的绿柱由下跌转为上升，绿柱由长变短，说明做空的动力开始疲软，多方有机会乘虚而入。之后绿柱翻红，并且红柱保持不断向上变高变长。

这期间白线在0线下从长期下行转为拐头向上，之后不久又上穿了它的均线即"黄线"，并且两线保持整体向上的趋势。

MACD多头排列意味着多方全力反攻并取得显著战果，是看多做多的信号之一。

MACD的多头排列如图5-8所示。

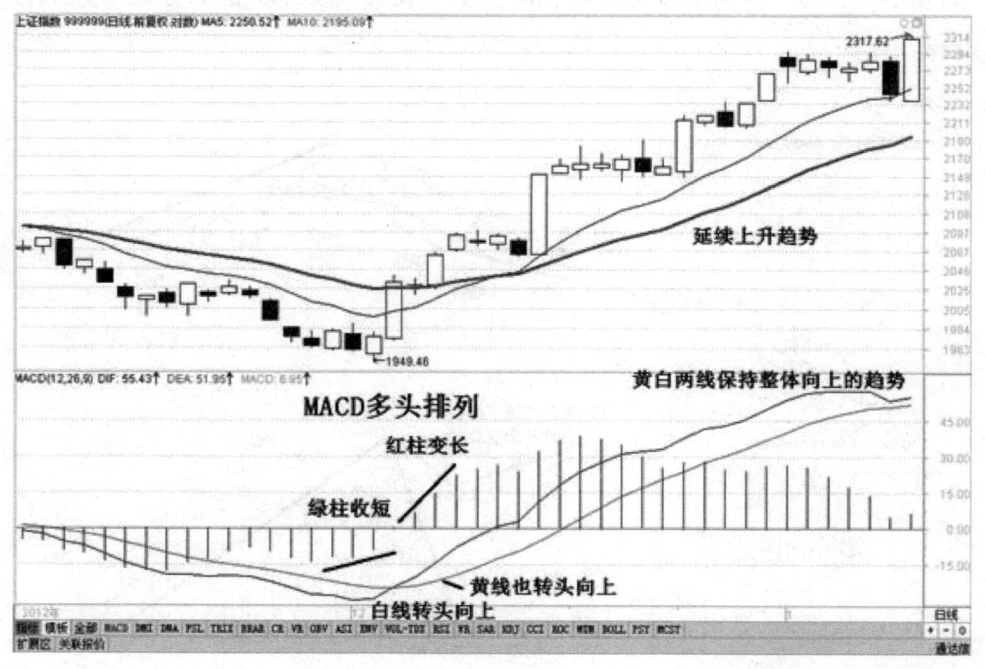

图5-8　MACD指标多头排列

空头排列：代表多方的红柱由上升转为下跌，红柱由长变短，说明做多的动力将要疲软，空方也将有机会乘虚而入。之后红柱翻绿，并且绿柱保持不断向下变高变长。

这期间白线在0线上从长期向上转为拐头向下，并在不久后又向下跌破了它的均线"黄线"，随后两线保持整体向下的趋势。

MACD空头排列意味着空方全力反攻并取得显著战果，是看空做空的信号之一。

MACD的空头排列如图5-9所示。

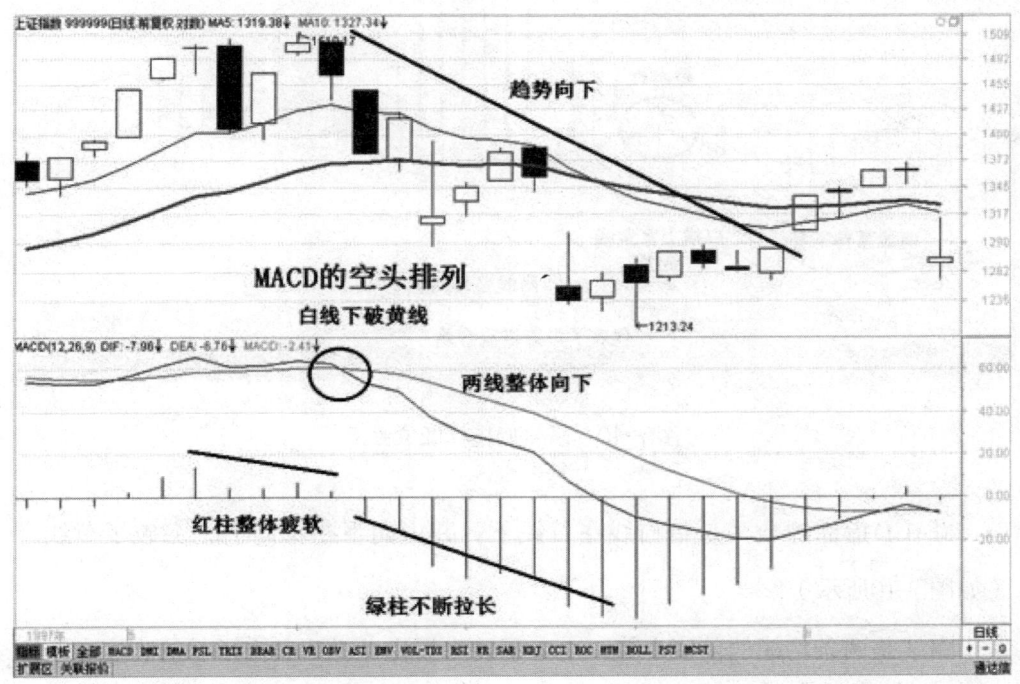

图5-9　MACD指标空头排列

五、MACD指标的金叉、死叉

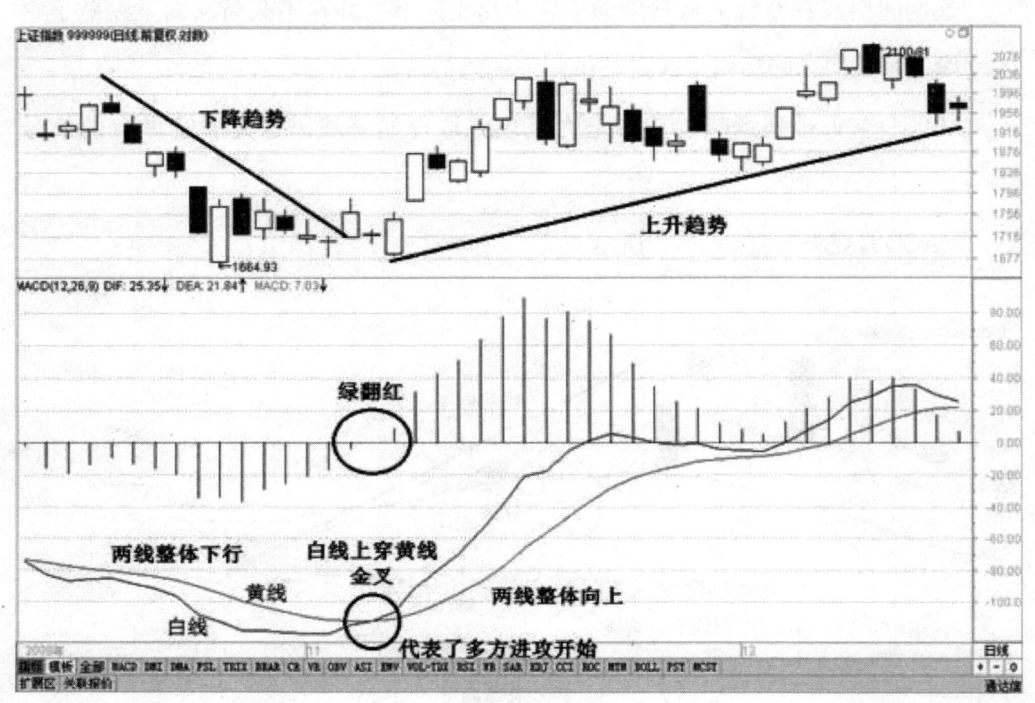

图5-10　MACD指标低位金叉

　　MACD指标的金叉是指白线在黄线下，并由向下拐头向上，突破了黄线。（如图5-10所示）

　　白线是两条均线的差值走势，由向下转为拐头，说明空方下杀的力度在不断减弱，多方才有机会将行情反转。

　　为了避免突发情况，加入了黄线进行噪音过滤，大多数白线没有成功上穿黄线的情况都不能很好地反转下跌行情。

　　但是如果白线成功上穿了黄线，就形成了金叉，代表空方力度减弱不是偶然事件，是可信的。所以多方开始反扑，使行情不断利好，促使上升趋势的形成。

MACD震荡指标入门与技巧

104

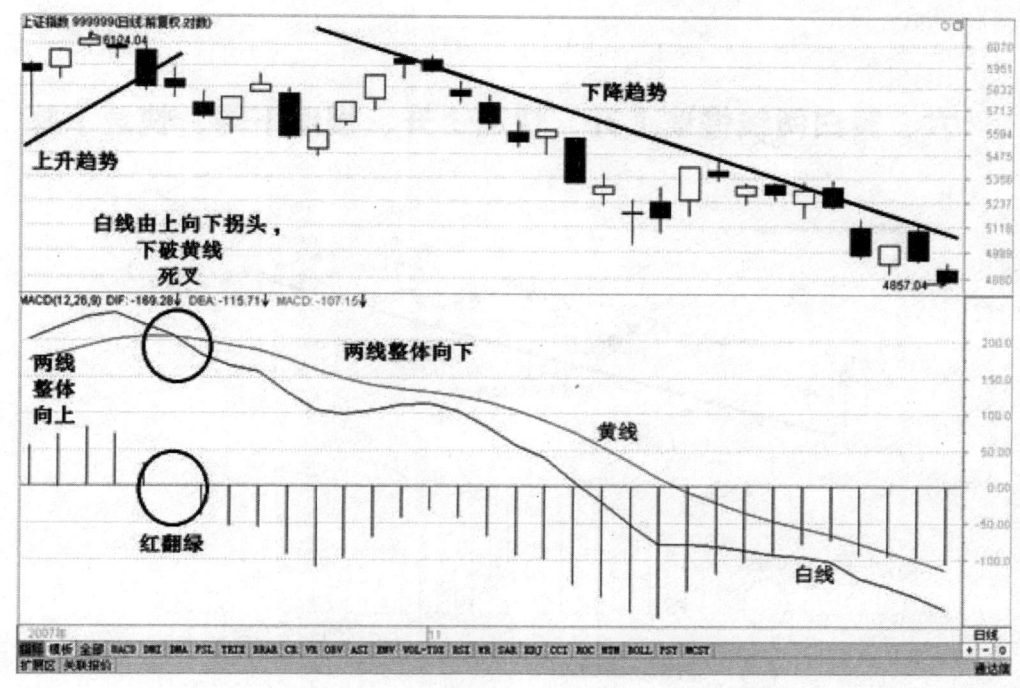

图5-11 MACD指标高位死叉

MACD指标的死叉正好与金叉相反，白线在黄线上，由向上掉头向下，跌破了黄线。（如图5-11所示）

白线掉头向下说明空方下杀的力度在不断增强，看多做多的投资者越来越少。相反，看空做空的人越来越多，形成抛售浪潮。

金叉、死叉的同时，红绿柱也在不断地翻红翻绿。如果得到其他指标的同步信号，则胜算倍增。

六、黄白两线慢速上升、快速上升、慢速下降、快速下降

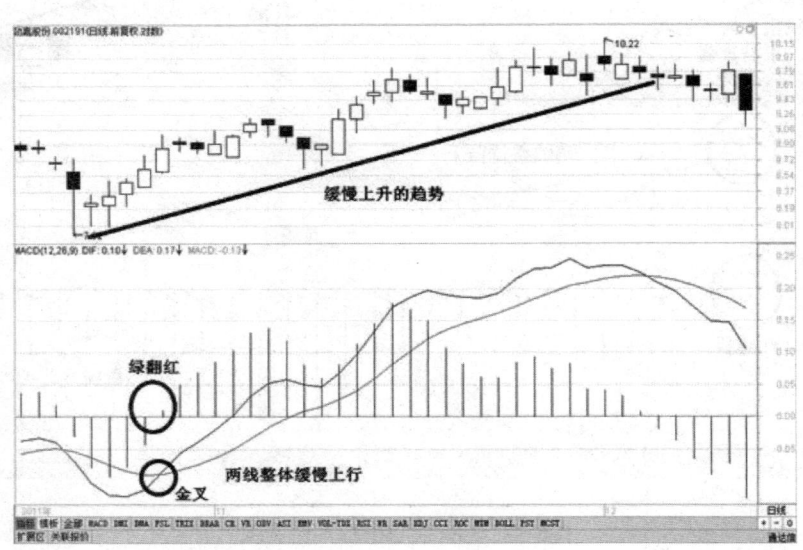

图5-12　MACD指标慢速上升

黄白两线的慢速上升：大多数股票在黄白两线慢速上行后，都会形成缓慢的上升趋势。它是良性的，对长期投资者有利，稳定性也比较高。（如图5-12所示）

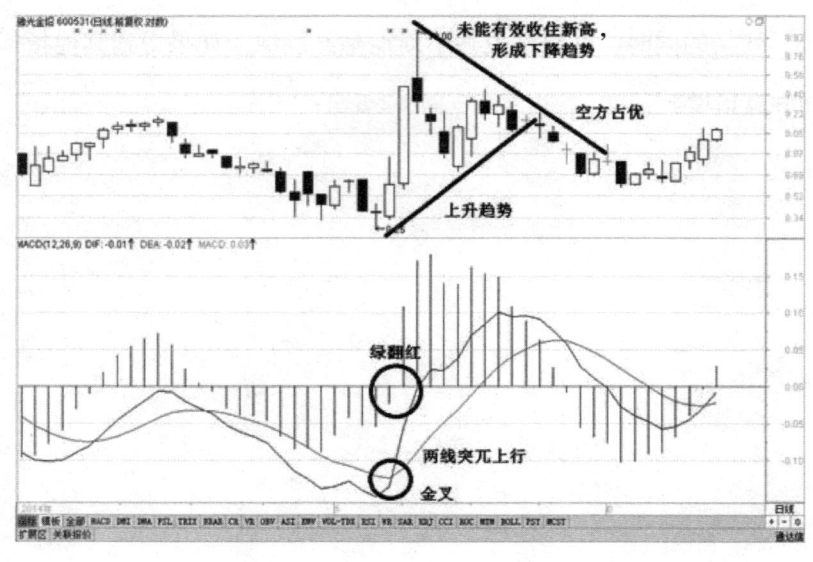

图5-13　MACD指标快速上升

黄白两线的快速上升：股价突然形成猛烈的上涨就会导致黄白两线陡直向上，这表示行情出现了突发情况。未来要么继续这种暴发行情，甚至一路涨停板；要么只是短暂的事件。（如图5-13所示）

图5-13中我们看到那根大阳线出现后，股价在下一个交易日再创新高，期间一度形成大阳线上升的形态，但尾盘下跌收出一根长影线的阴K线，表明突发事件并未能帮助股价上涨。

还有一种情况是股价从此一路暴涨，特别是一路涨停的个股。但问题是这些个股很多直接封涨停板，投资者一般没有买进的机会，甚至连追高的机会都没有。

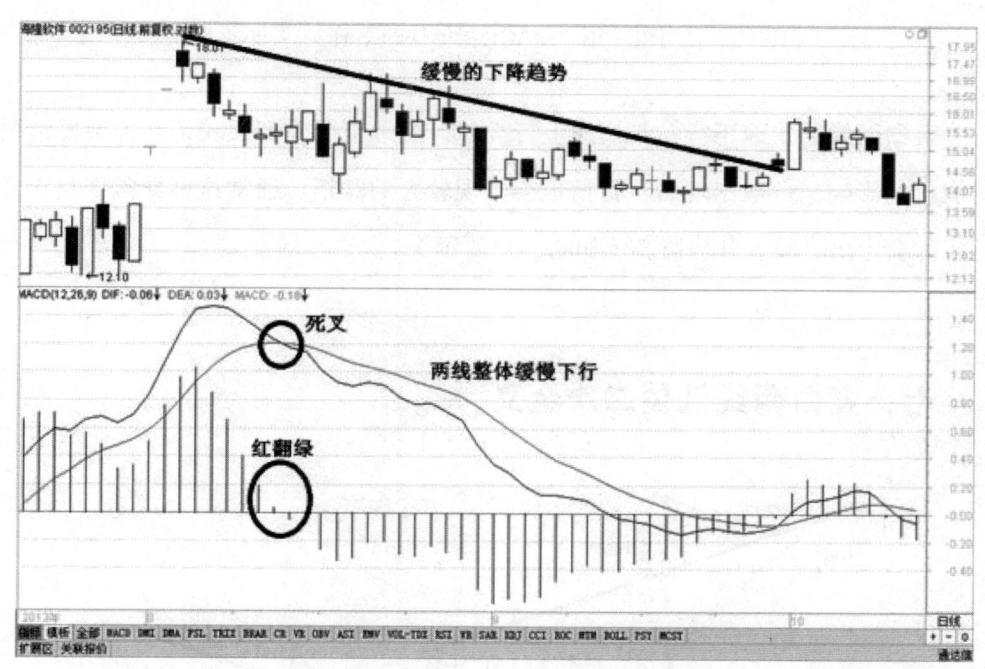

图5-14　MACD指标慢速下降

黄白两线的慢速下行：这是良性的下跌行情。如果此前大涨了一段，出现这个就可能意味着该股进行一段幅度小但时间可能较长的调整，当然也有可能是幅度稍大的下跌行情。（如图5-14所示）

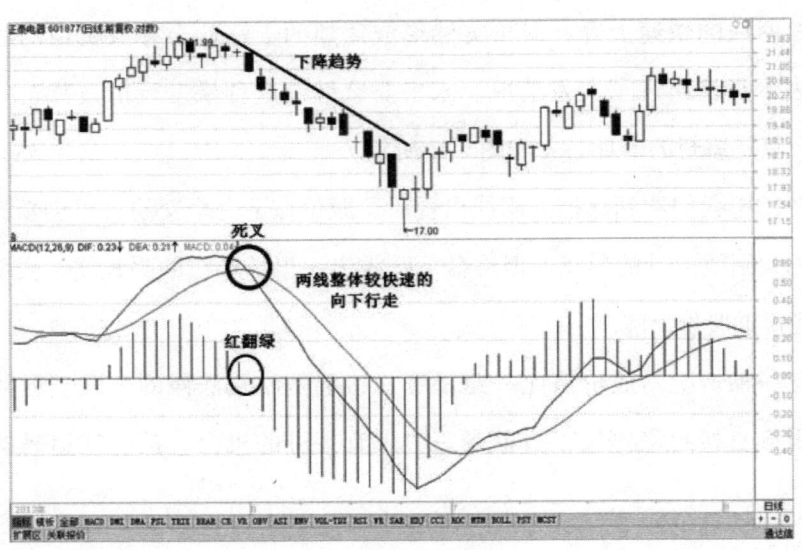

图5-15　MACD指标快速下降

　　黄白两线的快速下行： 与快速上行类似，这种情况大都反映了某种突发情况对股价的影响。一般出现后，行情也会出现较大的跌幅。通常这种异常恢复正常后，都会走出一段上升行情。（如图5-15所示）

七、黄白两线低位二次金叉

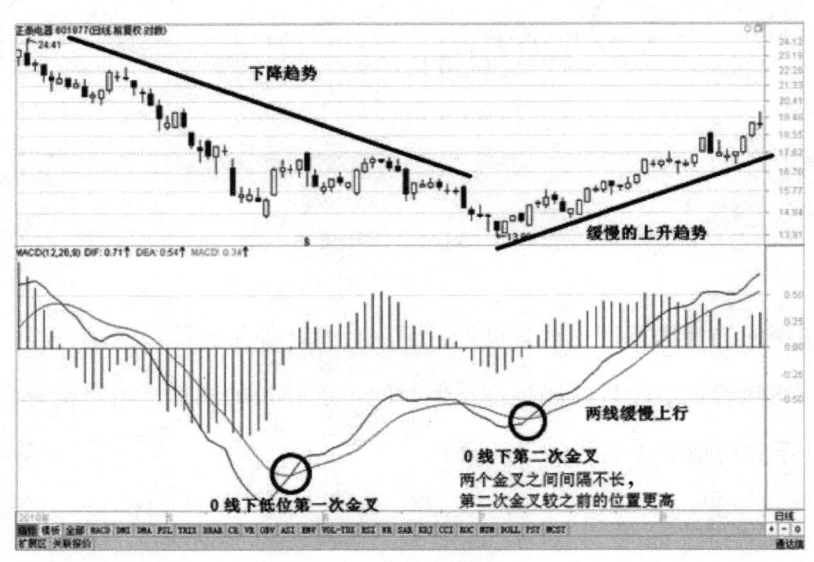

图5-16　MACD指标低位二次金叉

黄白两线低位二次金叉是指黄白两线都在0线以下，并且在相对较低的位置出现金叉，同时第二次金叉也要在0线下并比第一次金叉的位置要高，另外两次金叉的间隔时间不能太长。（如图5-16所示）

　　这种形态表示多方两次反攻，其意志很坚强，故大都会将空方击败，最终使原有的下降趋势扭转向上。

　　二次金叉是MACD技术指标中较为重要并且可靠的信号之一。

八、黄白两线高位二次死叉

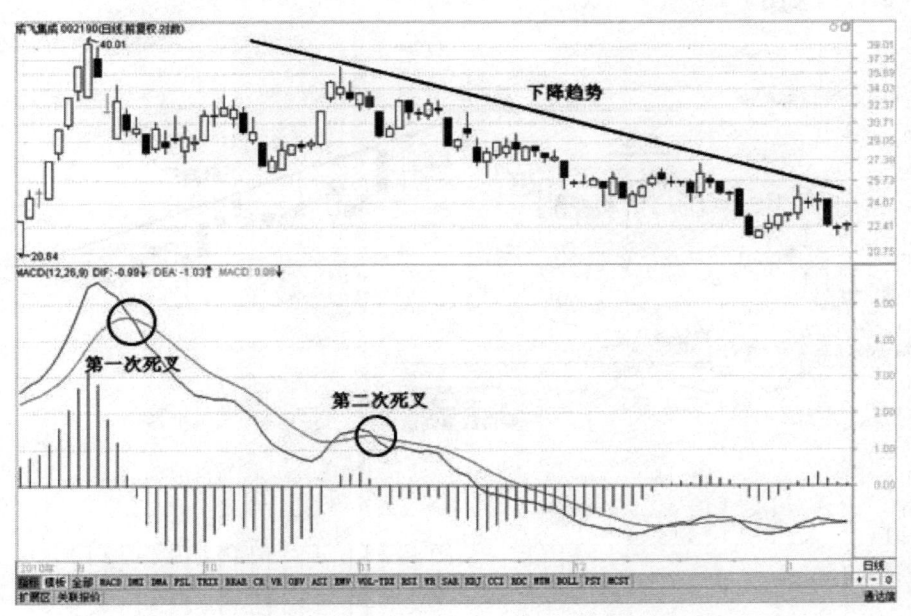

图5-17　MACD指标高位二次死叉

　　黄白两线在高位二次死叉是指黄白两线都在0线之上，都在相对较高的位置出现死叉，同时第二次死叉也要在0线上并比第一次金叉的位置要低些，另外两次死叉的时间间隔不能太长。（如图5-17所示）

　　这种形态表示空方两次反扑，多方大受打击形成败势，最终使原有的上升趋势转为下跌趋势。

二次死叉也是MACD技术指标中较为重要并且可靠的信号之一。

九、黄白两线顶背离、底背离

黄白两线的顶背离、底背离其实主要是看白线的走势形态。

顶背离：是指股价不断创出新高，而白线并没有随之创出新高的情况，并且在出现顶背离后接着出现了高位二次死叉的形态，加大了见顶的概率，随后行情将急转直下。

顶背离见图5-18。

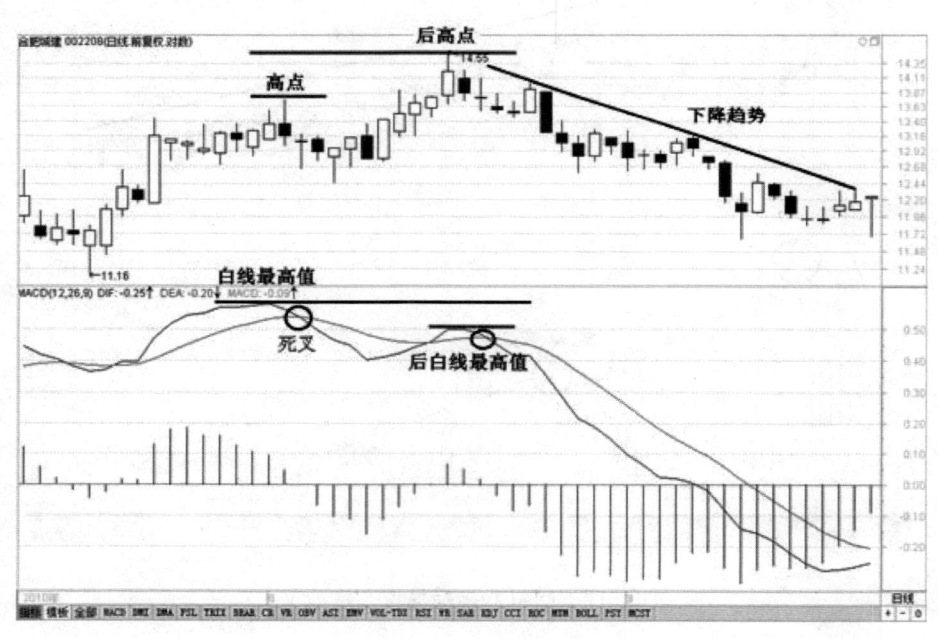

图5-18 MACD指标黄白两线顶背离

底背离：是指股价不断创出新低，而白线并没有随之创出新低的局面，并且在出现底背离后接着出现了低位的二次金叉，加大了见底的概率，随后行情将反转上涨。

底背离见图5-19。

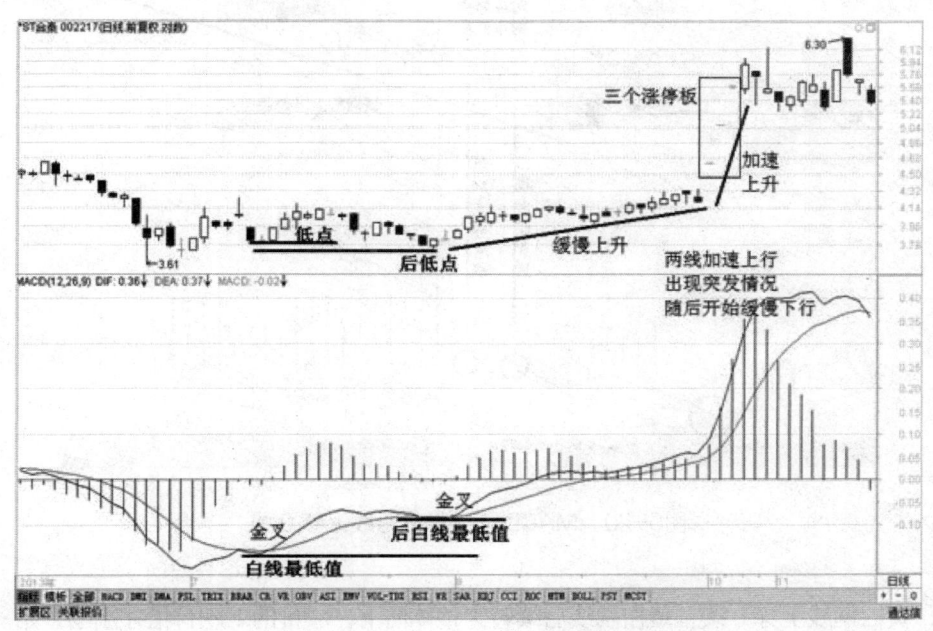

图5-19　MACD指标黄白两线底背离

顶背离和底背离并不一定伴随着二次金叉或二次死叉的出现。但当两者同时出现时，反转的可信度就增大了。

十、黄白两线向上或向下穿越0线

黄线或白线向上向下穿越0线，是一种中继形态，它确认了此前多空双方斗争胜负所带来的持续影响。

如果黄白两线双双上穿0线后，黄白两线还能保持整体向上，股价上涨将能维持一段时间。

这种上穿0线的形态是指短期成本由原来的低于长期成本到现在短期成本超过长期成本。这说明原来的做空动力在减弱，做多看多的势力在加强，预示着行情已转变为看多做多的多头行情。（如图5-20所示）

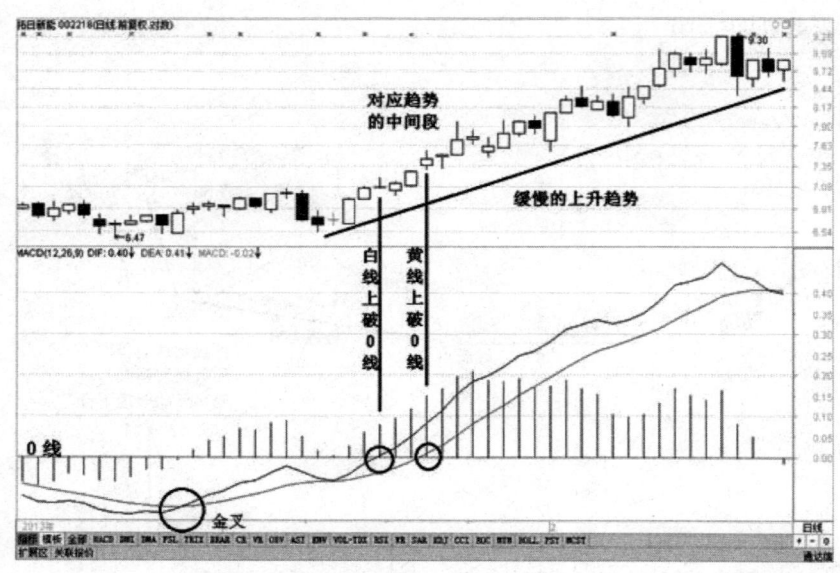

图5-20　MACD指标黄白两线上穿０线

黄白两线下穿０线且黄白两线后续转为整体向下，股价的下跌行情才刚刚开始。

黄白两线下穿０线的形态是指短期成本由原来的高于长期成本变为低于长期成本，这说明原来的做多动力在减弱，做空看空的势力在增加，后市行情已变为对多方极为不利的局面，适合看空做空。（如图5-21所示）

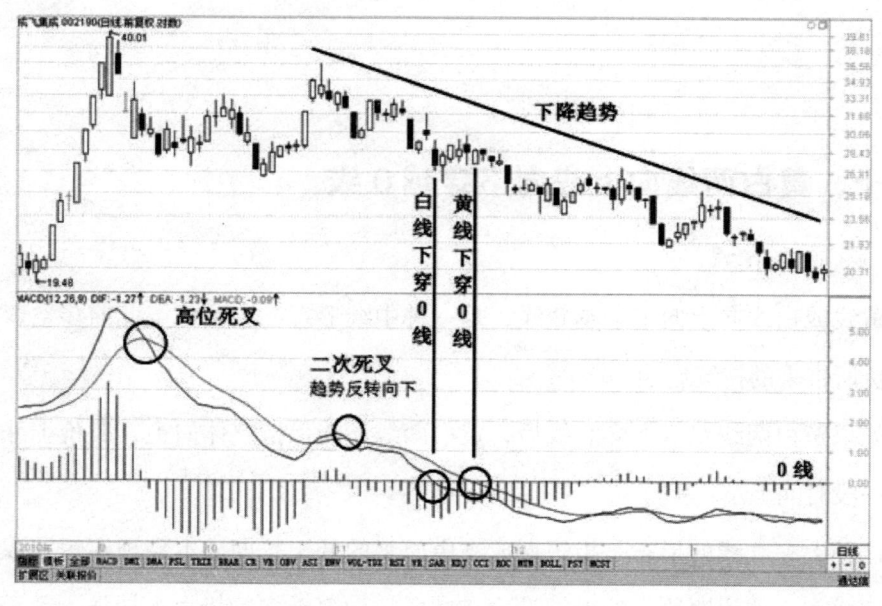

图5-21　MACD指标黄白两线下穿０线

黄白两线上下穿越0线，代表行情之前的反转并非偶然。这一形态的出现是在提示投资者这是确认信号，确认之前的反转是真的。

这种形态对于稳健型投资者而言是比较有利的，可以较大程度地避免买卖信号出错，但它的出现通常会较晚，所以这个形态不利于短线操作。

接下来，我们将介绍较之更快、更灵敏的参考指标：MACD的红柱、绿柱。

十一、红绿柱的长短变化

红绿柱是指白线（短期成本减去长期成本）和黄线（白线的均线）之间的差值走势。

如果白线高于黄线（短期成本持续高于长期成本），就意味着多方力量占优（即在0线上出现"红柱"）。

如果白线低于黄线（短期成本持续低于长期成本），就意味着空方力量占优（即在0线下出现"绿柱"）。

我们来看图5-22。

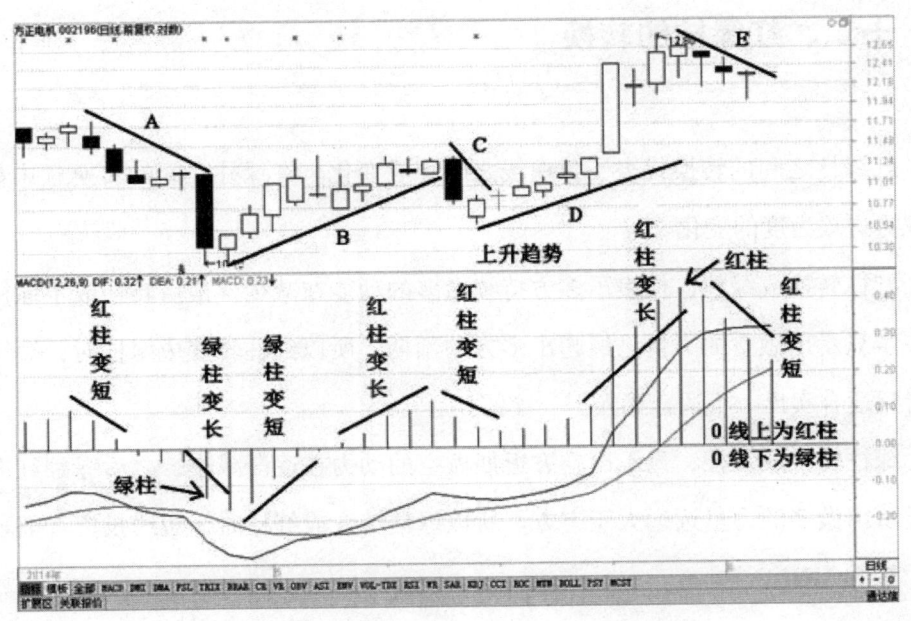

图5-22　MACD指标红绿柱的长短变化

113

图5-22中A处，先是出现了红柱变短（看多做多动力开始减弱），然后红柱转变成绿柱（看空做空成为主流），最终形成了A处的下降趋势。红柱的变短转换成绿柱，并且绿柱开始变长，这是下降趋势从开始到结束最常见的红绿柱变化形态。

图5-22中B处，在上升趋势开始前，绿柱的长度开始缩小，这预示了空方后续的动力在减弱。果然后续的绿柱不断缩短，最后在趋势的中间翻转为红柱，且在这段上升趋势的后期，红柱不断地扩大。

图5-22中C处，红柱疲弱开始变短，说明多方力量在减弱，但之后并没有翻转为绿柱，说明这可能只是上涨中的回调。

图5-22中D处，果然，在新的上升趋势开始前期，红柱开始由变短转为变长，引发了D段的整体上升。到后期红柱已经变多奇高，这种情况得小心，行情很可能会进行新的调整。

图5-22中E处，红柱变短，E段的下降趋势也开始显现出来了。

红绿柱长短的变化早于黄白线的变化，表示黄白线在某个方向上是加速还是减速，加速代表趋势仍将持续；减速代表趋势近期会有反转或调整。

十二、红绿柱的转换

红绿柱之间的转换代表了黄白线之间穿插变化。红绿柱之间的转换意味着多空双方进攻力度的变化。

红柱转换成绿柱，代表了多方持续做多的动能在减少，最后转换成了绿柱，进一步显示出做空的力量已经超出多方的预期。所以红柱转变成绿柱时，短线投资者只适合卖出，不适合买入。

绿柱转换成红柱，显示出空方近期做空的动力在逐渐减小，之后绿翻红进一步显示出做多的力量远远大于空方。所以绿柱转变成红柱时，短线投资者适合买入，不适合卖出。

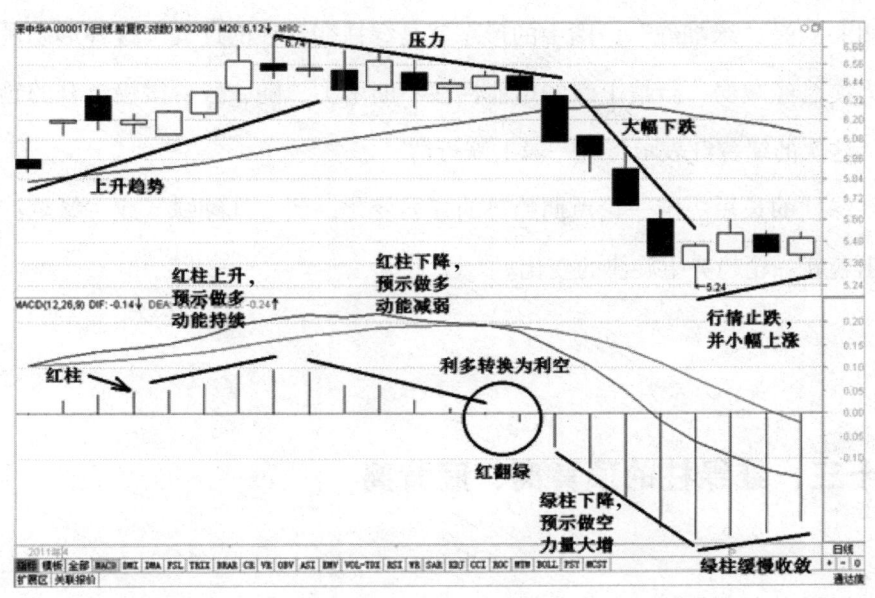

图5-23　MACD红绿柱转换（红翻绿）

　　图5-23圈中的形态就是"红翻绿"，红柱逐渐变短，最后由红翻绿的过程。这种形态说明做多的力量已经不足以维持股价继续上涨，如果翻绿后，绿柱快速拉长，则通常会走出大跌行情。因为绿柱向下拉长意味着做空的动力在不断增大，最后导致股价大幅下跌。

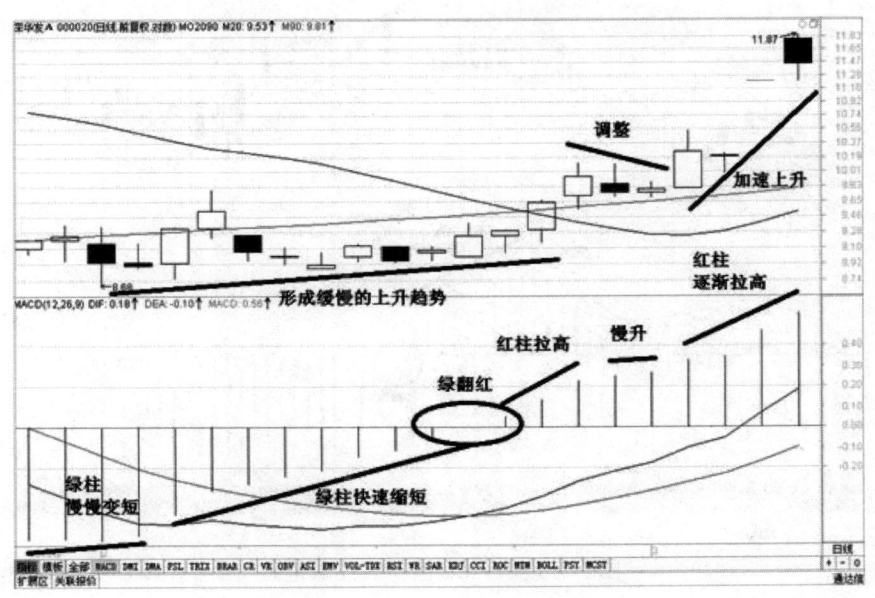

图5-24　MACD红绿柱转换（绿翻红）

图5-24是"绿翻红",圈中的形态就是绿柱变红柱的过程。这种形态说明做空的力度已经减弱,行情上涨的可能性在不断增加,随着股价缓慢上升的趋势确立后,这次的绿翻红表示将有一段上涨行情。

红绿柱的长短决定一轮短期趋势的强弱变化,而"红翻绿"或"绿翻红"则显示出着新一轮趋势主旋律的变化。

十三、红绿柱的顶背离、底背离

红绿柱也有顶背离和底背离形态。

在上升行情中,股价不断创出新高,而在两个高点之间所对应的两次红柱高点并没有同步升高,这就是"顶背离"。顶背离意味着股价虽然不断创新高,但做多的动力较长期来看还显得不足,很有可能在高点之后就会回调或者反转下跌。(如图5-25所示)

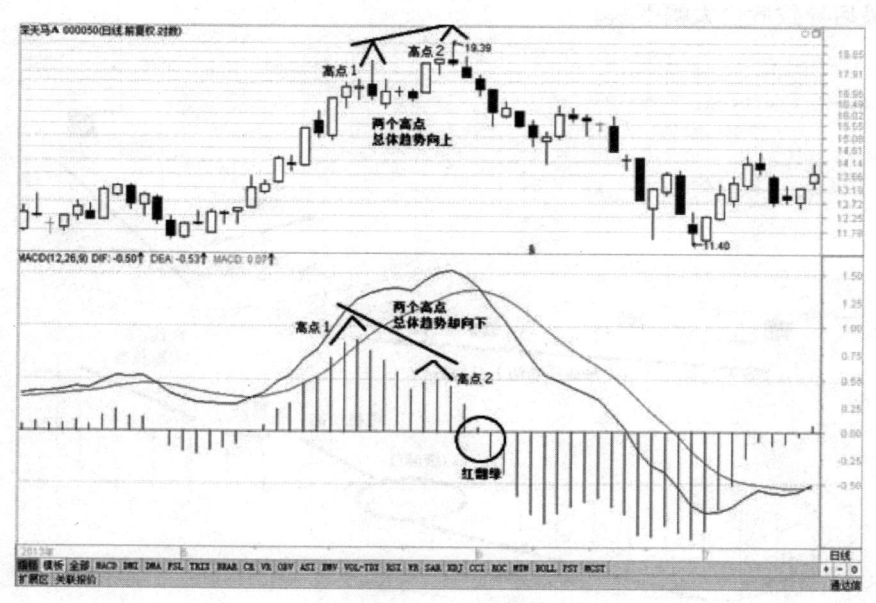

图5-25　MACD指标红柱顶背离

在下跌行情中，股价不断创出新低，而在两个低点之间所对应的两次绿柱低点并没有同步降低，这就是"底背离"。底背离意味着股价不断创出新低，但做空的能量可能已经到了尽头，很有可能随后就会反弹甚至是反转上涨。（如图5-26所示）

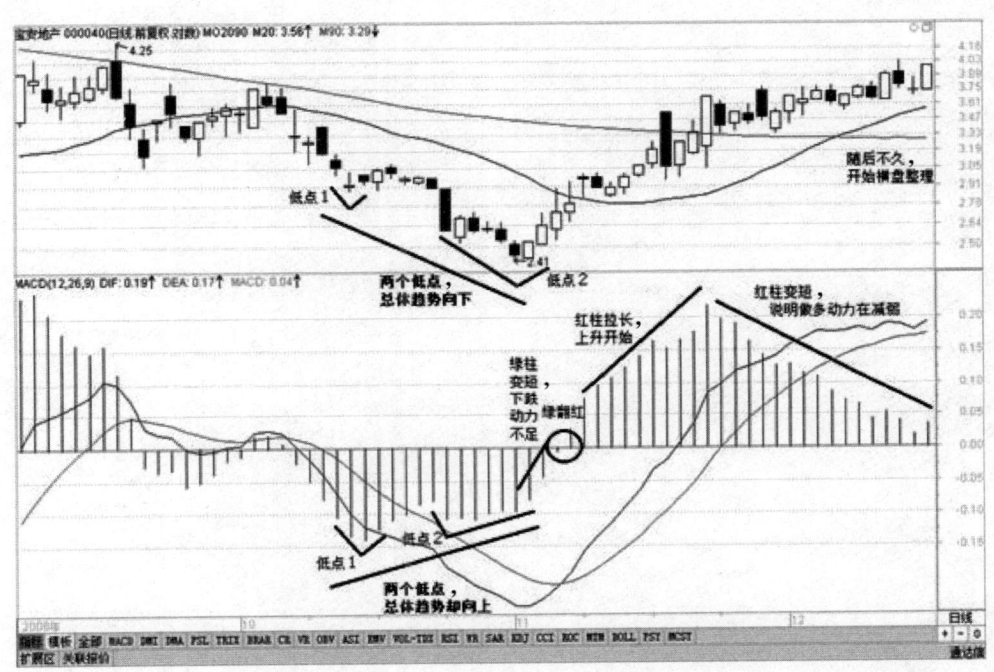

图5-26　MACD指标绿柱底背离

第六章

经典MACD指标交易案例

一、MACD指标案例一——桐君阁（000591）

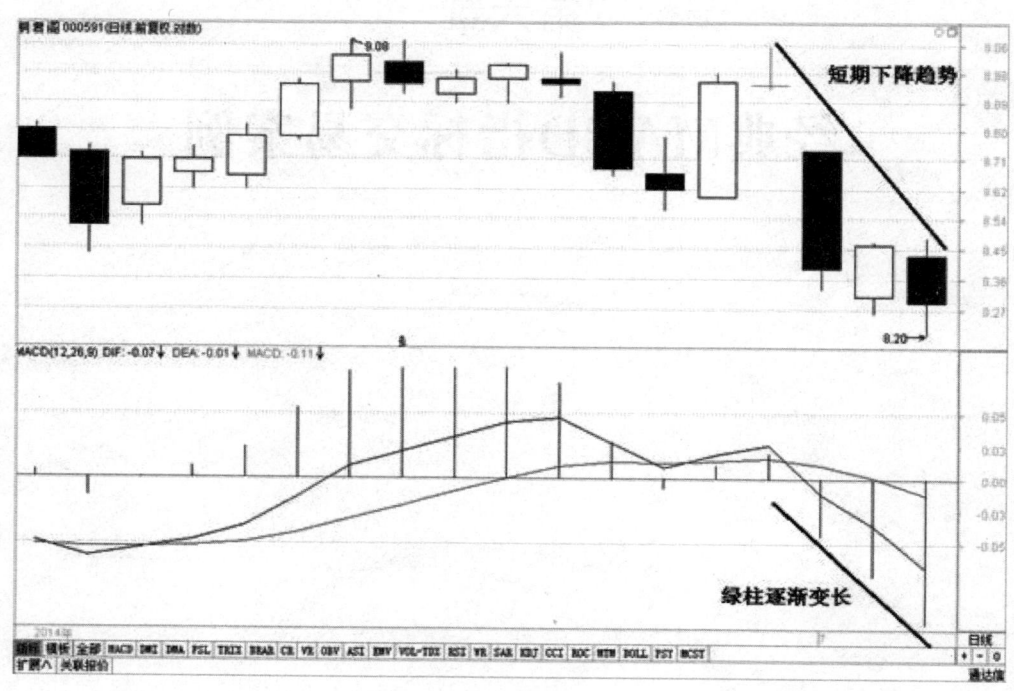

图6-1　桐君阁　前期分析

2014年7月23日，个股桐君阁（000591）报收一根有上、下影线的中小阴K线，同时在MACD指标线上可以看到黄白两线均低于０线，而且绿线在不断变长，这说明行情还有跌下去的可能。（如图6-1所示）

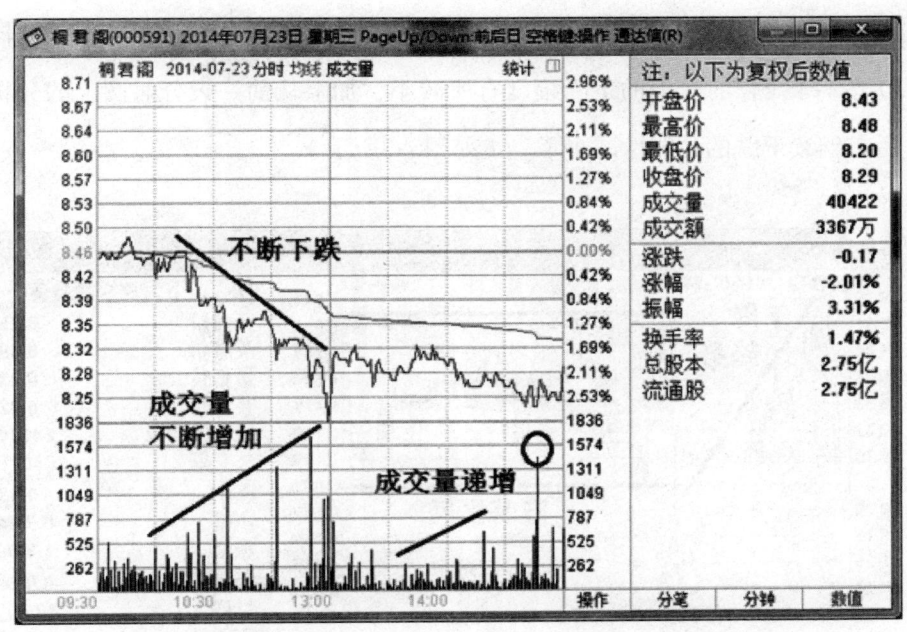

图6-2　桐君阁　2014年7月23日分时图

分析当日分时图（见图6-2）可以看到，早盘股价虽然不断下跌，但是成交量却在不断增加，午盘后行情基本横向震荡，成交量依然在增加。这种现象很有可能是下降趋势即将结束的前兆。

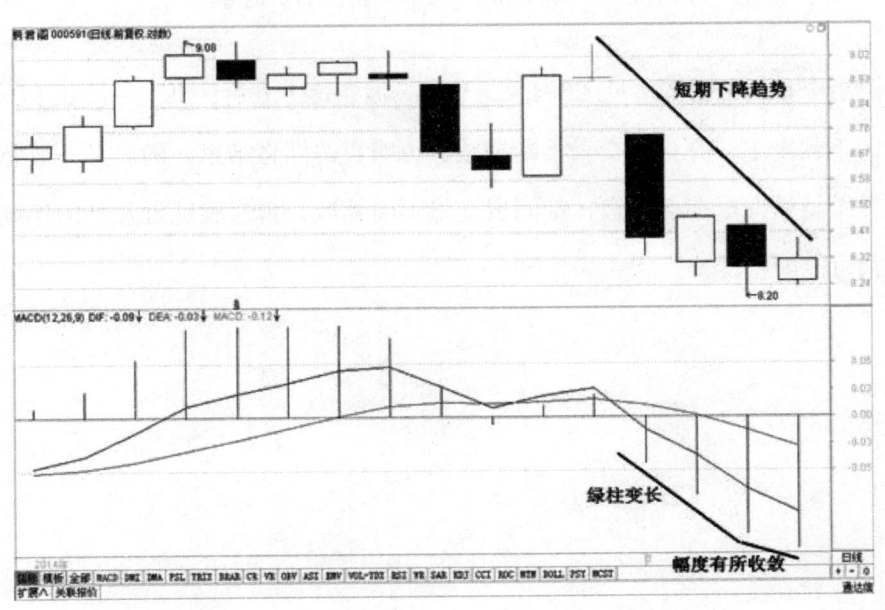

图6-3　桐君阁　绿柱长度有收敛趋势

7月24日，个股桐君阁（000591）报收一根带有较长上影线的小阳K线，同时MACD指标绿线较前几天的下降幅度有所减小，加上从前一天分时图上的分析来看，后市继续下跌的可能性减小了。（如图6-3所示）

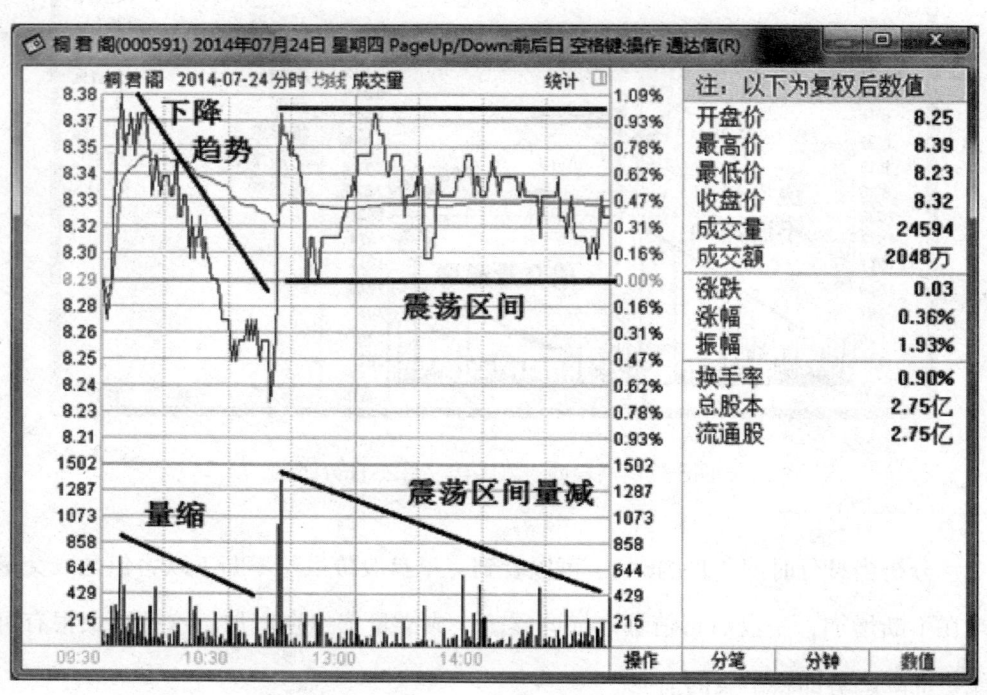

图6-4　桐君阁　2014年7月24日分时图

分析今日的分时图（见图6-4），早盘一波急速上升后，马上一波比上升幅度还大的下跌来了，并且成交量不断缩减，说明震荡即将结束。随后又一波急速拉升，并维持横向震荡至收盘，期间成交量不断缩减，再次验证近几日的连续下跌行情很可能即将反转！

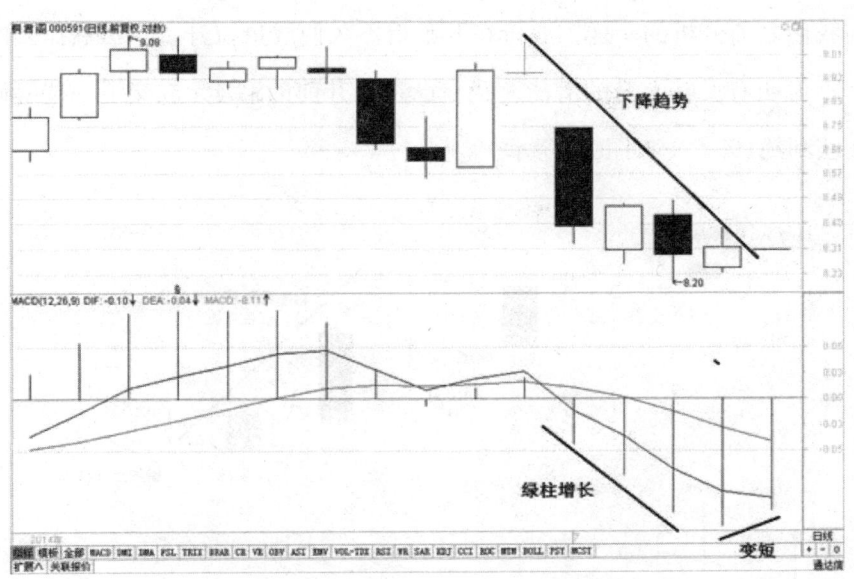

图6-5 桐君阁 绿柱变短

7月25日，个股桐君阁（000591）以8.31元开盘，开盘时的MACD指标线显示绿柱已经向上缩短了其长度，这是一个不错的买入机会。根据之前几个交易日的观察，今日开盘就是不错的买进机会，可以适当择低价买入，然后等待拉升。（如图6-5所示）

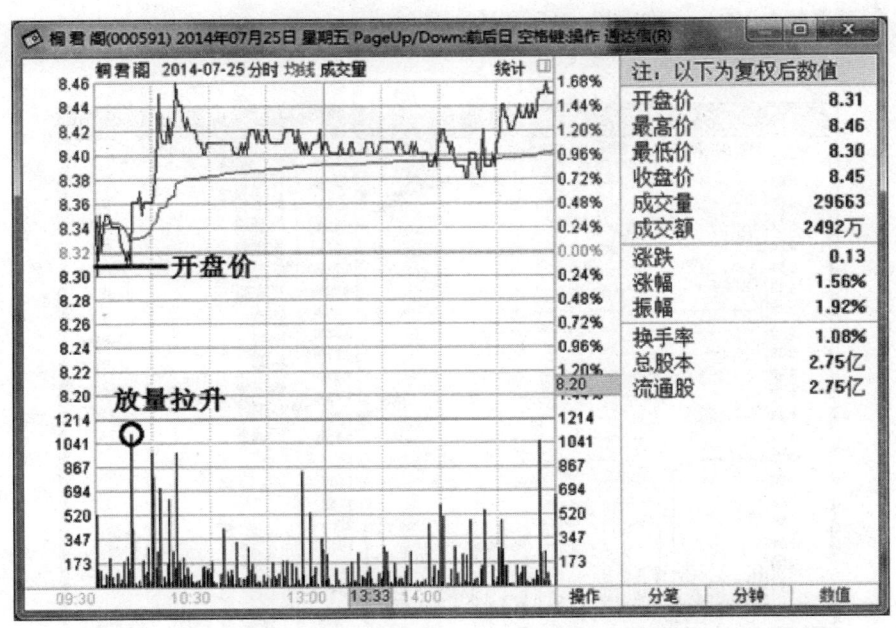

图6-6 桐君阁 2014年7月25日分时图

与我们之前分析的一样，股价在开盘后不久便放量拉升了，虽然拉升的幅度不大，但说明有反转上升的潜能。我自己在拉升前的8.34元成交了一些筹码，尾盘盘面获利约1%。（如图6-6所示）

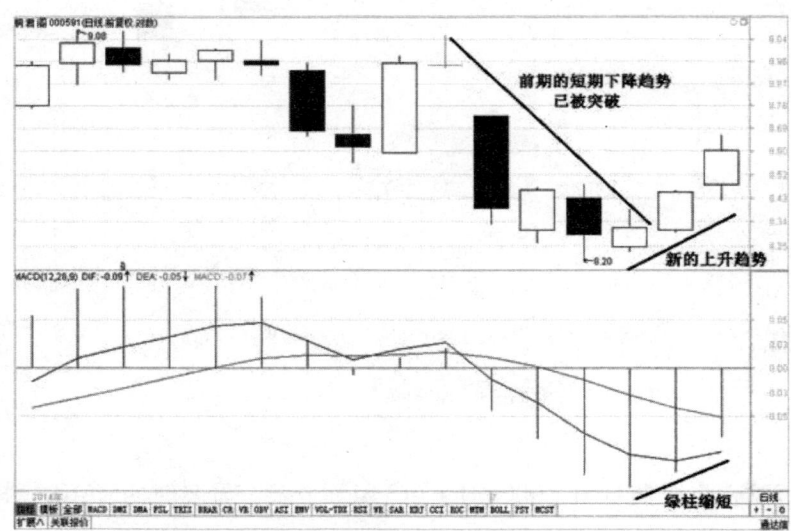

图6-7　桐君阁　突破短期下降趋势

7月28日，在间隔了周六周日后，该股仍向上攀升，幅度比之前几个交易日还大，全天涨幅1.8%。（如图6-7所示）

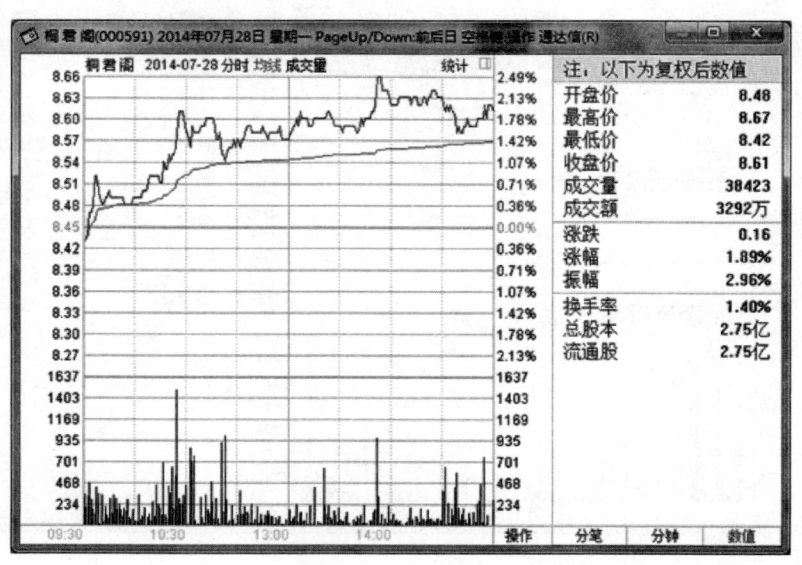

图6-8　桐君阁　2014年7月28日分时图

该日分时图图6-8中，股价震荡向上，未发现任何见顶信号，所以继续持股待涨。

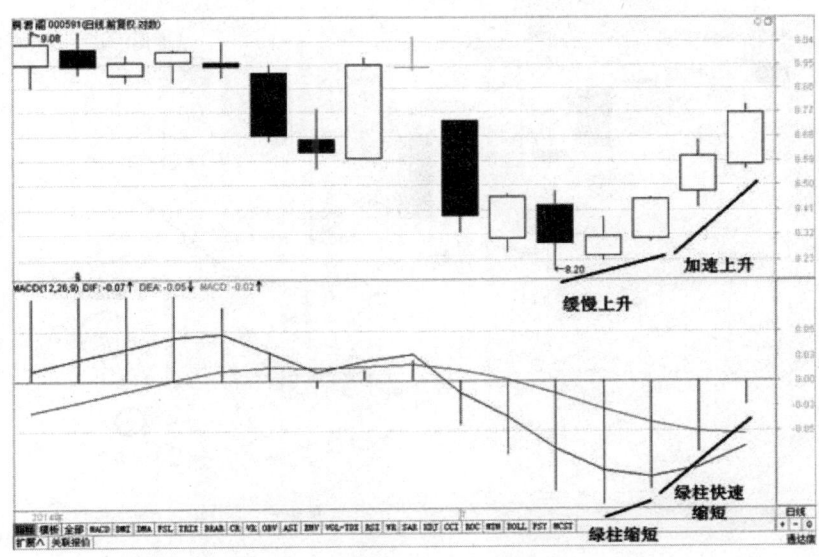

图6-9　桐君阁　加速上升

7月29日，股价快速进入了加速上升阶段，就日线的走势图和MACD指标来看，未来很有可能引来不少跟风客，这样会增加后市继续上升的信心。（如图6-9所示）

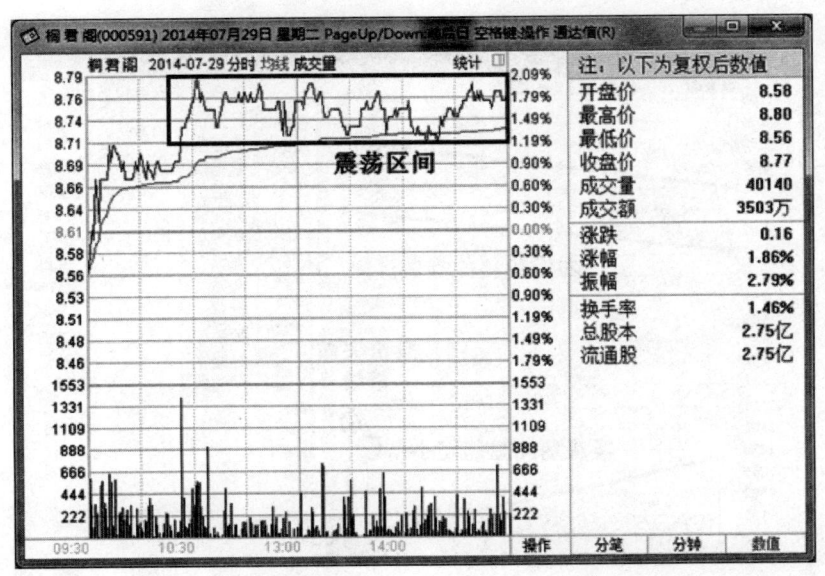

图6-10　桐君阁　2014年7月29日分时图

分时图图6-10中，股价全天都在高位震荡，并无可靠的见顶信号出现，所以继续持股，以待股价继续上升到更高的价位。

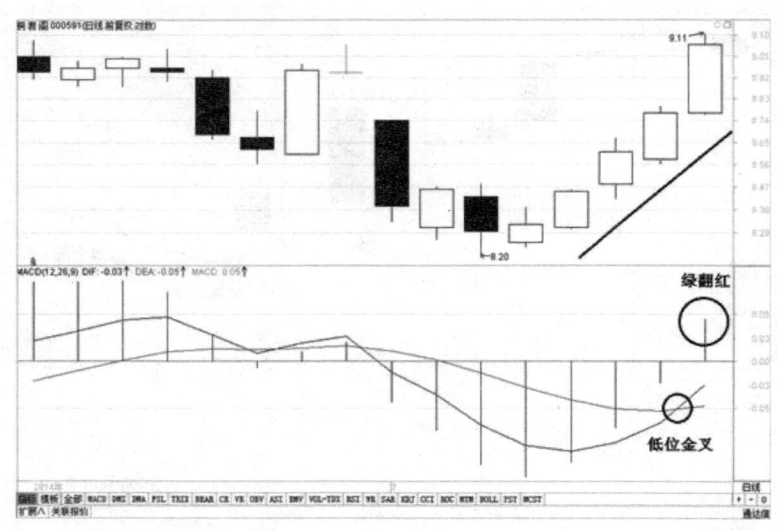

图6-11　桐君阁　低位金叉与绿翻红

7月30日，股价进入拉升阶段，收盘后出现MACD指标的黄白两线低位金叉和绿柱翻转为红柱等有利于看多做多的看涨信号，更加强了持股待涨的信心，这些信号会吸引不少投资者跟风追入。（如图6-11所示）

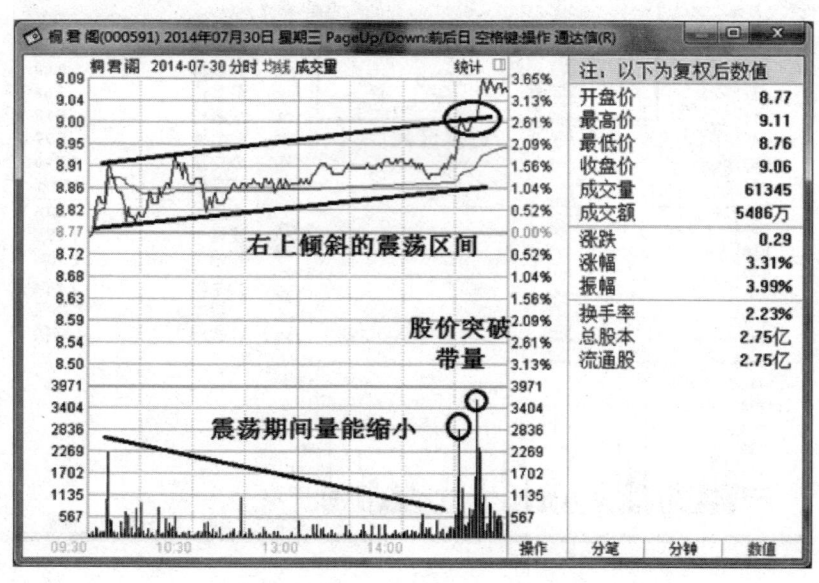

图6-12　桐君阁　2014年7月30日分时图

MACD震荡指标入门与技巧

在分时图图6-12中，股价全天处于一个右上倾斜的震荡区间，震荡期间量能缩小，并无可疑之处，仍应持股待涨。果然，在临近尾盘时，股价带量突破了震荡区间的上延，但未能坚持多久便又回调至震荡区间中，不久后行情第二次向上突破区间上延，这次的量能比上一次更大，并且成功突破大了右上倾斜的区间上延，全天涨幅3%。

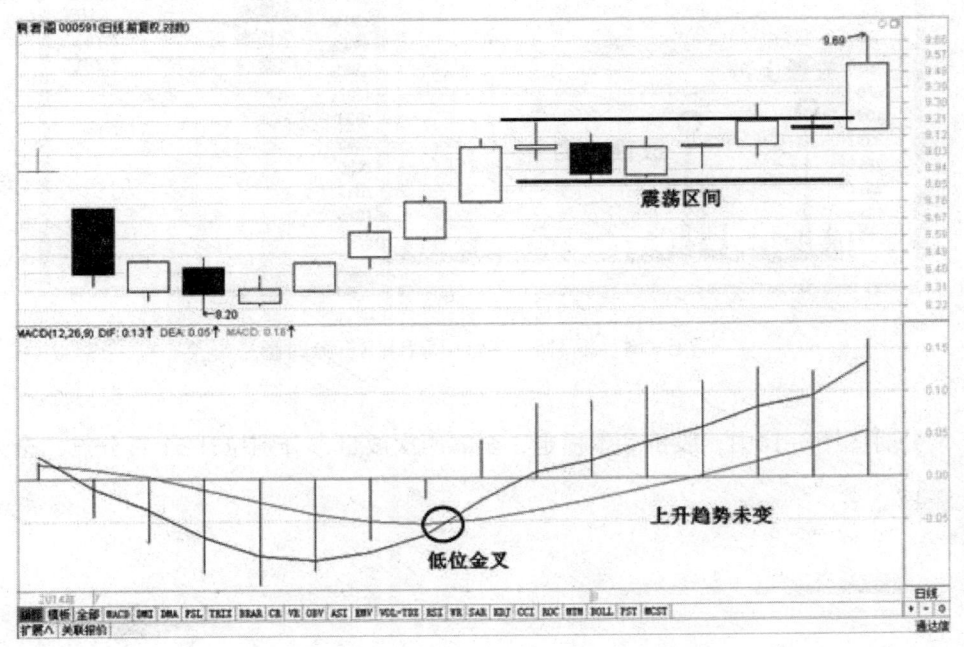

图6-13　桐君阁　上升途中的横向盘整

在这之前的六个交易日中，股价一直徘徊在8.81元～9.21元之间，但到了今日，股价直接向上发力，涨幅报收4%。从MACD指标来看，形势仍有利于看多做多，继续持股待涨！（如图6-13所示）

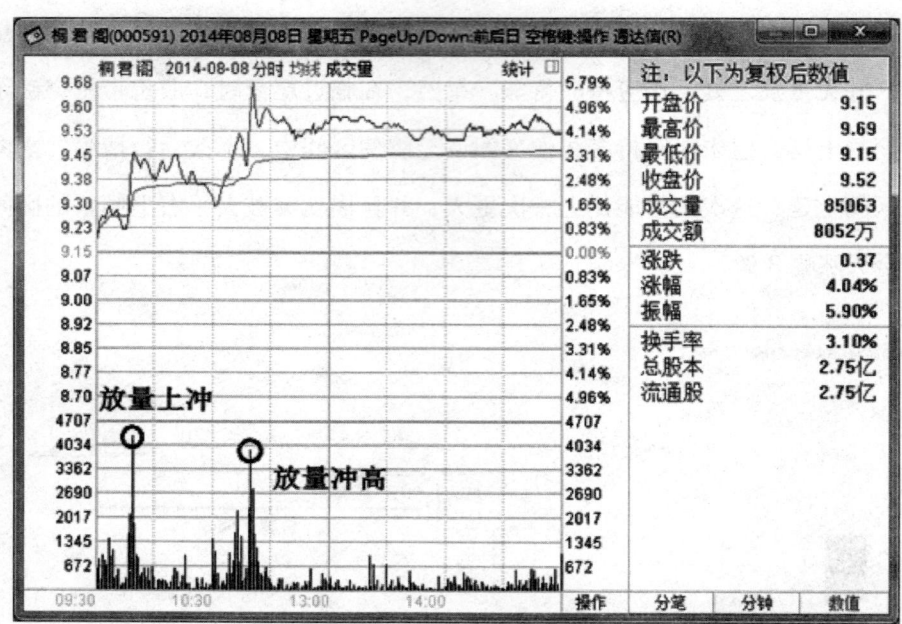

图6-14　桐君阁　2014年8月8日分时图

　　分时图图6-14中，股价基本横走，全靠两次放量，分别拉升2个百分点，全天上涨4%。

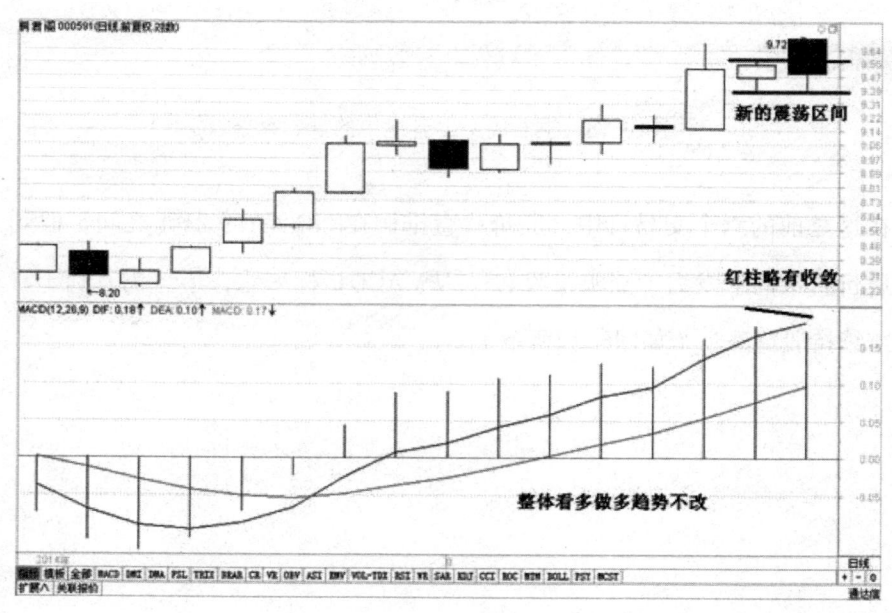

图6-15　桐君阁　高位盘整

在这近两个交易日中，股价再次在一个横向的整理区间中震荡。虽然8月12日这天的开盘价开得过高，但并没有坚持多久便重新回到了该震荡区间里，所以仍看作是震荡中的失败突破。我们仍然持有这只股票不动，继续等待合适的卖出时机。（如图6-15所示）

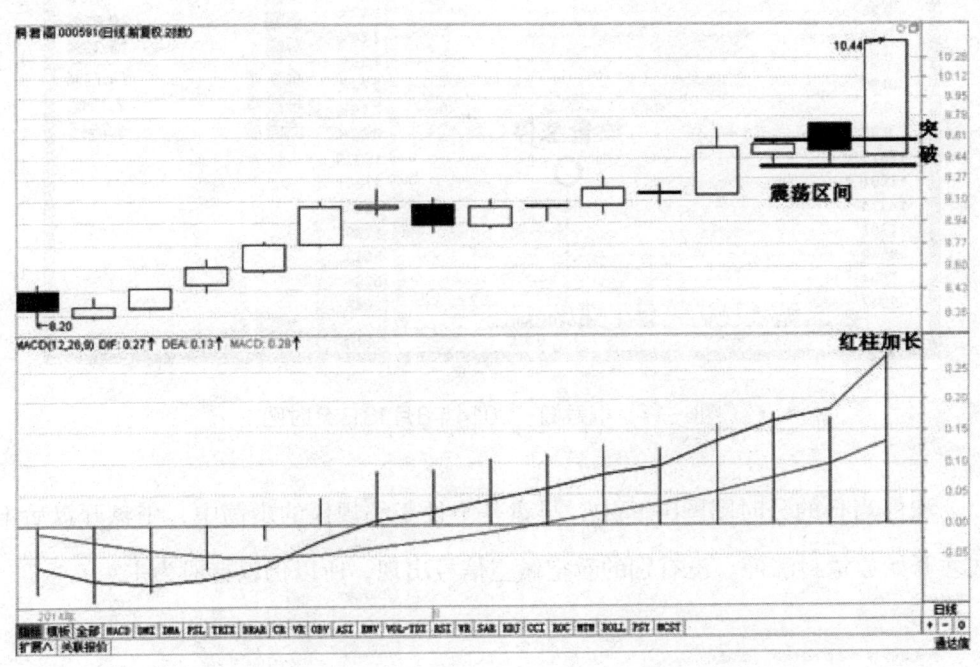

图6-16　桐君阁　再次向上突破

个股一举突破了最近两天未能突破的震荡区间上延，可以观察到MACD指标的红柱变得更长了，这就更有利于我们的操作，对我们的股票更有利。当日股价出现涨停！（如图6-16所示）

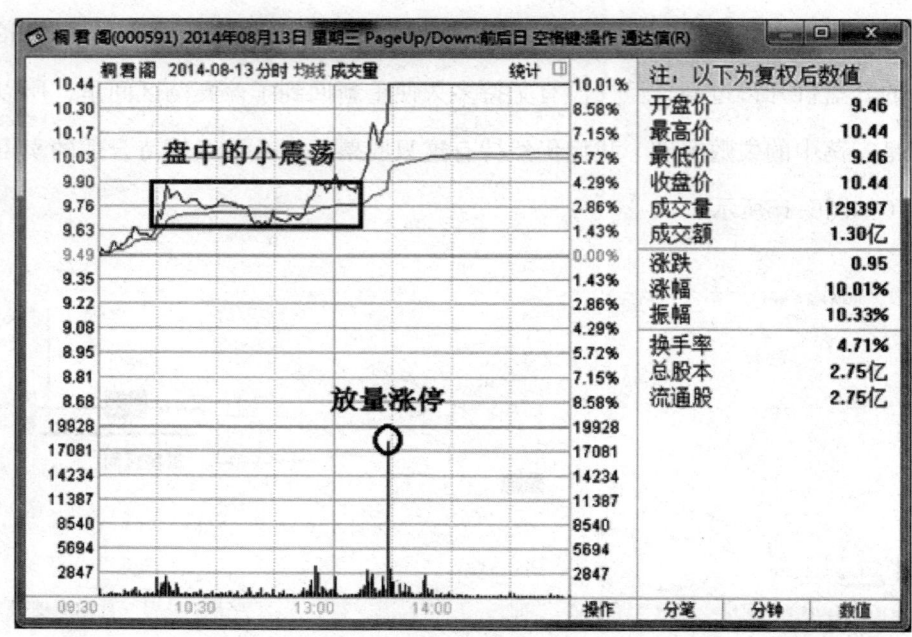

图6-17 桐君阁 2014年8月13日分时图

涨停当日的分时图图6-17中，早盘基本处于小规模的震荡中，午盘开盘后不久才开始放量封涨停。没有别的看空做空信号出现，所以仍以持股为主。

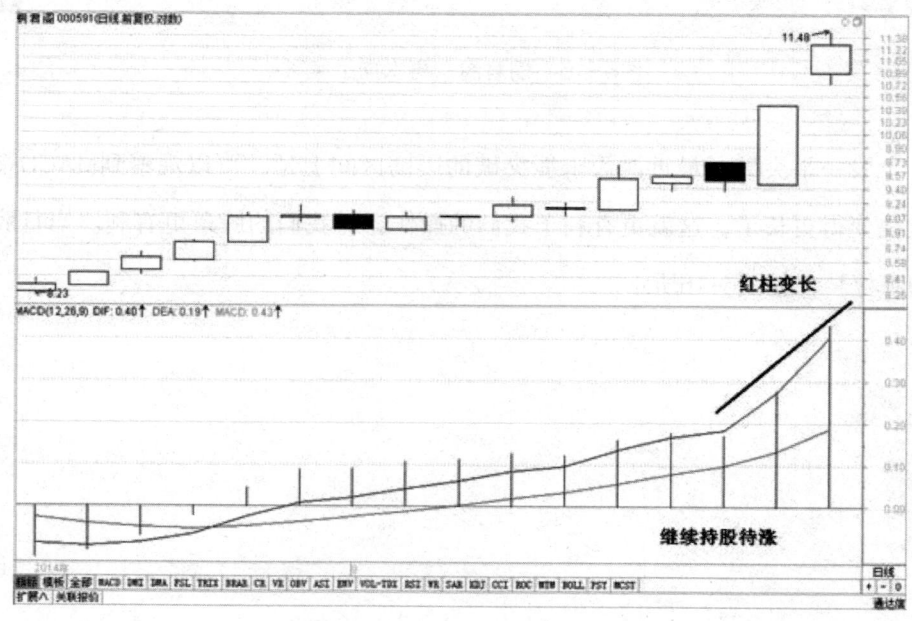

图6-18 桐君阁 红柱逐渐拉长

图6-18中，再创新高，并且红柱的长度较之前的幅度更高更快，继续持股待涨。

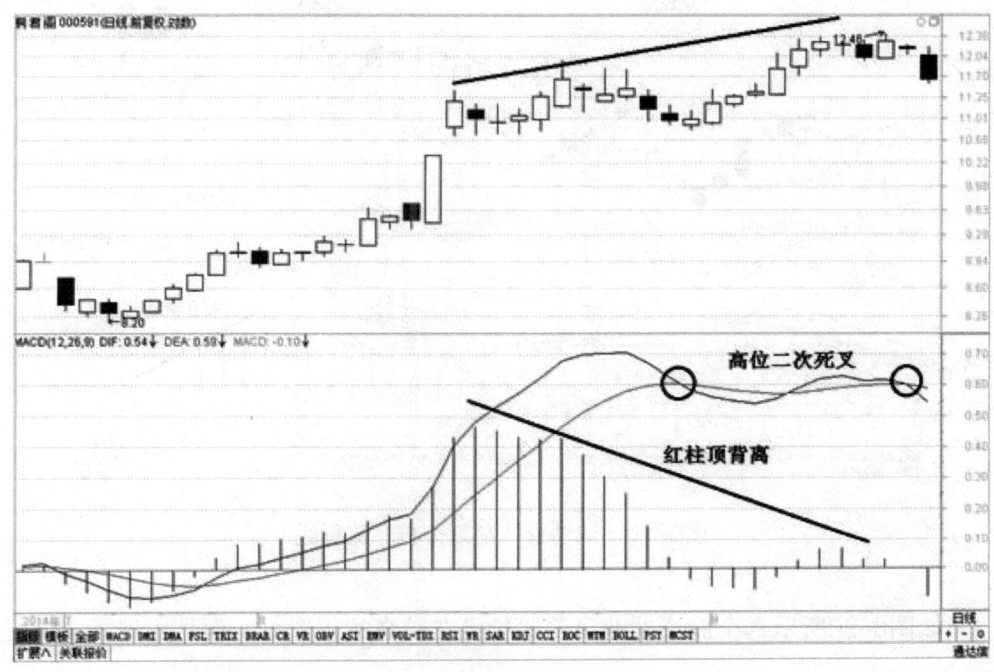

图6-19 桐君阁 卖出时机

在后续一个多月的走势中，股价不断创出新高，而MACD指标的红柱出现了顶背离卖出信号，不久后又出现了高位二次死叉的卖出信号。所以就在这几个交易日卖出，整个交易盈利约40％！（如图6-19所示）

二、MACD指标案例二——津劝业（600821）

案例一我们列举了一个单独应用MACD指标进行交易的例子。后面我们将结合具体的K线形态进行讲解。

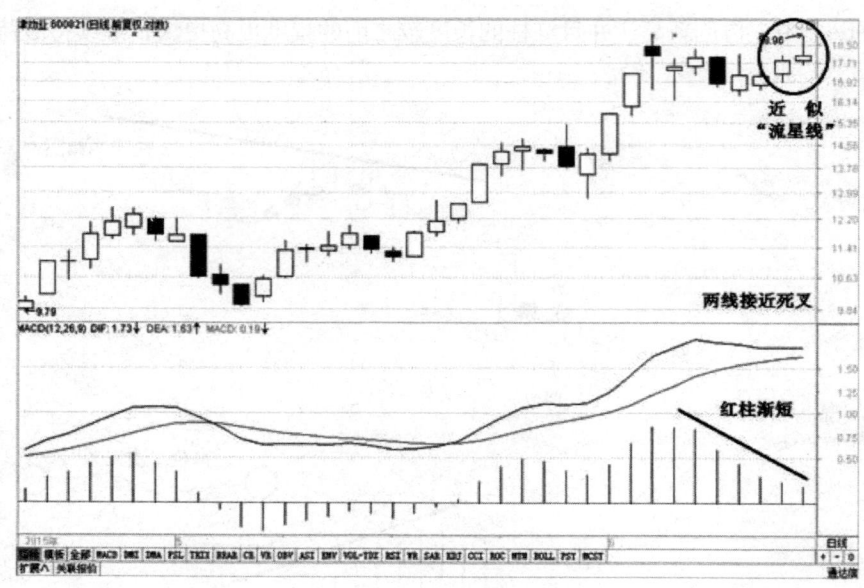

图6-20 津劝业 前期分析 流星线

如图6-20所示，个股津劝业目前股价已在较高的位置上，而且出现了"流星线"K线形态，同时可以从MACD上看到，黄白两线已经很贴近，而且红柱仍在不断缩短中。这说明看多和做多越来越不合适了，手中持有该股股票的投资者应该及早卖出，等待新的买入信号出现。

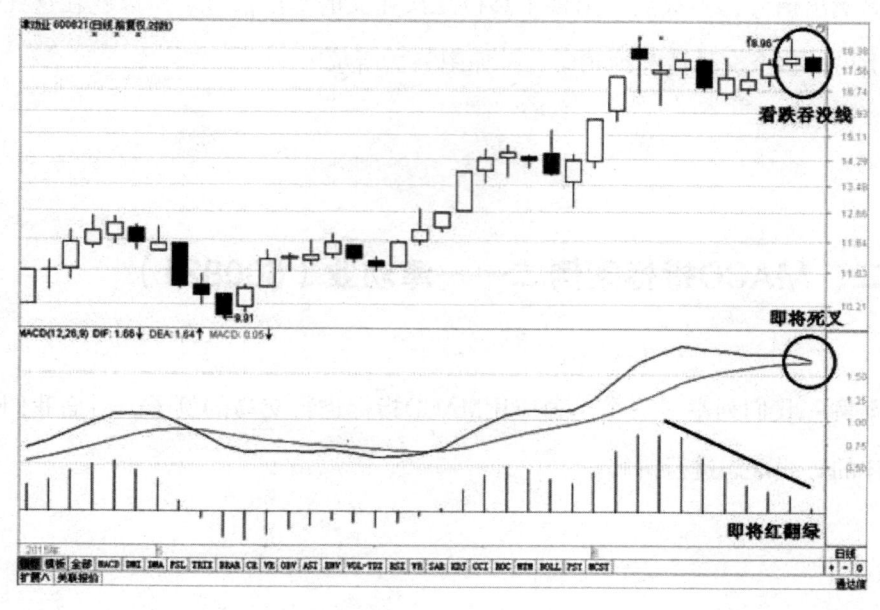

图6-21 津劝业 前期分析 看跌吞没线

2015年6月15日，该股收出一根看跌吞没线，同时MACD指标黄白两线即将死叉，红柱也即将翻绿，这是一个阶段见顶的确认信号，接下来该股就进入了一波下跌行情中。（如图6-21所示）

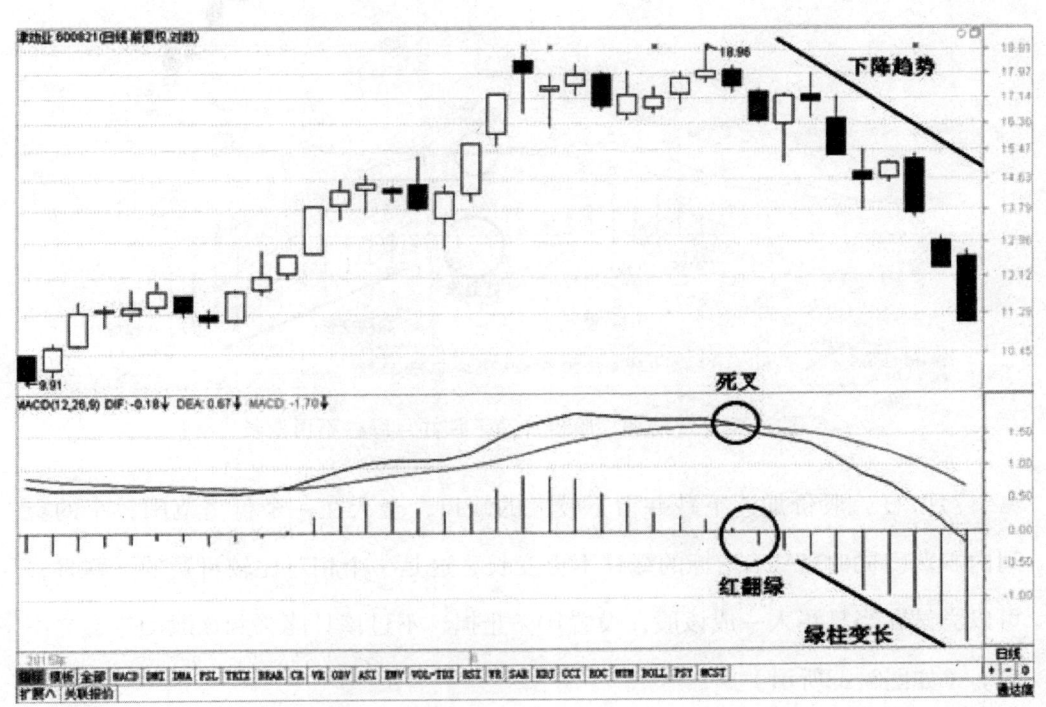

图6-22　津劝业　等待买入信号出现

在随后的两周时间里，该股连续下跌，从走势图上可看到明显的短期下降趋势。就在看跌吞没线出现的第二个交易日，该股在MACD指标上就发生了黄白两线的死叉和红翻绿，并且绿柱的长度越来越长，显示当前不适合看多做多，应该静待买入时机。（如图6-22所示）

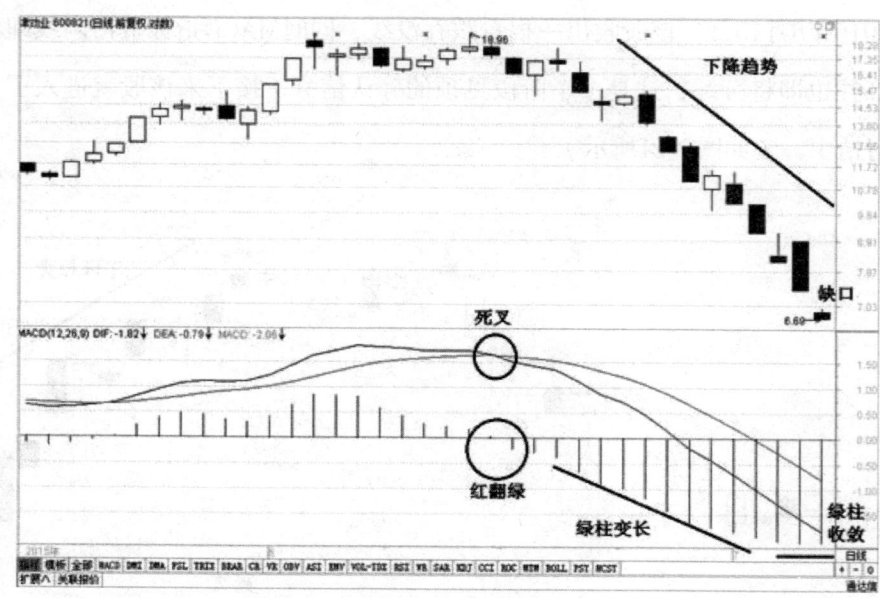

图6-23　津劝业　股价加速下跌并且绿柱不再变长

　　7月7日，股价加速下跌并留下较大的缺口，全天在一个价格范围较窄的空间内震荡。同时MACD指标的绿柱不再变长，这是一个相对比较可疑的下跌日，可以尝试在当日买入一成该股，设置10％止损，不过该日能买到该股的机会并不多。（如图6-23所示）

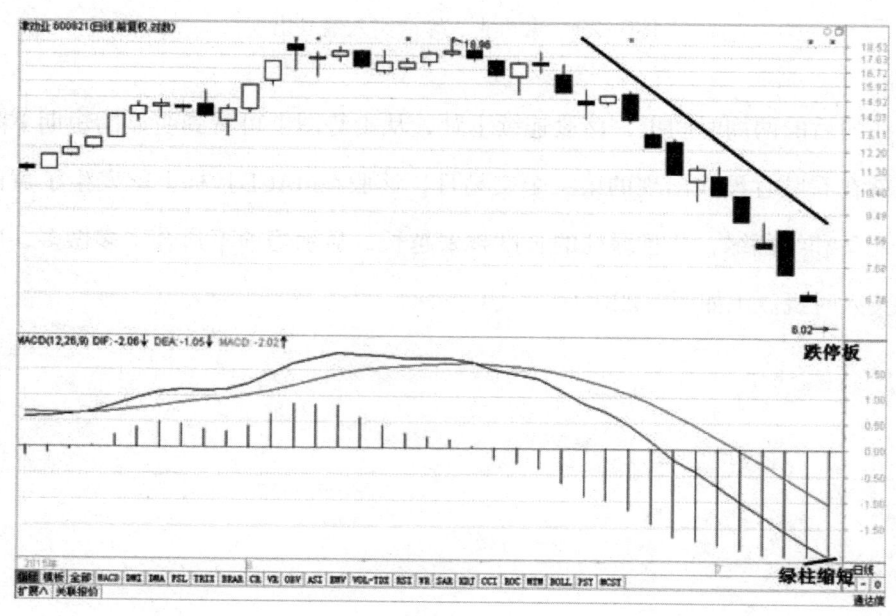

图6-24　津劝业　绿柱缩短与跌停板

在下一个交易日，股价直接向下封死跌停板，全天都没有买入机会。同时MACD指标绿柱的长度开始缩短，未来行情有向好的可能。（如图6-24所示）

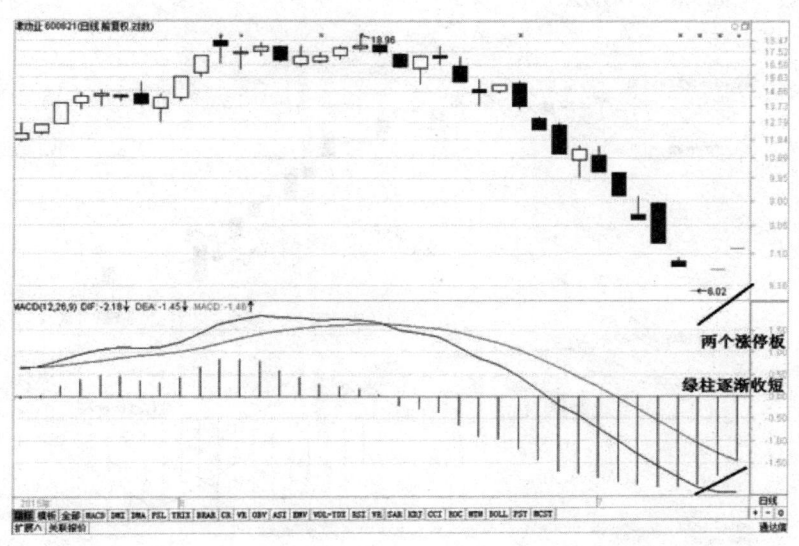

图6-25　津劝业　两个涨停板与绿柱渐短

至7月14日，该股一反常态，连续两个交易日收出"一"字形涨停板，行情开始有向上的势头，并且MACD指标的绿柱长度更加短小。投资者可以寻找合适的买入的机会。（如图6-25所示）

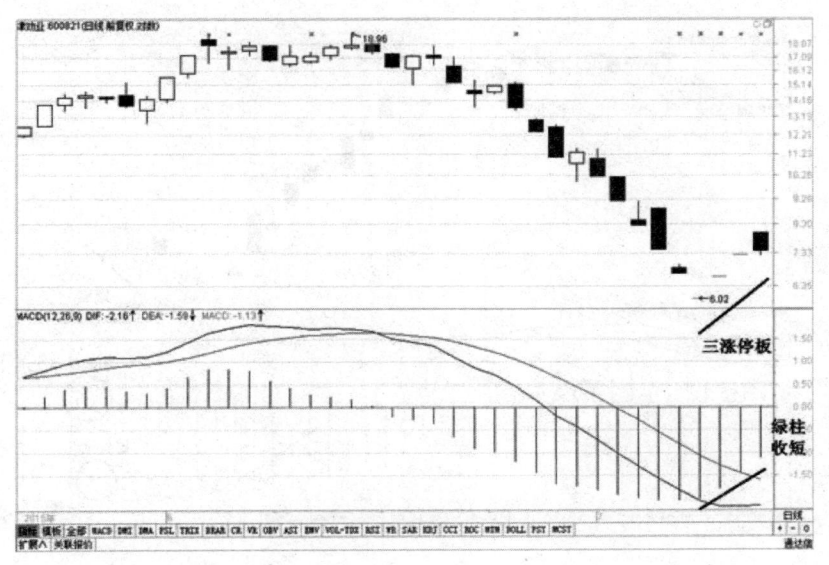

图6-26　津劝业　三个涨停板与绿柱收短

7月15日，股价再次以涨停板开盘，但是盘中一路震荡下跌，尾盘只是小涨几个百分点而已，不过MACD指标的绿柱还在继续缩短，很可能将要形成绿翻红的看涨形态！（如图6-26所示）

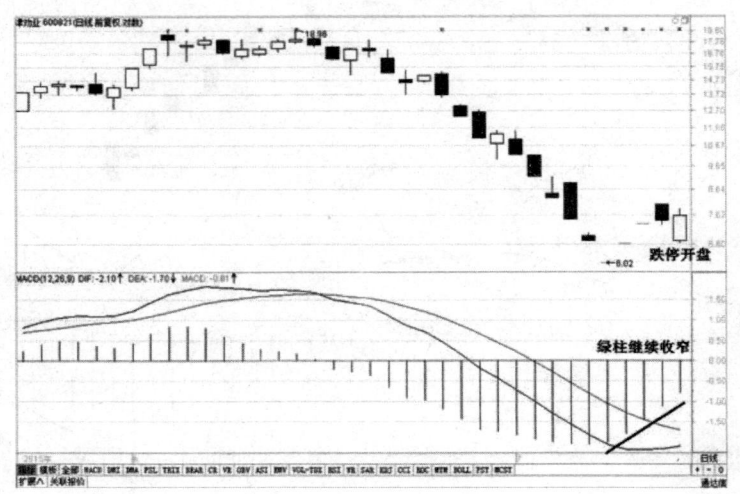

图6-27　津劝业　跌停开盘却收出大阳线

7月16日，股价以跌停板开盘，盘中随后绝地反击，收出一根大阳线。同期MACD指标的绿柱加快缩短，鉴于今日盘中涨势强劲，试探先在盘中买入一成，成本价为7.58元。（如图6-27所示）

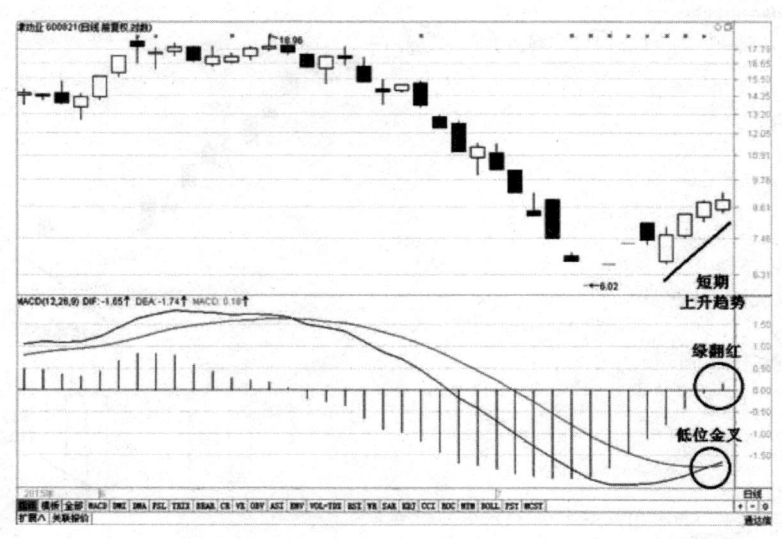

图6-28　津劝业　红翻绿与低位金叉

津劝业连续多日上涨，并在7月21日且出现了绿翻红和低位金叉的买入信号，确认之前买入的筹码确实可靠，但是长期看还处于下降趋势中，所以筹码不能再行追加，而是就以一成仓位进行操作，等待新的卖出信号出现。（如图6-28所示）

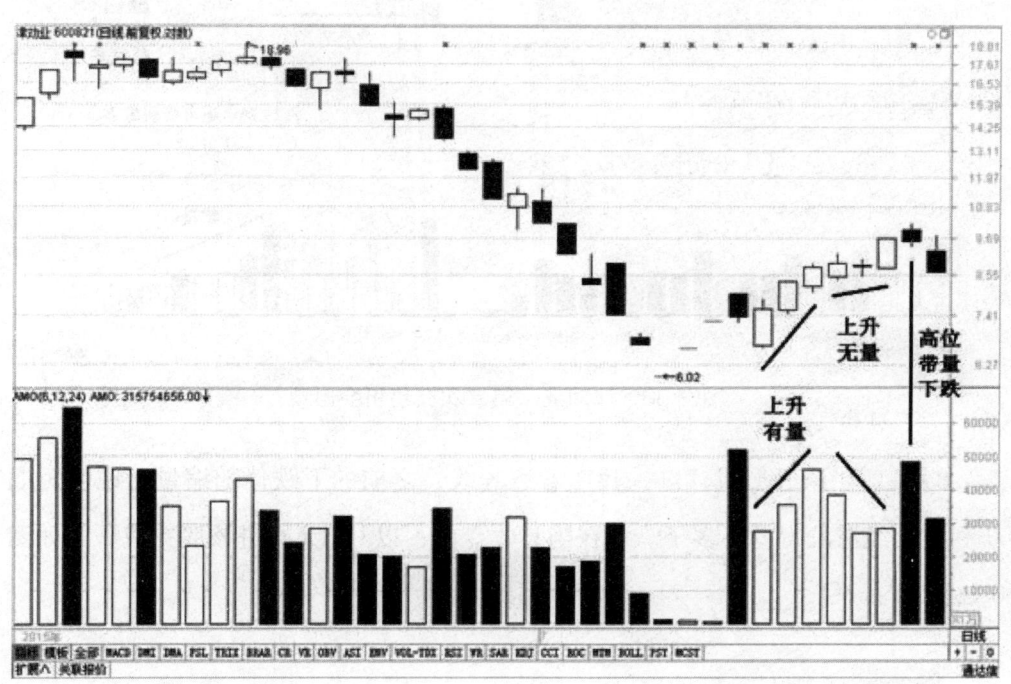

图6-29　津劝业　量能分析

7月23日，该股再创新高，涨幅超过9％，但好景不长，随后股价虽然再次创出新高，但是没坚持多久便跌下来，而且成交量明显放大，显示短期获利盘的大量涌出，股价随后将进入新一轮下跌行情中。所以我们之前买入的那一成筹码也应该随波逐流，卖出变现，此次交易短期获利24％左右。（如图6-29所示）

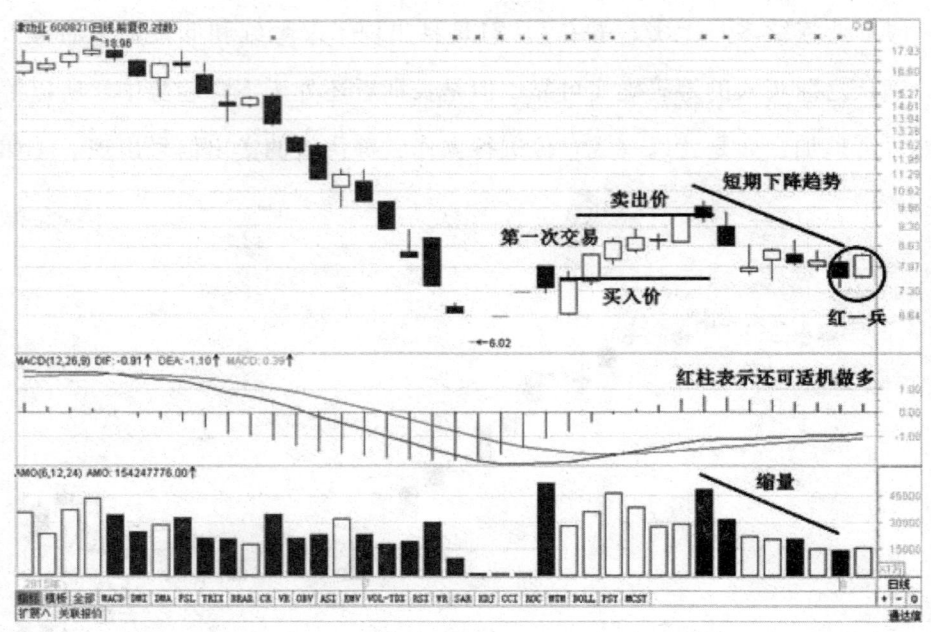

图6-30　津劝业　第二次交易机会出现

　　8月4日，该股形成"红一兵"看涨K线，之前的下跌伴随缩量，说明短期获利盘已经清洗得差不多了。就在当日收盘前，以8.33元买进该股三成。（如图6-30所示）

图6-31　津劝业　第二次交易的全景图

图6-31为该股的第二次交易的全程图，如图所示，我们是在红一兵信号出现后买入，然后随着股价形成的短期上升趋势而上涨，直到8月18日那根阴线的出现形成了"看跌孕线"，同时MACD指标也显示红柱开始缩短，这就意味着继续看多做多存在一定的风险。

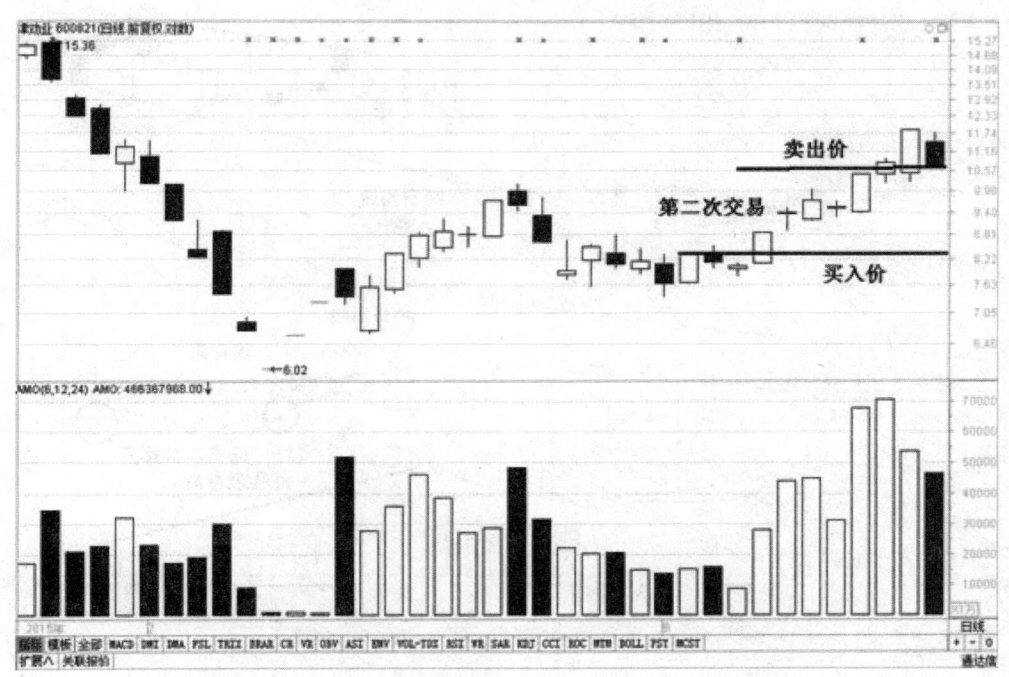

图6-32　津劝业　第二次交易的价位图

　　图6-32显示了第二次交易的买卖价位，本次交易虽然没能买在最低和卖在最高，但基本咬住了这一波段的大部分利润，整体获利28％！

三、MACD指标案例三——浙江富润（600070）

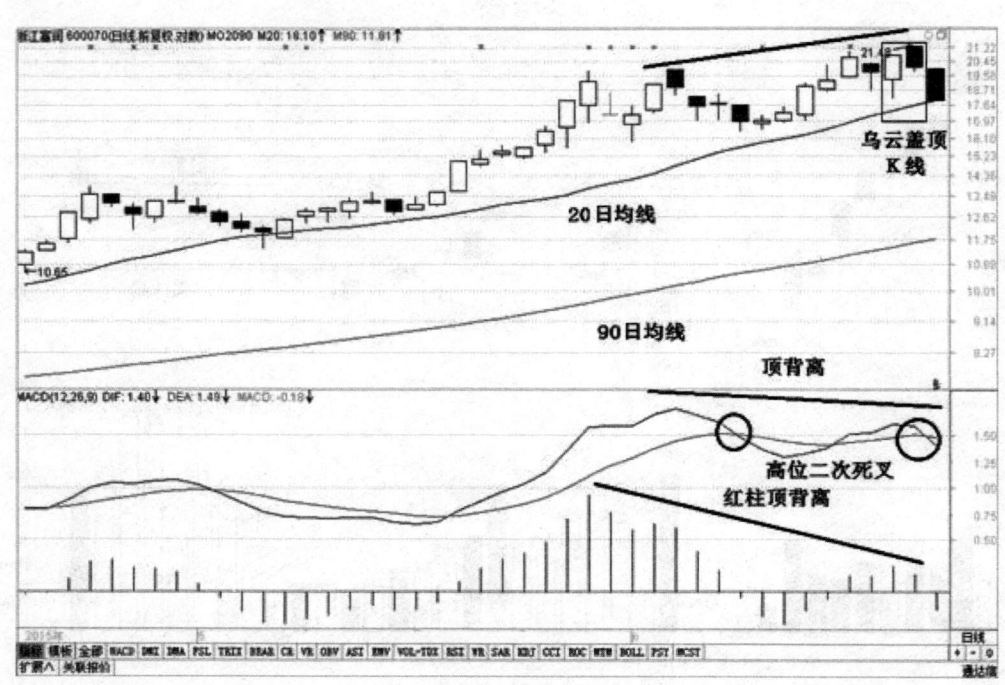

图6-33　浙江富润　前期分析

　　图6-33是个股浙江富润的前期分析图。图中可以看到，该股在2015年6月18日收出一个乌云盖顶K线形态，表示当前行情可能已经见顶，另外当日创出了新的高点，并且在MACD指标上可以看到各种顶背离的见顶信号，证明此次乌云盖顶形态信号是非常可靠的！

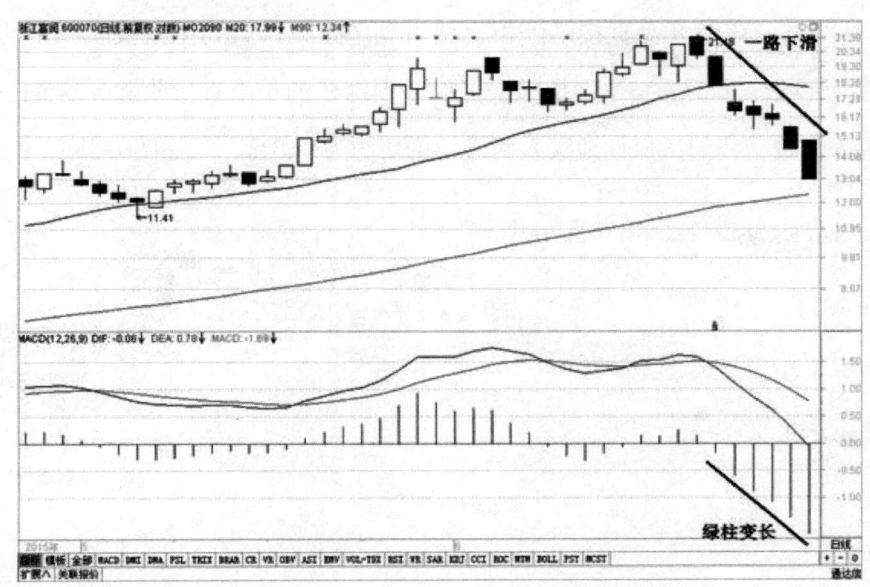

图6-34 浙江富润 等待买入机会

至6月29日，股价连续下滑数个交易日，从图6-34中也可以看到绿柱在不断变长，这说明看空做空的力量在增强，但鉴于MACD指标本身存在着滞后性，这种连续增长的绿柱也有很可能是一次好的介入机会。另外从阴K线的走势来看，K线实体越来越大，是不是有可能成为新的买点呢？

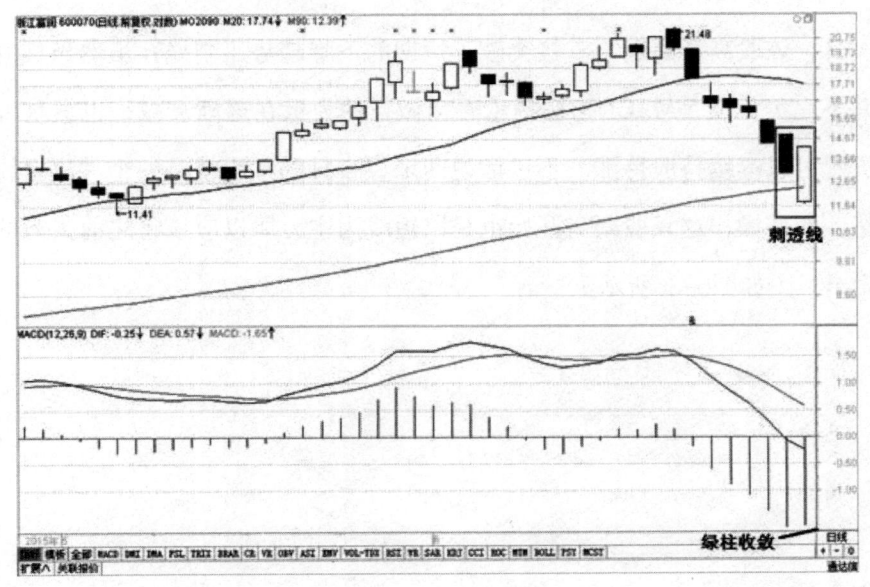

图6-35 浙江富润 买入机会出现

6月30日，该股开盘直接跌停板，然后盘中猛拉，直到尾盘报收一个"刺透线"看涨形态。同时在MACD指标上可以看到绿柱的长度有所收敛，这是一个较好的买入信号，我们试探性地买入两成，价格约为14.3元。（如图6-35所示）

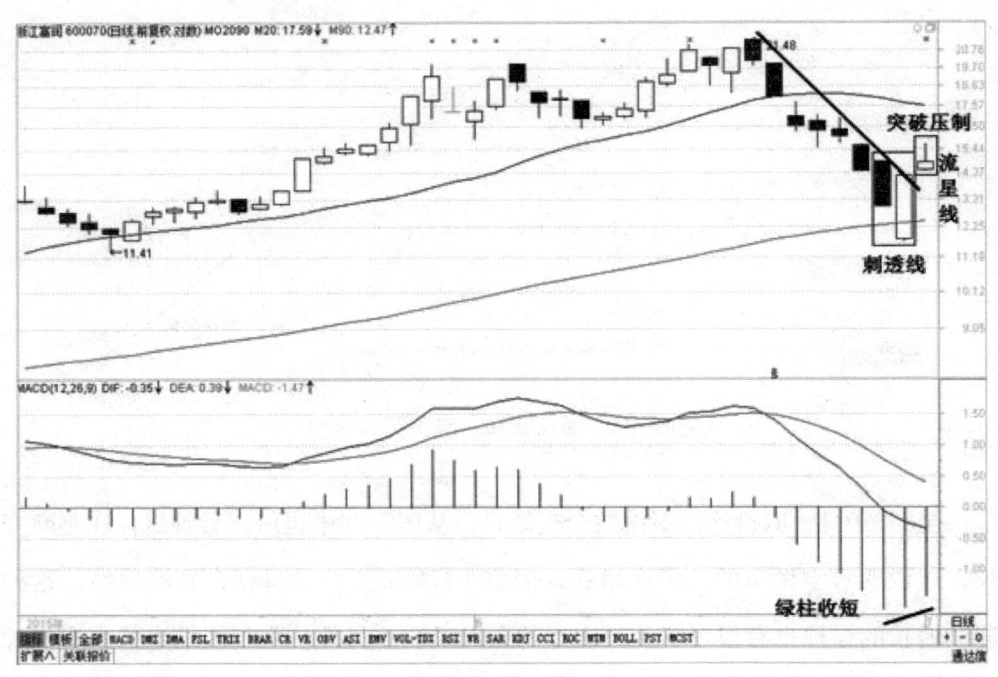

图6-36　浙江富润　继续持股？落袋为安？

　　次日，该股高开高走，直接突破了短期的下降趋势压制线，虽然当日的K线形态并不完美，但是MACD指标提示看空做空的力量在逐渐衰减，也就是说持股的投资者可以继续持股待涨。不过话说回来，今日的K线就是一个"流星线"看跌形态，我们操作这只股票一开始也是以短线为主，所以应该将之前买入的两成全部卖出。（如图6-36所示）

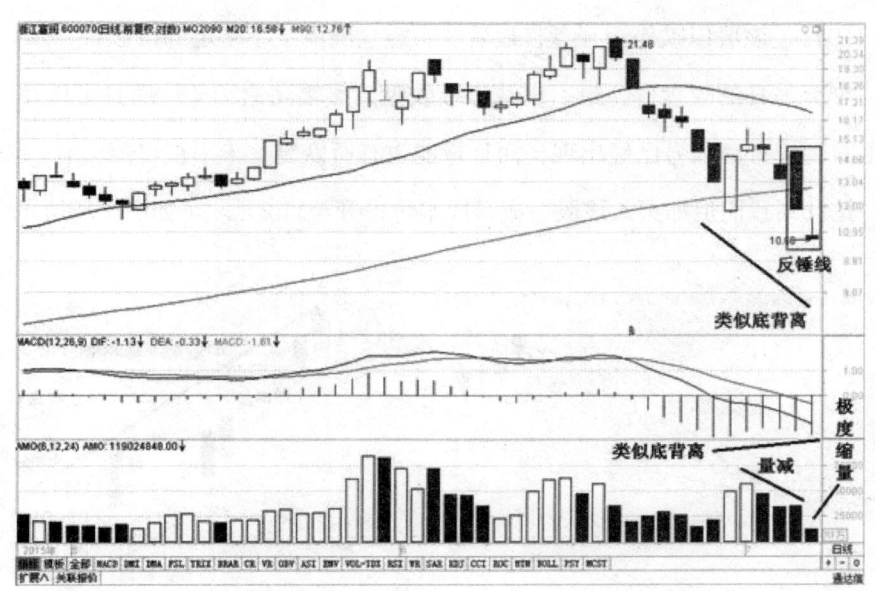

图6-37　浙江富润　第二次交易机会出现

　　7月7日，该股低开，并且形成了一个带有长上影线的反锤线形态，意味着未来行情很可能反转上涨。当天的MACD有底背离的倾向，而且从量能上看也有向好的趋势，今天就买入一成，成本价为10.66元，以后在形势好转时再买入一成。（如图6-37所示）

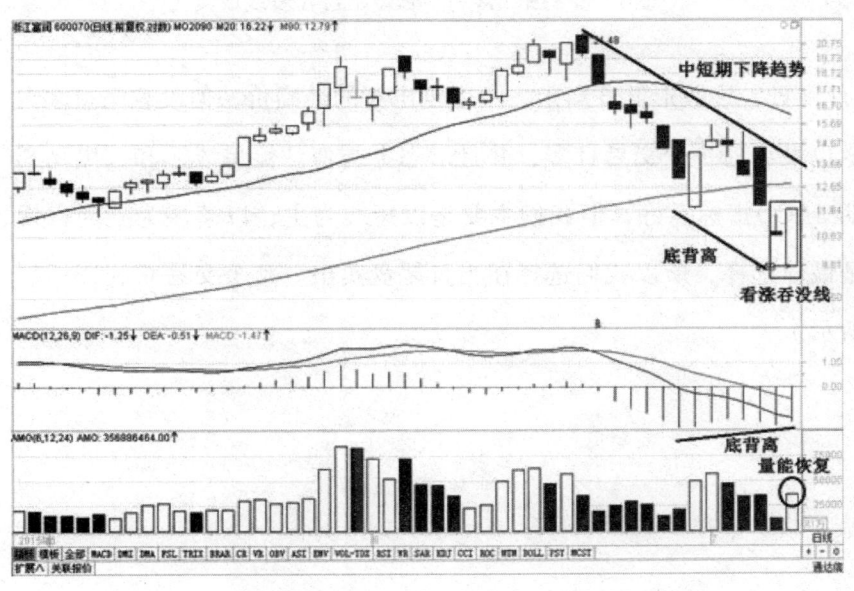

图6-38　浙江富润　第二次交易机会出现，再次买入一成

7月9日，该股以跌停板开盘，最后一次震仓洗清了不坚定的持股者，然后收复了上一个交易日的收盘价，最后以涨停板收盘，振幅高达20％！而且可以在MACD指标上看到底背离信号已经出现，而且量能也有所恢复，未来很可能会有一段上升行情！按计划我们追加买入该股一成，成本价提升至11.2元。（如图6-38所示）

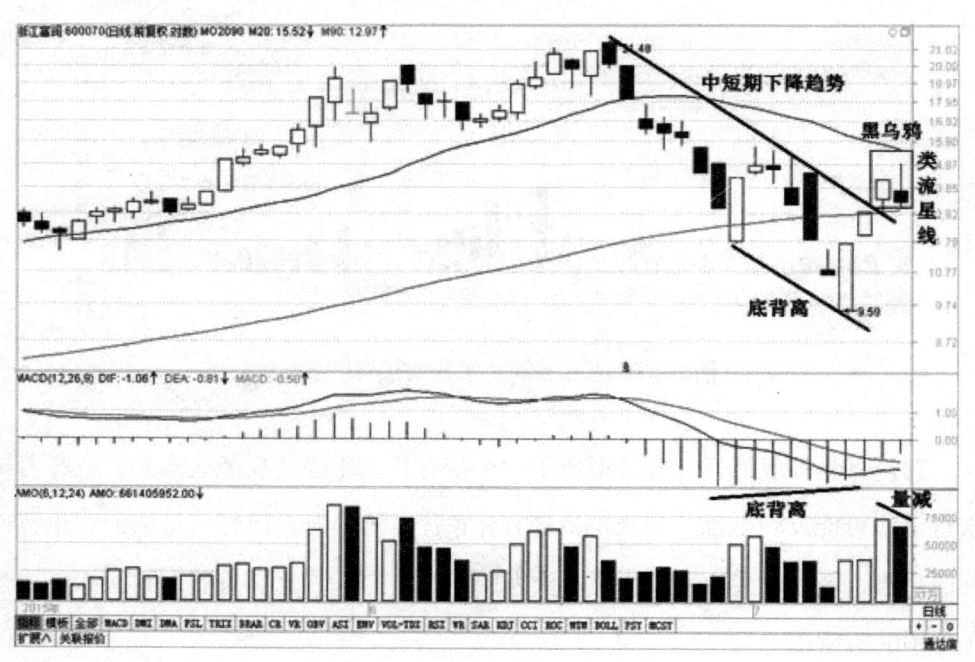

图6-39　浙江富润　长短结合，短线该卖

7月14日，该股形低开高走，一度创出新的最高价，但没有坚持多久，全天成交量也没有前一个交易日多，并且形态上类似"流星线"和"黑乌鸦"，虽然中期MACD指标示好，但我们主要是以短线为主，以落袋为安为宗旨，见好就收是最佳选择，所以我们选择在当日尾盘卖出。整个交易获利18％！（如图6-39所示）

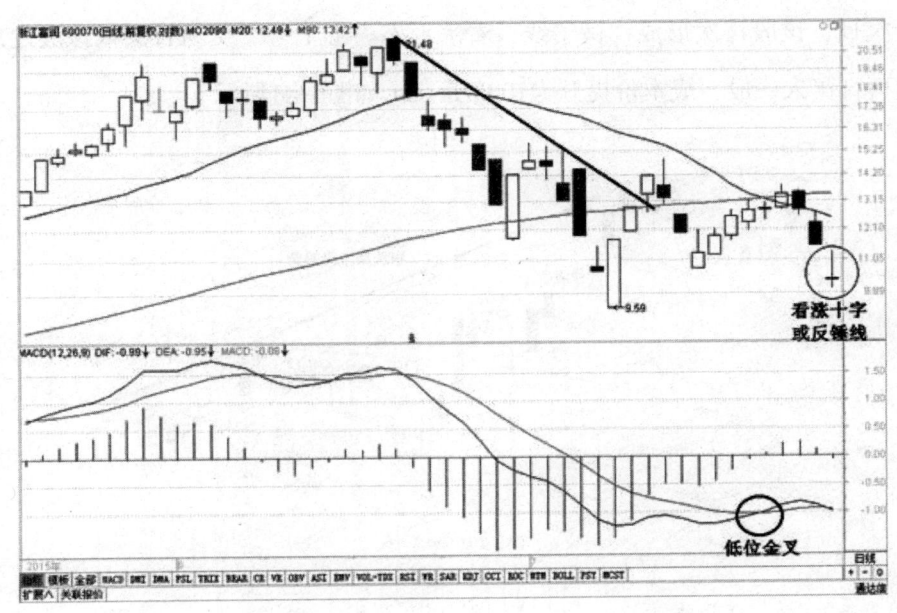

图6-40　浙江富润　第三次交易机会出现

7月28日，该股收盘形成"看涨十字"或"反锤线"看涨K线，加上MACD也在之前出现了底背离和低位金叉信号，加强了这次买入信号的可靠度。毫不犹豫地买入该股股票，成本价约为10.35元。（如图6-40所示）

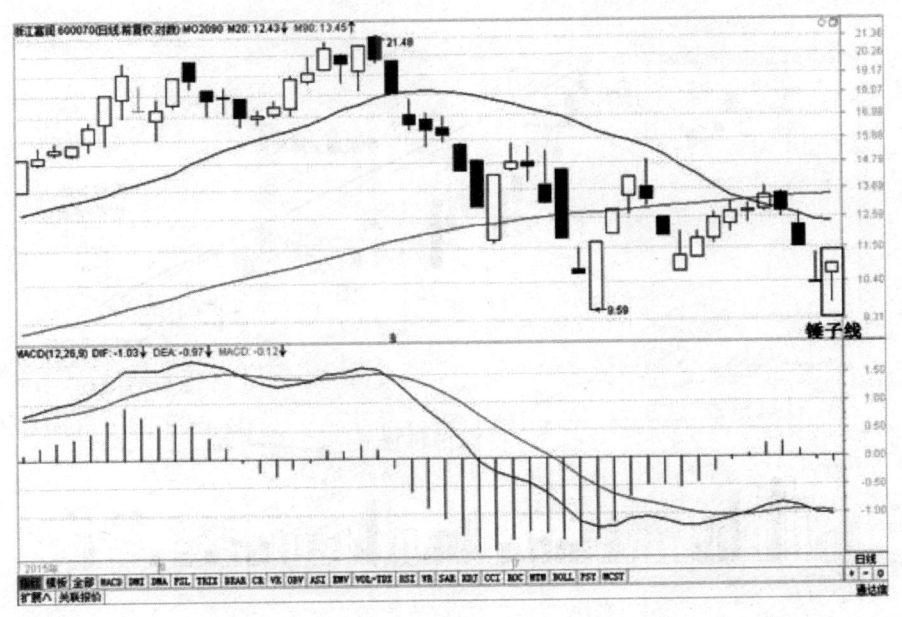

图6-41　浙江富润　加仓机会

次日，该股再次形成"锤子线"看涨形态。继上一个交易日买入该股之后，我们再行买入一成，成本价提升为10.65元。（如图6-41所示）

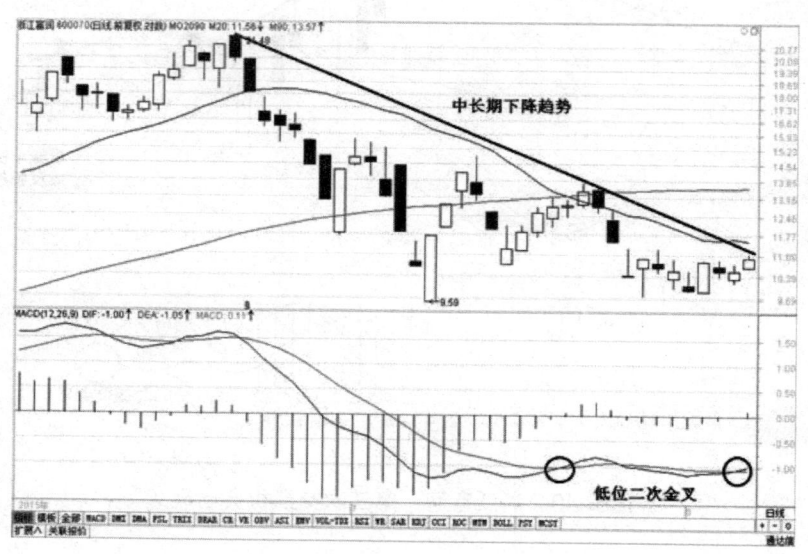

图6-42　浙江富润　持股待涨，低位二次金叉

8月7日，MACD指标显示已经确认形成了低位二次金叉的看涨信号。这更加坚定了我们持股的信心！（如图6-42所示）

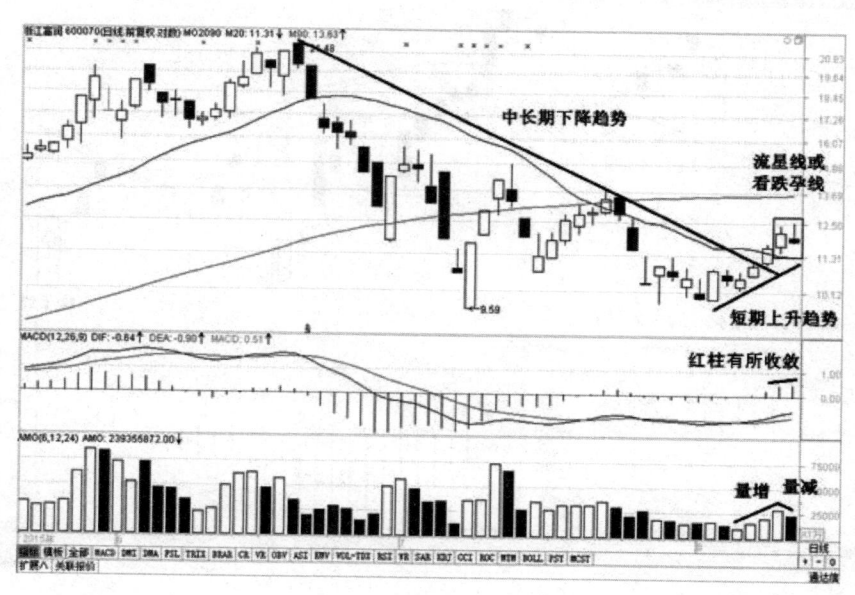

图6-43　浙江富润　该不该卖出？

8月12日，该股在连续三个交易日上涨之后，开始时再创新高，但尾盘没有把握住时机，再次下跌，收出"流星线"或"看跌孕线"，为后来看多做多形成了干扰。另外从量能上看，今日该股虽然创出新高，但量能却出现缩减，而且从MACD指标上看，红柱的长度也有所收敛，预示该卖出了，至少可以确认需卖出之前买入的一半筹码。（如图6-43所示）

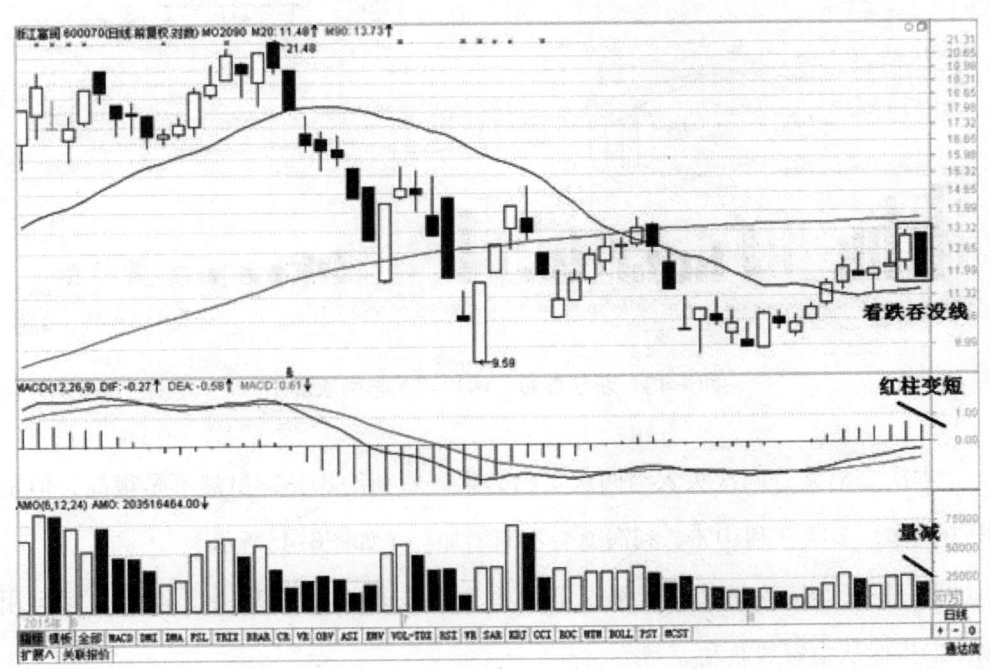

图6-44　浙江富润　再不卖出就晚了！

8月18日，再次报收一组看跌形态K线，并且量能继续缩减，MACD指标红柱较上一交易日变得更短。如此看来，今日是最后的卖出时机了，再不卖就晚了！（如图6-44所示）

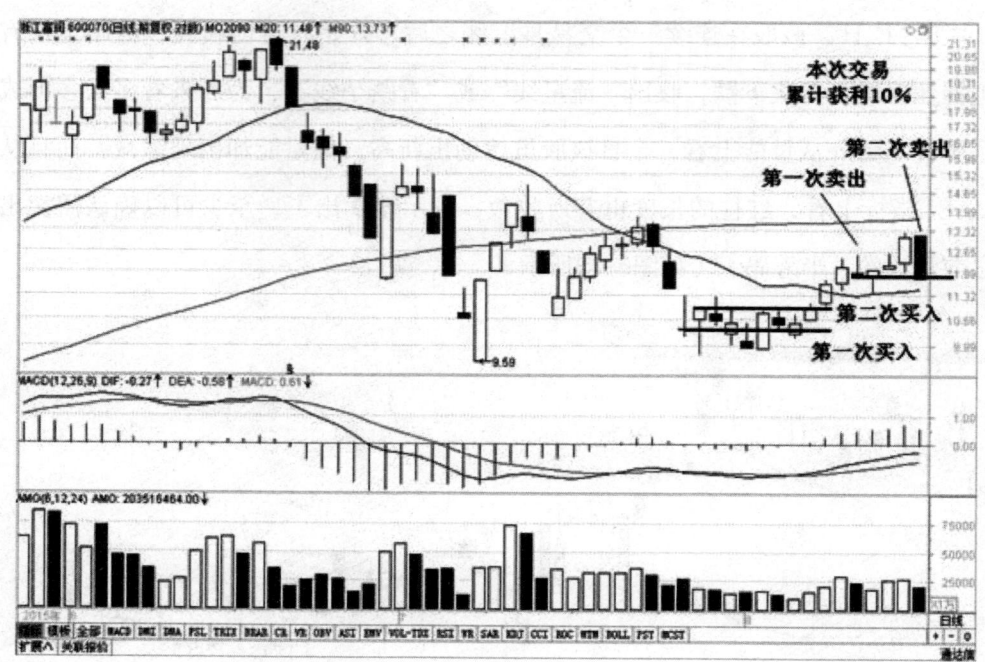

图6-45　浙江富润　两次买入与两次卖出

　　本次交易共分两次买入与两次卖出，累计获利约10%，虽然不是很高，但是积少成多，多次获利10%，利润就会不断增加！（如图6-45所示）

　　这是一个震荡市中的案例，下面举个多头行情下的案例，分析如何运用MACD指标从中短线获利。

四、MACD指标案例四——东晶电子（002199）

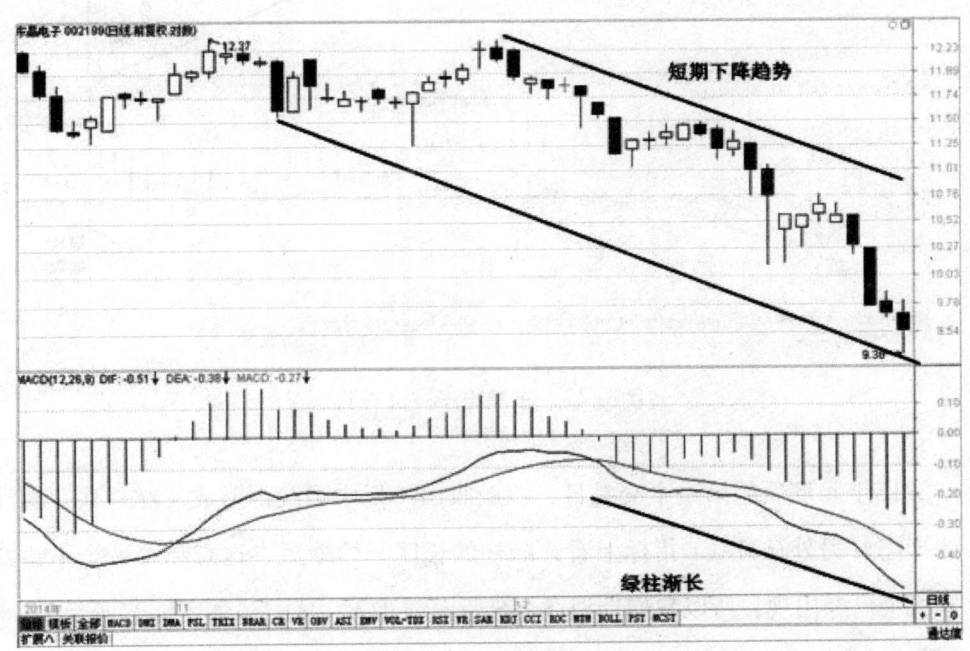

图6-46 东晶电子 前期分析

图6-46是个股东晶电子近期的走势分析，可以看到一个较为明显的下降通道，股价在上一个交易日还得到下降通道下边缘的支撑，尾盘有所反弹。另外从MACD指标上看，近期绿柱是主调，并且绿柱的长度一直在变长。这些都说明股价还将下降一段时间或是有所回调，但是否会反转还需要根据后市走势进行确认。

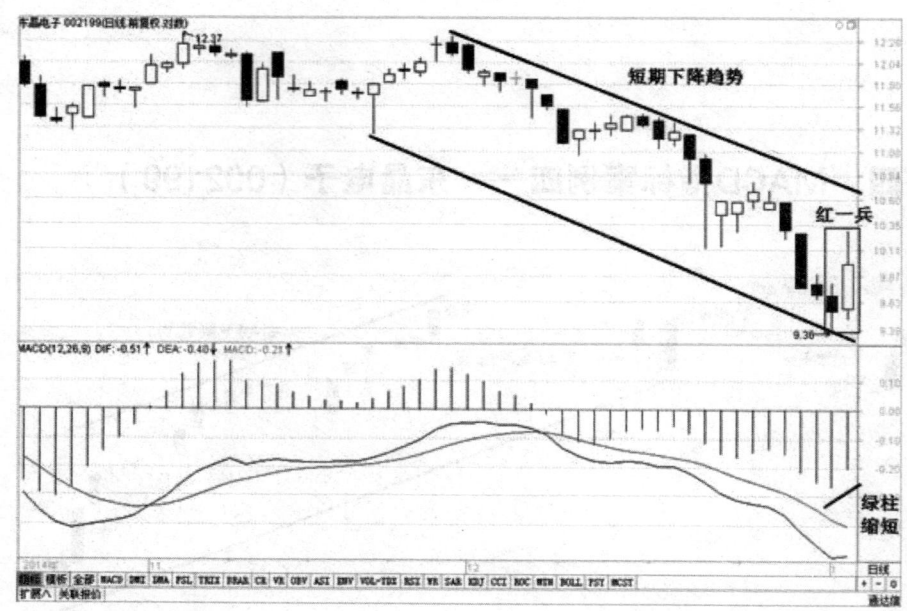

图6-47　东晶电子　红一兵

　　2015年元旦后的第一个交易日，该股收出一根中阳线，形成"红一兵"看涨
K线形态。另外从MACD指标上看，绿柱的长度开始缩短，这意味着一个不错的
介入机会已经出现，所以我们计划在今日收盘前买入一成。（如图6-47所示）

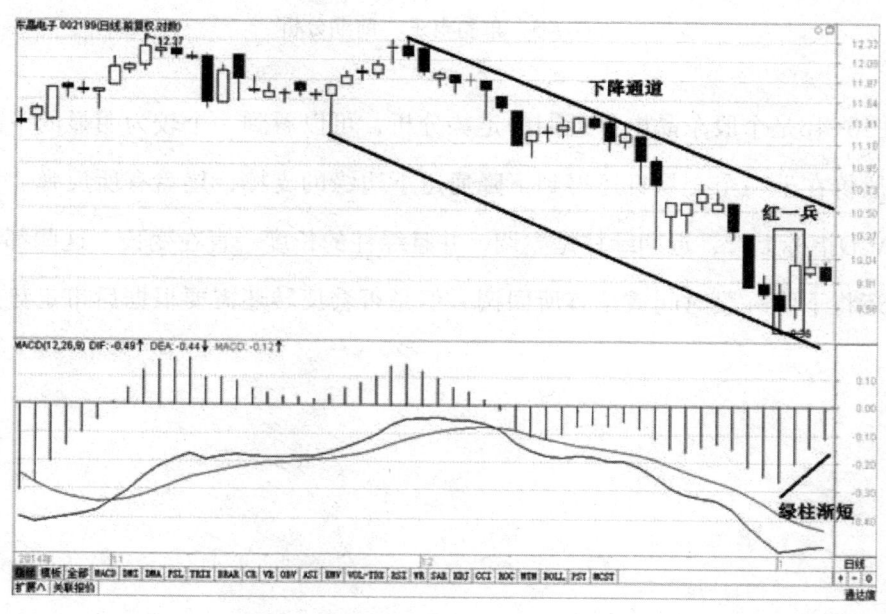

图6-48　东晶电子　绿柱持续缩短

两个交易日后，该股略微下跌，幅度不是很大，另外从MACD指标上看，绿柱的长度已经缩短很多，黄白两线有拐头向上之势，所以我们计划继续持股待涨，暂不加码买入股票。（如图6-48所示）

图6-49　东晶电子　追加买入

　　1月9日，该股开盘后曾一度上涨1%，但午盘开始直线下滑，下跌到此前"红一兵"看涨形态的开盘价附近，MACD的绿柱还在缩短。鉴于此，我们决定在今日收盘前以接近收盘的价位买入两成，以此降低之前买入该股的成本价。（如图6-49所示）

图6-50 东晶电子 两次"红一兵"和即将形成的"绿翻红""低位金叉"

图6-50展示了个股东晶电子连续在低位出现的"红一兵"看涨形态,而且从MACD指标上看还将可能发生"绿翻红"与"低位金叉"的看涨形态,K线与MACD指标都同步说明此次交易的买入位置都相对安全,可以继续持有。

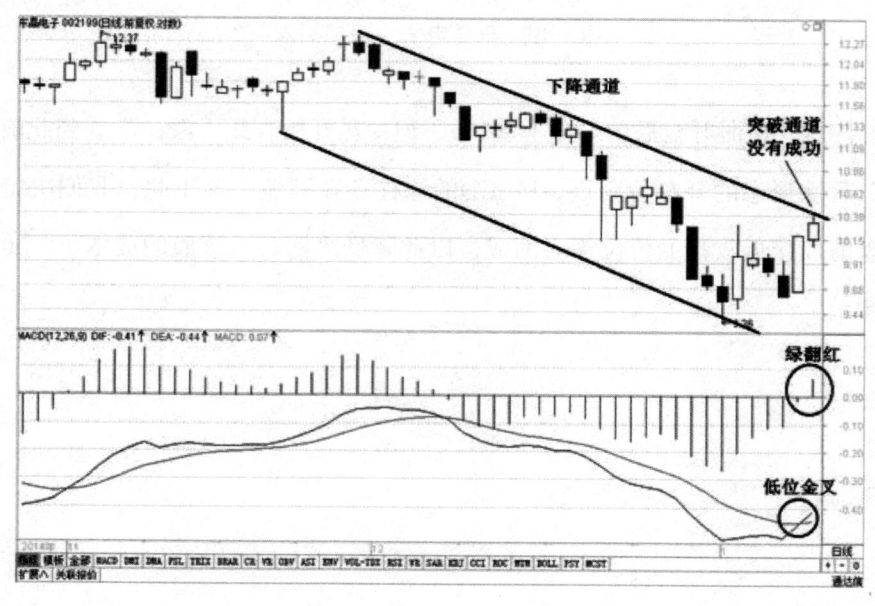

图6-51 东晶电子 绿翻红与低位金叉

次日股价一度上破下降通道的上边缘，可惜没有成功，不过从MACD指标上看，该股已经出现较好的看多做多信号，即绿柱翻转为红柱，而且出现了低位金叉看涨形态，投资者应继续持股待涨！（如图6-51所示）

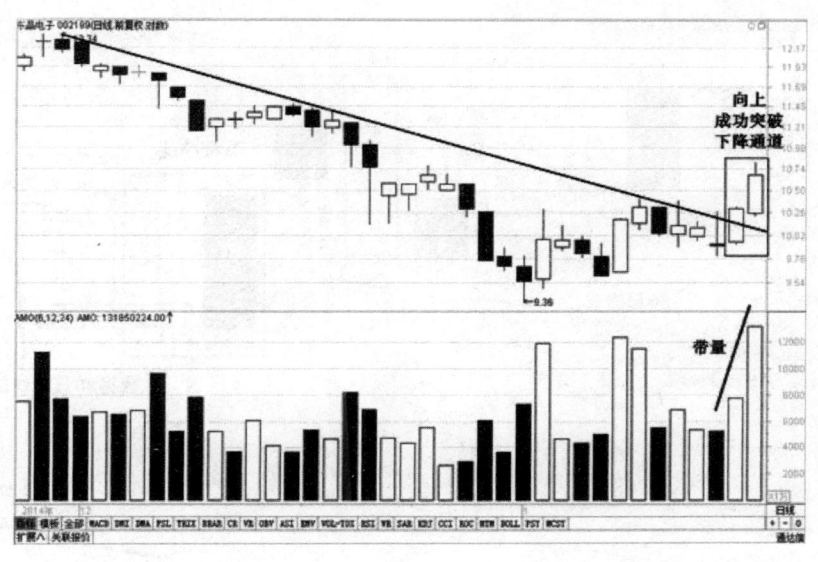

图6-52　东晶电子　向上成功突破

图6-52显示该股在1月20日和21日带量成功突破了下降通道的上边缘，这标志着新的多头行情即将到来。

图6-53　东晶电子　看跌孕线，短线卖出，落袋为安

1月29日，该股收出一个看跌孕线形态，虽然各项数据都证明其后还会继续上涨，但我们是以短线为主，所以先进行卖出操作，以求落袋为安，之后等股价回调时再行买入。总体上本次短线交易获利13%！（如图6-53所示）

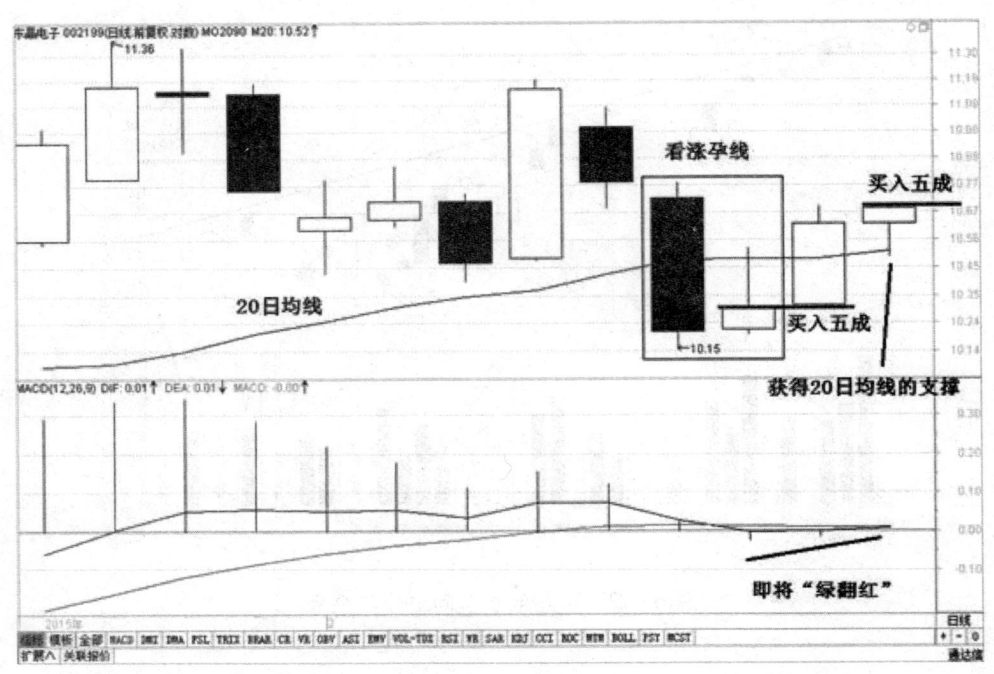

图6-54　东晶电子　新的买入机会

图6-54是该股出现看涨孕线及后三个交易日的走势，看涨孕线出现后以收盘价买入五成（因为前期上升趋势未被打破），其后第二个交易日盘中高开，然后一直回调到20日均线之上后，开始反弹上涨，尾盘收出一个类似T形的小阳线，下影线较长，说明股价在20日均线上得到了支撑。另外从MACD指标上看，绿柱逐渐缩短，在下一个交易日就很可能"绿翻红"，也就是说今日是一个不错的买入机会！由于先前的短期上升趋势未变，所以我们再买入五成，这样就等于是全仓操作该股了，成本价约为10.49元。

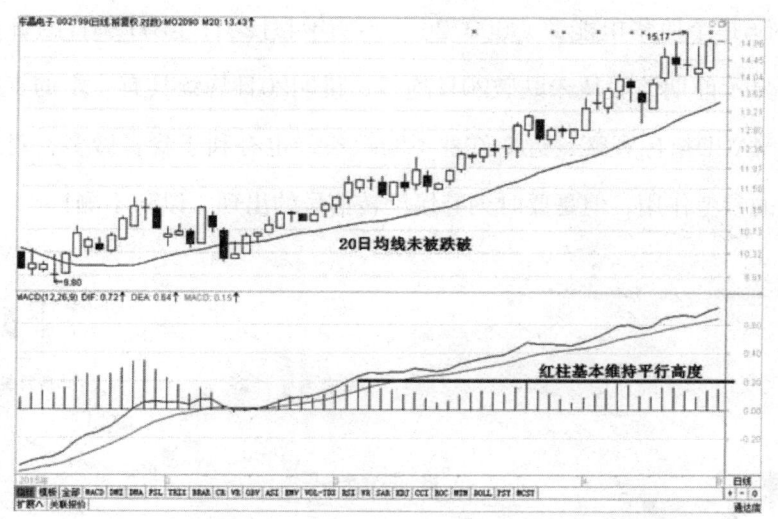

图6-55 东晶电子 后期走势

后期走势虽然仍未发出卖出信号，但是就盘面形态来看，20日均线始终向上行走，股价也未曾跌破该线，另外从MACD指标上看，也显示上涨行情舒缓，不急不躁，很有节奏，上涨潜力巨大，所以我们坚定持股。就当前而言，虽然因为重大事项而停牌，但从账面上看已经获利42%！（如图6-55所示）

五、MACD指标案例五——华电能源（600726）

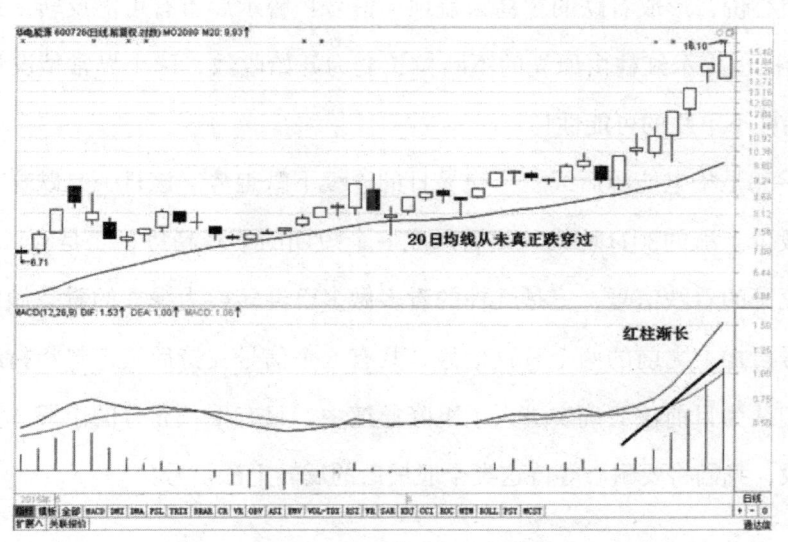

图6-56 华电能源 前期分析

图6-56是个股华电能源（600726）2015年4月29日至6月26日的日K线走势图，图中显示前期该股从未跌破20日均线，说明20日均线具有一定的支撑和助涨作用。以MACD指标观察，近期红柱不断拉长，也有利于看多做多，对后市看涨也有一定的参考作用，但是要时刻警惕反转信号的出现，以防不测！

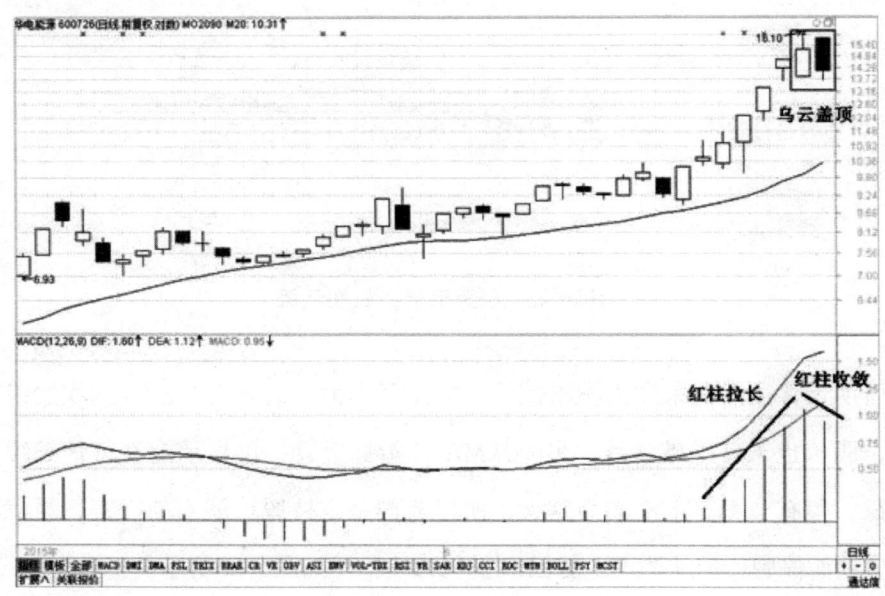

图6-57　华电能源　乌云盖顶与红柱收敛

　　图6-57中，个股华电能源次日报收一根大阴线，直接跌破前一个交易日阳线实体中心价，形成看跌的"乌云盖顶"信号！警示后市有可能反转下跌，另外MACD指标也提示红柱由原先的不断拉长变为开始收敛，两个异常情况增大了行情将开始往下下跌的可能性！

　　图6-58是华电能源后续三个交易日的连续下跌走势。该日一是跌穿了此前一直支撑股价上涨的20日均线，然后形成一个短期的下降趋势，二是MACD指标形成高位死叉的看跌信号，三是红柱的看多做多已经转换为绿柱的看空做空。三个看跌信号再加上之前的两个看跌信号，共有五个信号支持后续走势将持续下跌，所以我们认为目前该股确实进入了下降通道中，只有下跌充分的个股才是值得投资的个股，我们将要耐心等待这类个股最后的反转上涨信号！

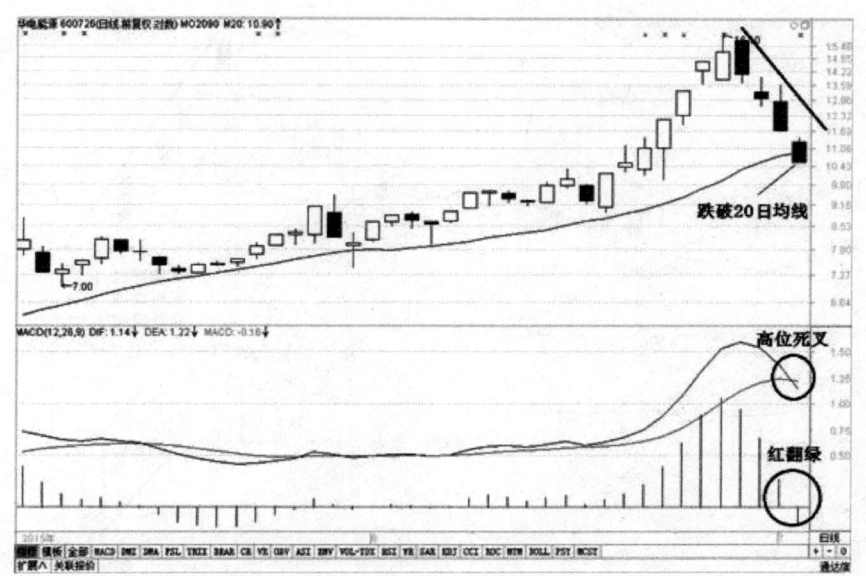

图6-58 华电能源 开始下跌

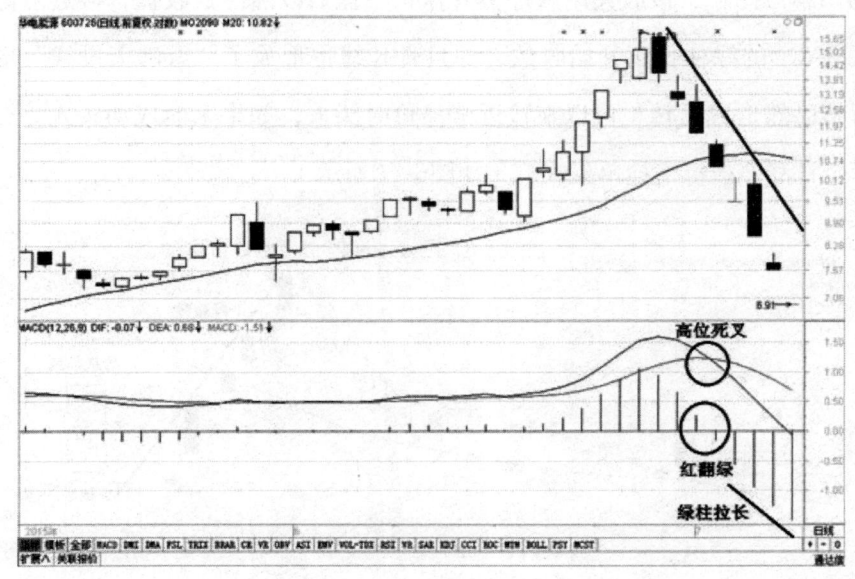

图6-59 华电能源 连续大跌

图6-59中,该股又持续下跌了三个交易日,三个交易日共累计下跌了30%。绿柱逐渐拉长,甚至比此前见顶时的红柱还要长,所以目前仍不能看多做多,只有继续等待反转看涨信号的出现。

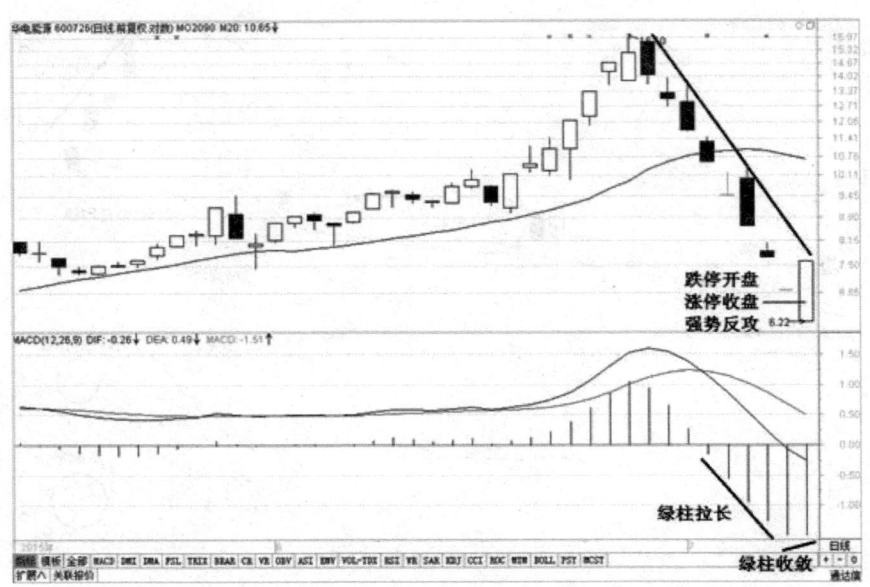

图6-60　华电能源　大反转，买点出现

　　2015年7月9日，该股先以跌停板开盘，午盘后以涨停板收盘，接近涨停板收盘后，MACD的绿柱长度开始收敛，并且日K线也形成了"看涨天没线"形态，说明行情已然形成反转！可以在接近涨停价时买入，如果未能成功买入，可以在后期以今日涨停板价格挂单买入。（如图6-60所示）

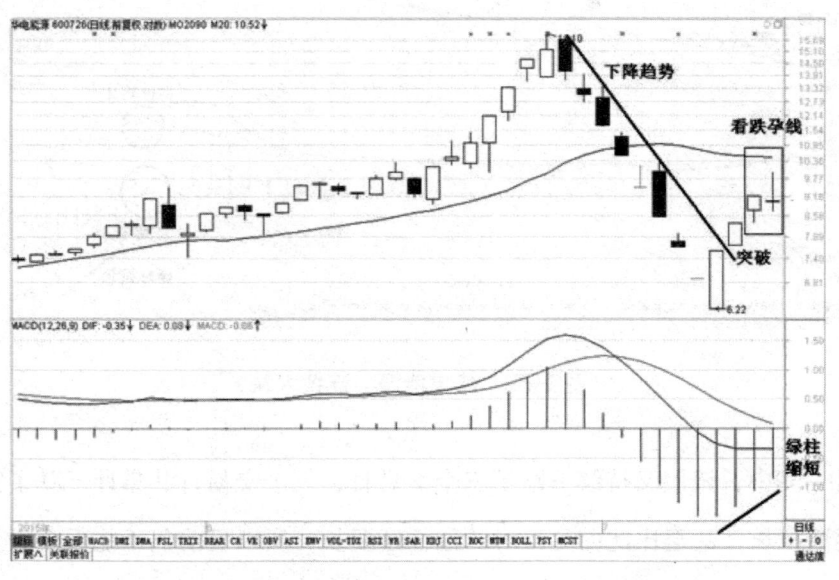

图6-61　华电能源　后期走势

7月14日，该股收出一个看跌孕线形态，同时绿柱连续缩短，提示之前买入该股的短线投资者可以在今日收盘前卖出，本次交易获利18%！（如图6-61所示）

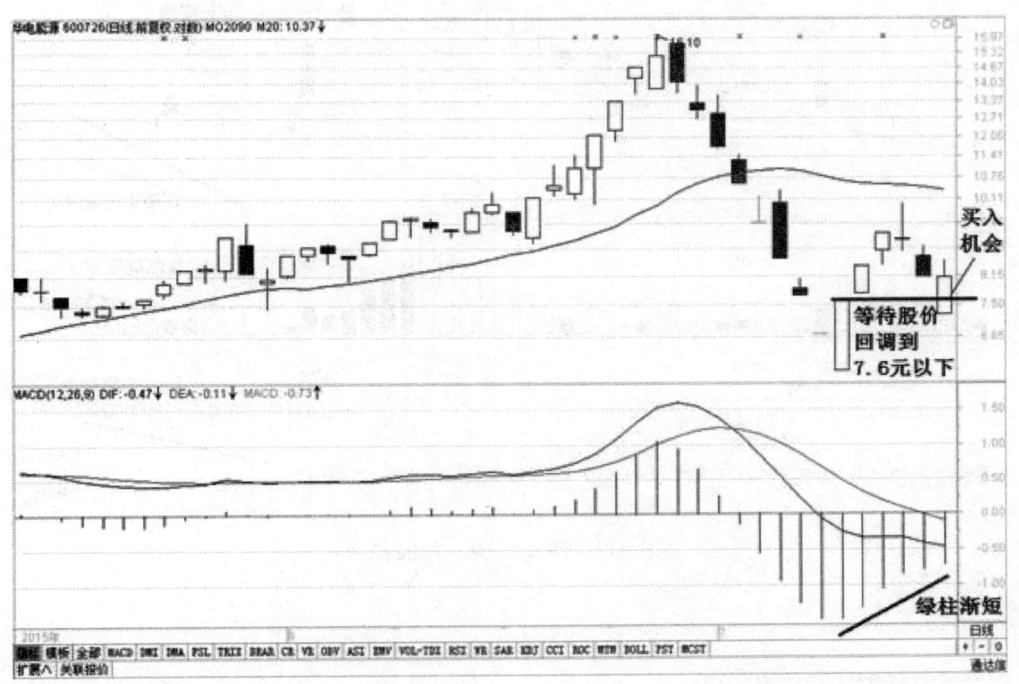

图6-62　华电能源　又一次进场机会

7月16日，该股总算在7月9日收盘价之下开盘了，此前没能按计划在7月9日那天买进的话，今日这次机会一定要抓住，得知该日开盘价低于7月9日的收盘价后，可以在开盘价附近直接追买。而且绿柱还在不断缩短，这更加大了后市上涨的概率。即使今日的开盘价没能及时追入，以该日收盘价买入也是不错的补票进场机会！（如图6-62所示）

7月21日，该股已连续上涨了三个交易日，形成一条明显的短期上升趋势线，并且量能健康而缓慢地放大，绿柱预计再有一两个交易日就会翻转为红柱。这三个情况提示行情将继续维持目前的上涨之势，而且极有可能在未来几个交易日上破20日均线！（如图6-63所示）

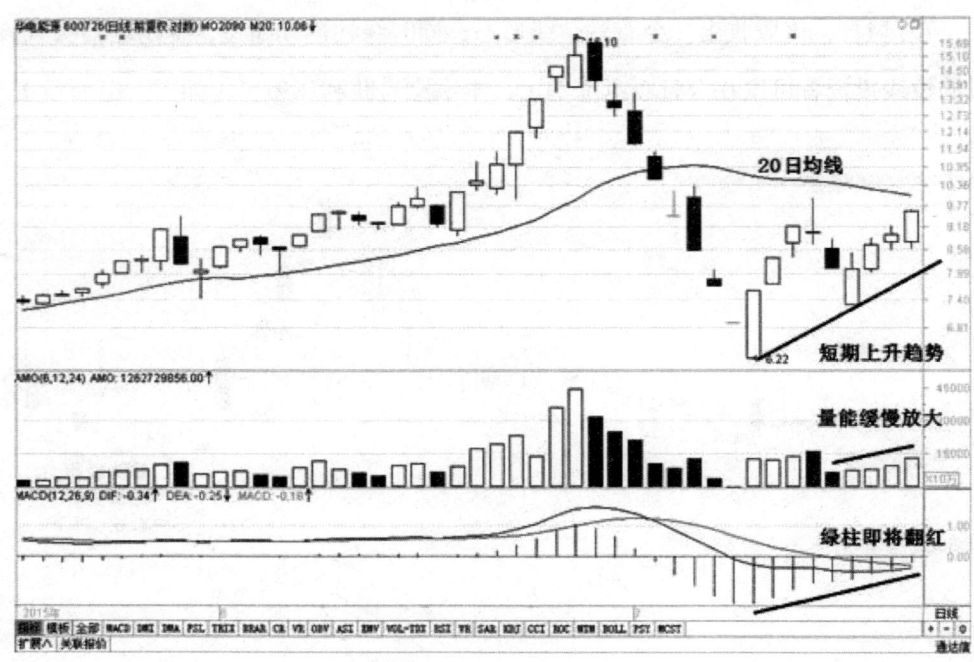

图6-63　华电能源　持股待涨

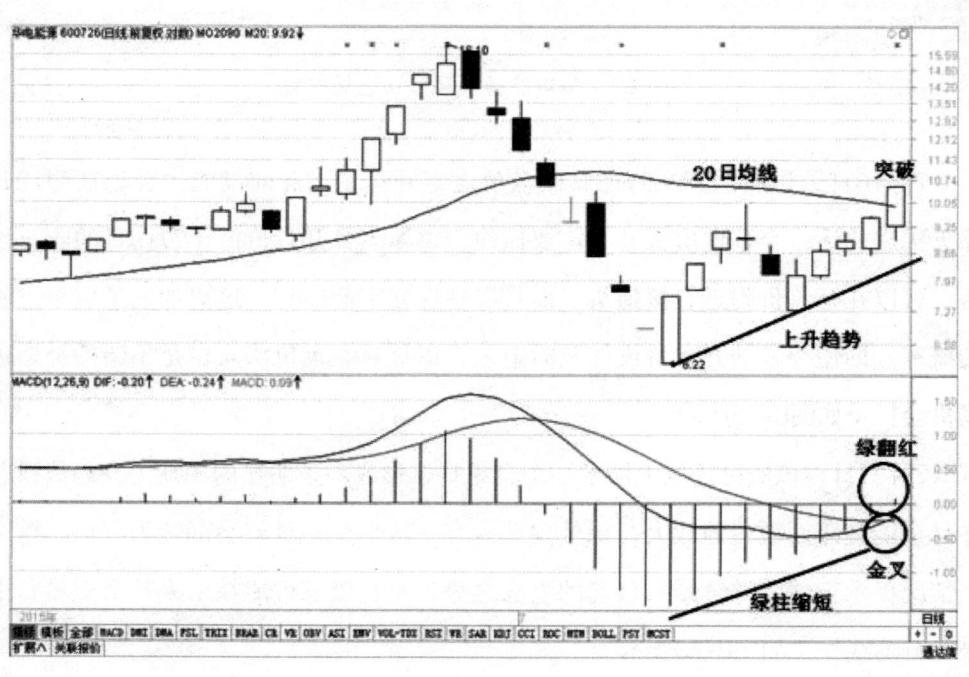

图6-64　华电能源　继续看涨

7月22日，该股股价成功向上突破，并同时出现"绿翻红"和"金叉"的看涨确认信号。后期走势仍然看好，继续持股待涨！（如图6-64所示）

图6-65　华电能源　见好就收，顺势卖出

7月30日，股价形成看跌的"乌云盖顶"形态，同时MACD指标显示看多做多的红柱长度开始由渐长改为收敛，这正好暗示我们应该及时卖出，以便落袋为安，将账面利润变为真金白银。此次交易从半个月前开始，买卖交易利润差不多有66%！（如图6-65所示）

第七章

让MACD技术更加精进

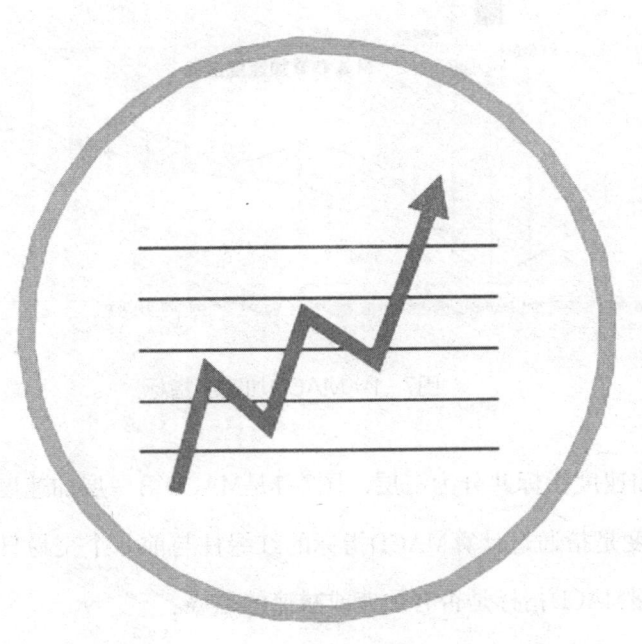

一、什么是MACD加速度指标

MACD加速度指标是指依据MACD的红绿柱长短变化的力度演变而来，用来描述红柱或绿柱是否有潜在增长或缩短的可能，以此来分析行情是否延续现有趋势或是否将要反转的新型指标。

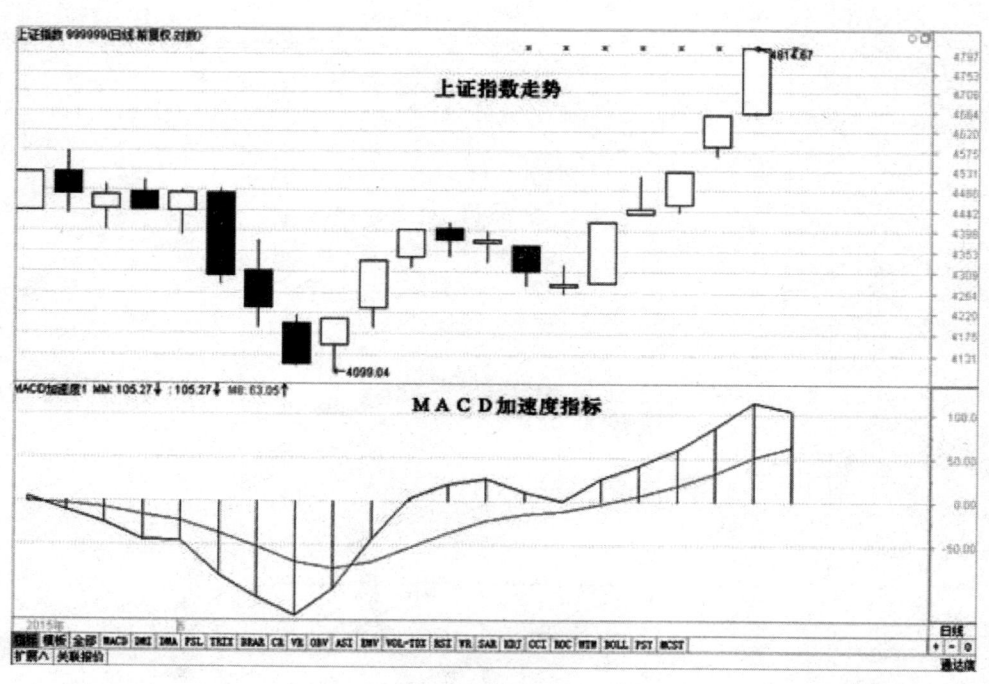

图7-1 MACD加速度指标

MACD加速度指标共分为三层，图7-1是MACD第一层加速度的指标图。所谓第一层加速度是指通过计算MACD指标的红绿柱与前一个交易日的红绿柱之差而得，用此衡量MACD指标是否有加速或减速的趋势。

以下就是第一层加速度指标的源码：

DIF:=EMA(C,12)-EMA(C,26);

DEA:=EMA(DIF,9);

MACD:=(DIF−DEA)*2,COLORSTICK;

MM:EMA((MACD−REF(MACD,1))*5,5),COLORSTICK;

MM;

M8:EMA(MM,8);

将上述源码贴入股票软件，新建指标"MACD加速度1"就可以观察和使用了。

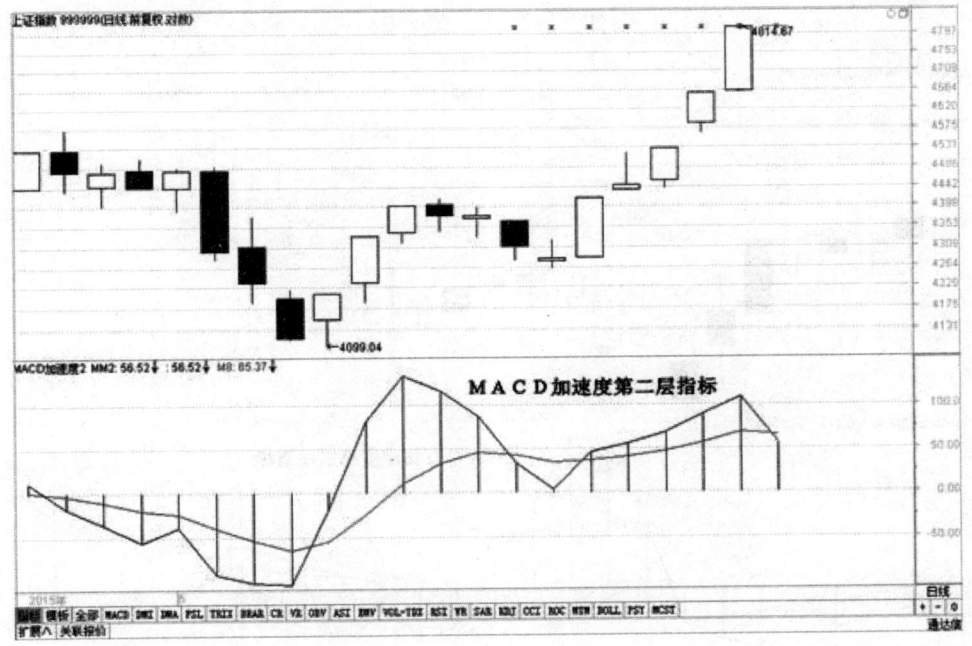

图7-2　MACD第二层加速度指标

图7-2是MACD指标的第二层加速指标图，该系列加速度指标共分为三层，第二层加速度指标是用来描述第一层加速度的强弱力度的。所谓第二层加速度是指通过计算MACD的第一层加速度指标的红绿柱与前一个交易日的红绿柱之差而成，是用来衡量更深一层的潜在动能。

以下就是第二层加速度指标的源码：

DIF:=EMA(C,12)−EMA(C,26);

DEA:=EMA(DIF,9);

MACD:=(DIF−DEA)*2,COLORSTICK;

MM:=EMA((MACD−REF(MACD,1))*5,5);

MM2:EMA((MM−REF(MM,1))*5,5),COLORSTICK;

MM2;

M8:EMA(MM2,8);

将上述源码贴入股票软件，新建一个指标名为"MACD加速度2"就可以观察和使用了。

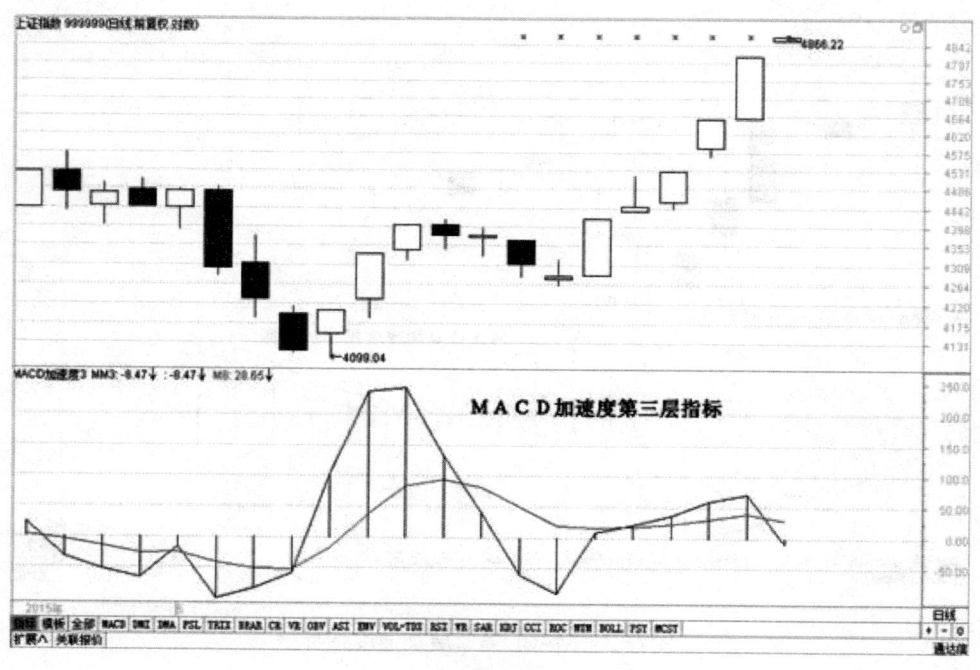

图7-3　MACD第三层加速度指标

图7-3是MACD指标的第三层加速指标图，是该系列加速度指标的最后一层，第三层加速度指标是用来描述上一层即第二层加速度的强弱力度的。所谓第三层加速度是指通过计算MACD的第二层加速度指标的红绿柱与前一个交易日的红绿柱之差而成，是用来衡量最潜在动能力度。

以下就是第三层加速度指标的源码：

CC:=C;

DIF:=EMA(CC,12)-EMA(CC,26);

DEA:=EMA(DIF,9);

MACD:=(DIF-DEA)*2,COLORSTICK;

MM:=EMA((MACD-REF(MACD,1))*5,5),COLORSTICK;

MM2:=EMA((MM-REF(MM,1))*5,5),COLORSTICK;

MM3:EMA((MM2-REF(MM2,1))*5,5),COLORSTICK;

MM3;

M8:EMA(MM3,8);

我们把上述源码输入股票软件，再新建一个指标名为"MACD加速度3"的，以后就可以观察和使用了。

通过观察这三个加速度指标，我们可以很好地过滤掉K线形态所发出的错误信号，较好地提高识别K线信号真伪的能力。

二、如何观察MACD加速度指标发出的信号

通过观察三层加速度的走势，我们可以很好地把握行情波动的脉搏。

使用步骤如下：

1.观察指数或股价的走势及其K线信号；

2.观察成交额的变化；

3.观察MACD指标的黄白线和红绿柱信号；

4.再观察MACD的第一层加速度指标，衡量MACD的潜在动能；

5.再考察MACD的第二层加速度指标，衡量MACD第一层加速度的潜在动能；

6.最后再分析MACD的第三层加速度指标，确认MACD第二层加速度指标的潜在动能如何。

依据上面的6个步骤，就可以很好地过滤掉K线所发出的错误信号，大大提

高了识别K线真伪和判断行情走势的能力。当然首先观察MACD的第三层加速度指标再到第二层、第一层、再到MACD指标……这样的观察顺序也是不错的观测方法。

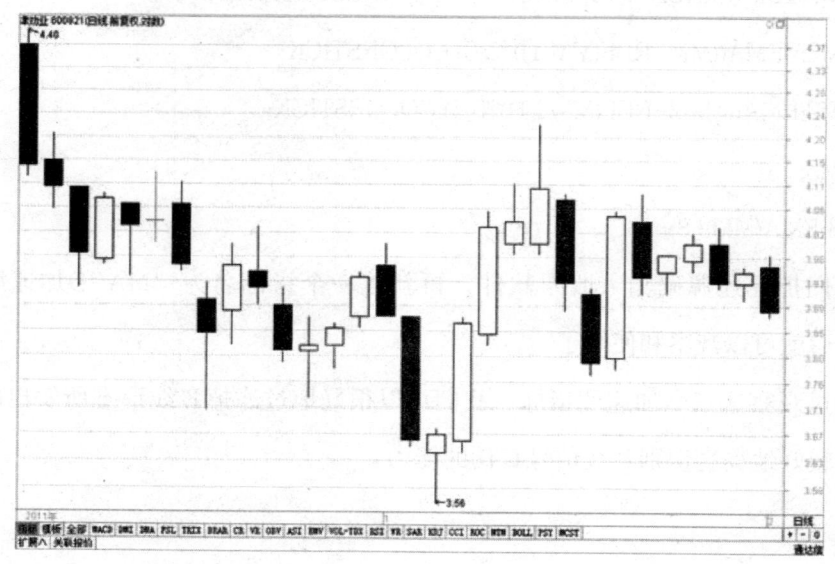

图7-4　股价走势

首先调出某只个股的行情走势，见图7-4。

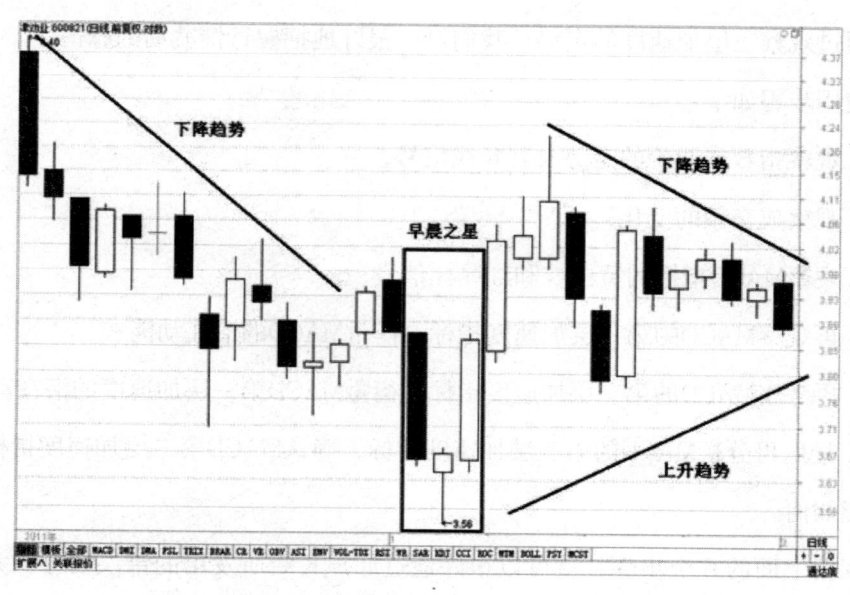

图7-5　识别短期趋势和K线形态

然后分析出该走势图的短期趋势和所能识别到的K线形态，图7-5在下降趋势中发出的"早晨之星"K线反转上涨信号，可以初步认为这个信号是看涨的。

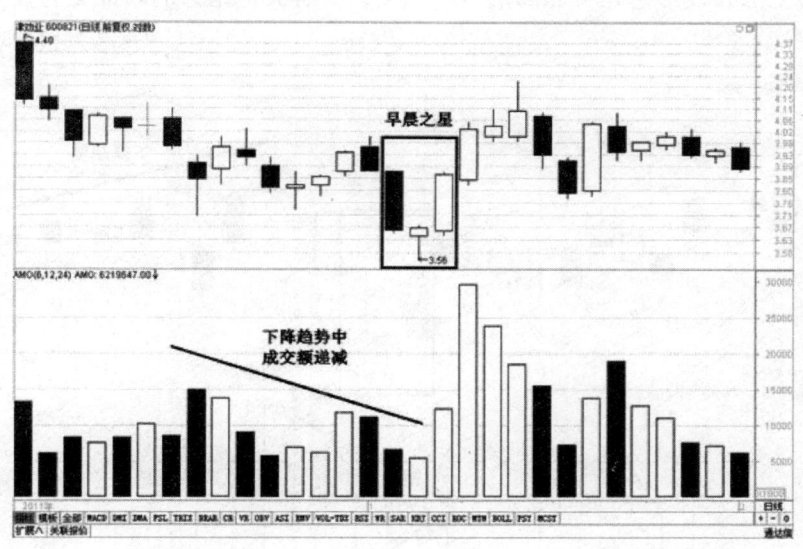

图7-6　观察成交额或成交量

下一步就是看成交额，"早晨之星"之前股价趋势一直向下，并且成交额也随趋势逐渐递减，随时有反转的可能，但还需要其他指标的印证。（如图7-6所示）

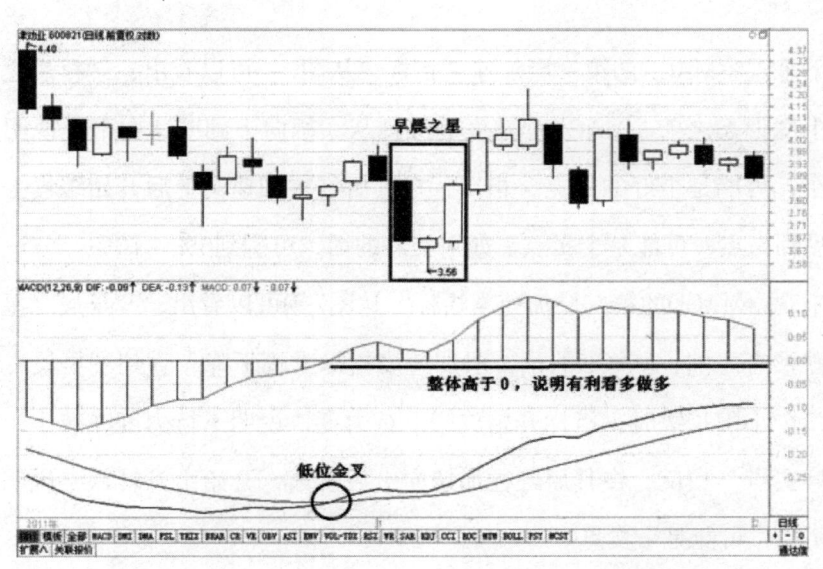

图7-7　分析MACD指标

接下来观察MACD指标，从图7-7可以看到，在"早晨之星"K线反转上涨形态之前，MACD的黄白两线已在低位发生过金叉看涨信号，说明这次的"早晨之星"反转上涨K线形态是可靠的信号。当然，要有其他指标的印证更为妥当。

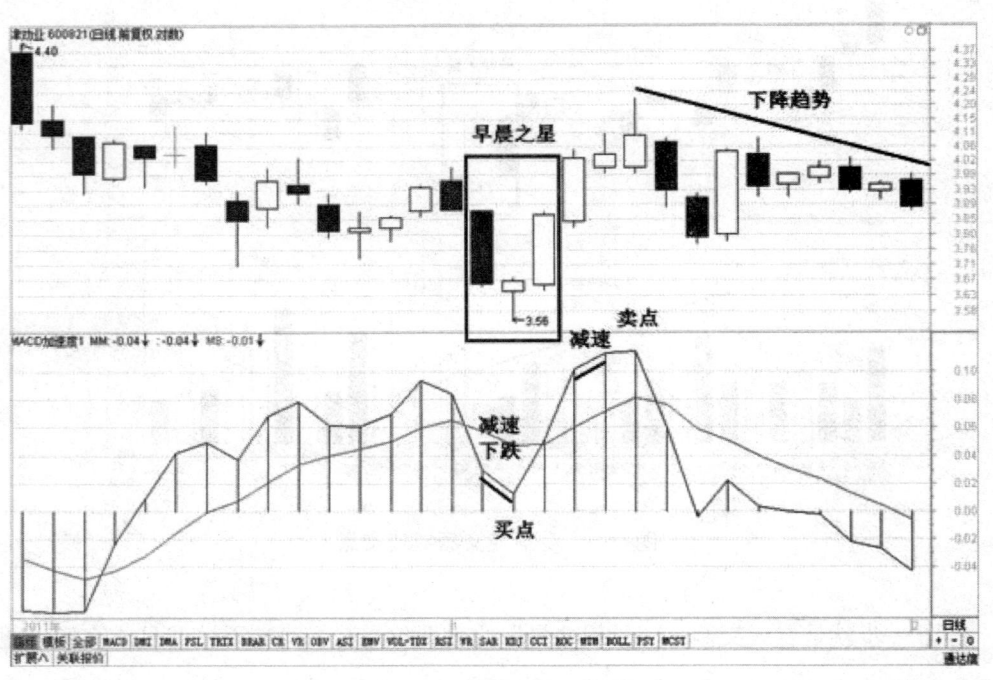

图7-8　分析MACD第一层加速度指标

接下来观察MACD的第一层加速度指标，从图7-8可以看出，"早晨之星"K线反转上涨形态之前，MACD加速度的红柱从大幅向下到减速向下，说明下行力度在减小，可能是个好的买点。相反，在其后红柱加速向上后开始缓慢上升，说明短期见到高点，可能是个卖点。如果交易的话，可赚到6%～10%。

再来观察MACD的第二层加速度指标，从图7-9可以看出，"早晨之星"K线反转上涨形态之前，MACD的第二层加速度指标大幅下降，直到"早晨之星"形态的第二个小阳K线时，指标开始放缓下行力度，说明下行力度在减小，较有可能是个好买点。相反，在其后红柱加速向上后不久，开始由升转跌，说明短期上涨遇到阻力，可能是个卖点。

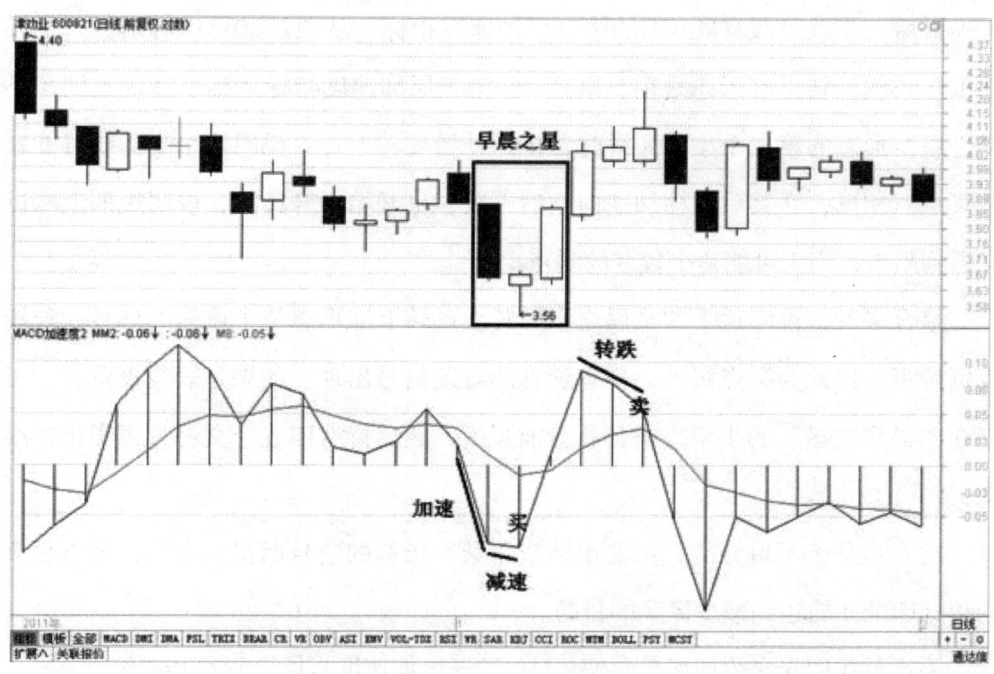

图7-9　分析MACD第二层加速度指标

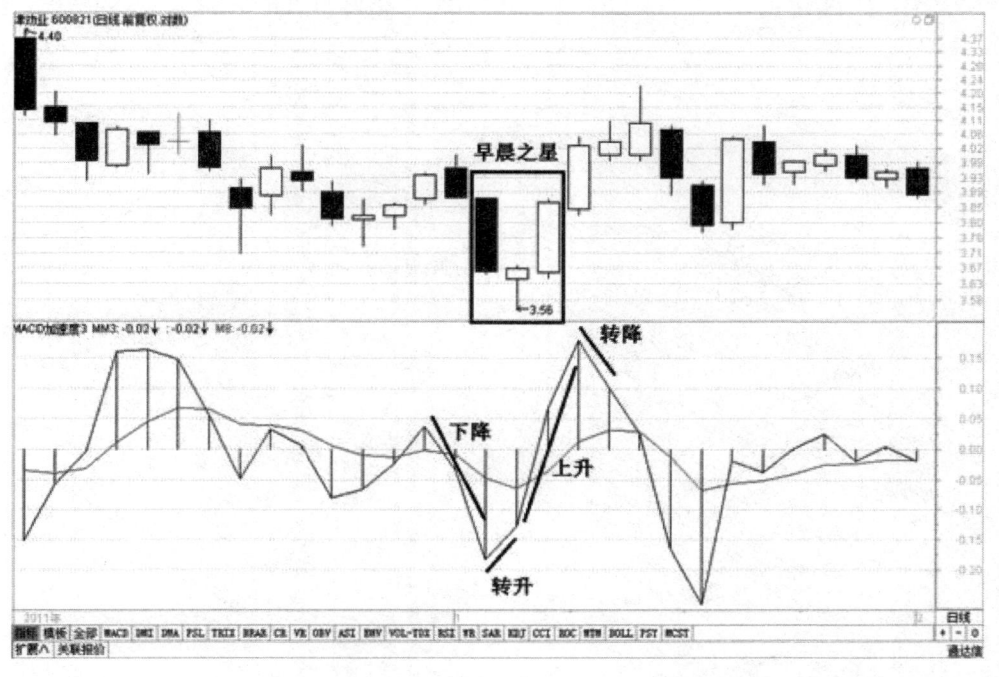

图7-10　分析MACD第三层加速度指标

最后一步就是观察MACD的第三层加速度指标，从图7-10可以看出，"早晨之星"K线反转上涨形态之前，MACD的第三层加速度指标大幅下降，直到"早晨之星"形态的第二个小阳K线时，指标开始反转上行，说明这个小阳线可能就是买点。相反，在其后红柱加速向上后不久，也开始由升转降，说明短期上涨可能遇到阻力，当天可能是个较好的卖点。

综合来看，说明这个"早晨之星"K线反转上涨形态是个可靠的信号，长线投资者可以以此为买点买入，持有到真的看跌信号出现。如果是短线投资者，可以在"早晨之星"的小阳线当日收盘前买入，然后持有四五个交易日再卖出，小赚5%～10%。

这六步是密不可分的，不能单独依靠某个指标的信号而买入卖出，要有更多的指标印证才能达到减少风险的目的。

第八章我们先介绍如何单独使用MACD三个加速度指标获利及其案例。

第九章我们就用大量的实例来详解这一系列指标的综合应用案例。

第八章

单独使用MACD加速度指标获利

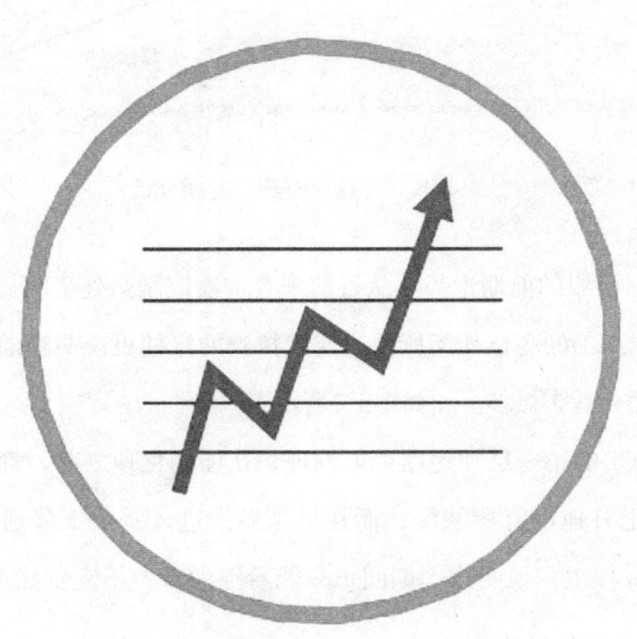

一、加速度指标案例一——嘉应制药（002198）

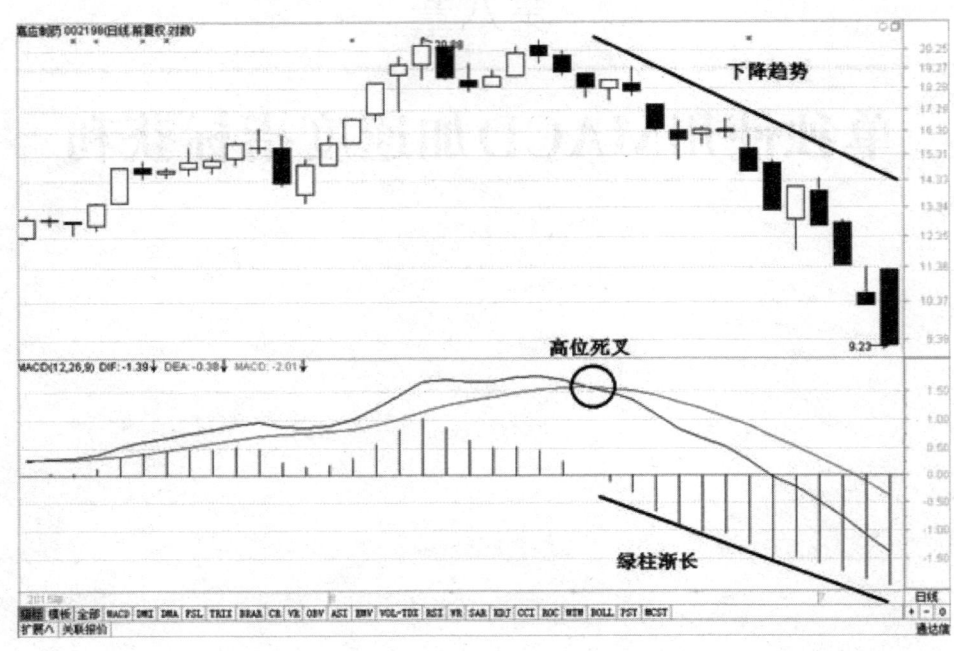

图8-1　嘉应制药　前期分析

首先观察该股的前期走势。从目前来看，嘉应制药处于明显的下降趋势中，是由于之前MACD的高位死叉所致，连续拉长的绿柱更说明当前的行情只适合看空做空，不适合看多做多。（如图8-1所示）

观察MACD的第一层加速度可以发现，在前期见顶之前，红柱的长度已有所收敛，红柱上升速度有所减缓，而在见顶后，进入一个下降通道中，期间该指标一直处于绿柱中，说明这一期间仍只能看空做看，不宜贸然进场。（如图8-2所示）

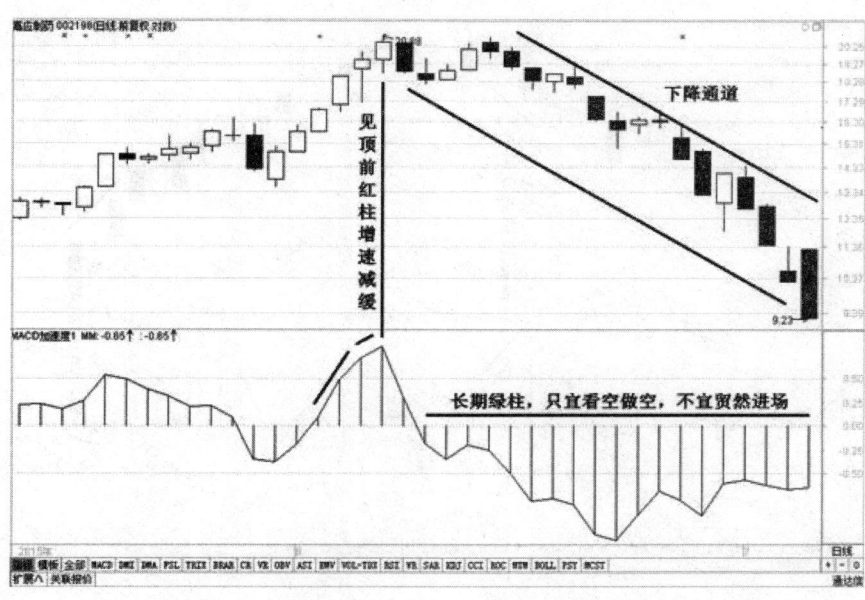

图8-2　嘉应制药　MACD第一层加速度指标

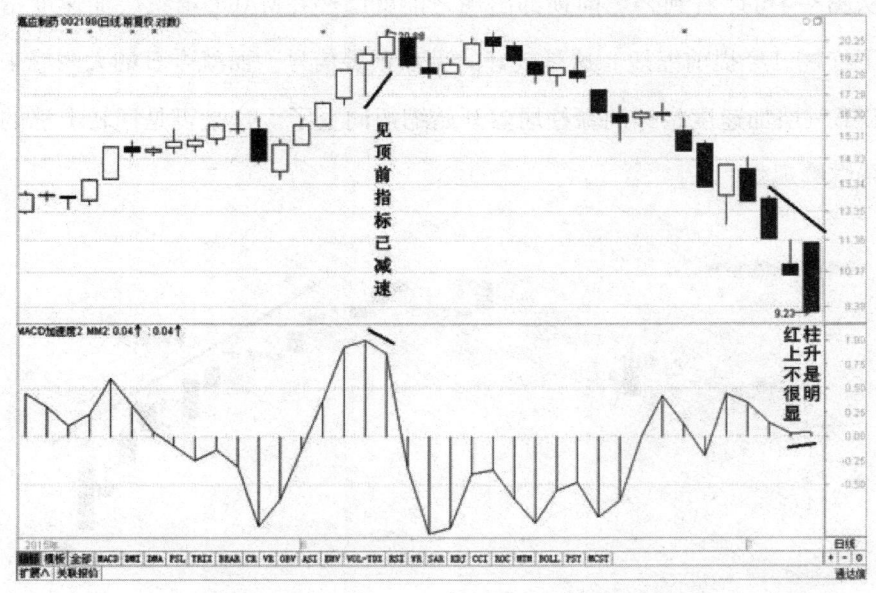

图8-3　嘉应制药　MACD第二层加速度指标

　　与第二层加速度指标类似，也是在见顶之前提前一个交易日给出了红柱下降的见顶预警信号！而后在近几个交易日的行情中，该指标一直是红柱占上风，今日虽然收出一根大阴线，但红柱仍未翻绿，而是略微有些向上的倾向。（如图8-3所示）

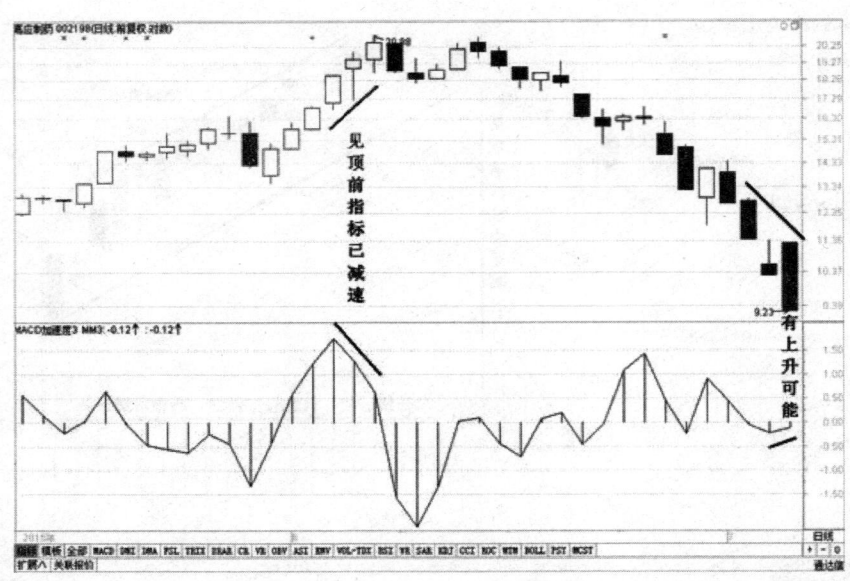

图8-4　嘉应制药　MACD第三层加速度指标

从图8-4可以看到，之前顶部出现之前就已经在MACD第三层加速度指标上看到了红柱已经提前缩短。这是较好的见顶预警信号。而就今日的大阴线来说，MACD第三层加速度指标的绿柱居然开始缩短向上了。这是否是回转上涨的先兆还有待继续观察。

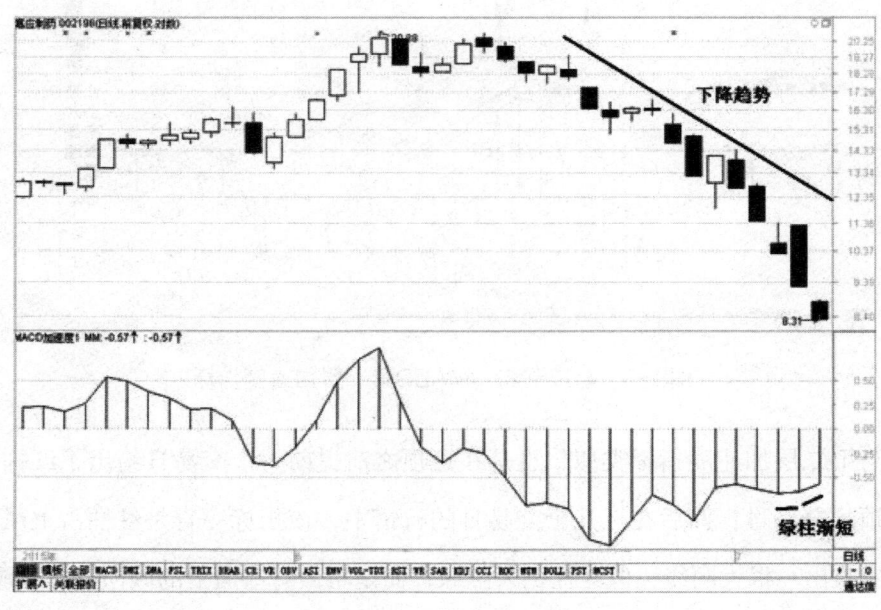

图8-5　嘉应制药　MACD第一层加速度指标

MACD震荡指标入门与技巧

继上一交易日的大阴线之后，嘉应制药在2015年7月7日跳空低开，收一根小阴线，观察MACD的第一层加速度指标可以看到绿柱的长度在加速缩短。（如图8-5所示）

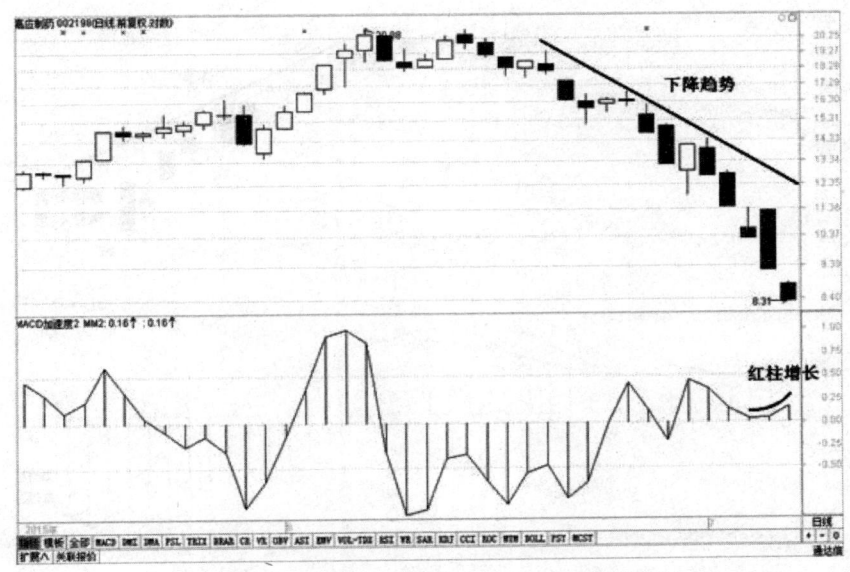

图8-6　嘉应制药　MACD第二层加速度指标

在图8-6中，MACD的第二层加速度指标近来一直是红柱占上风，较上一交易日增长不少，后市有看好倾向，应时刻关注！

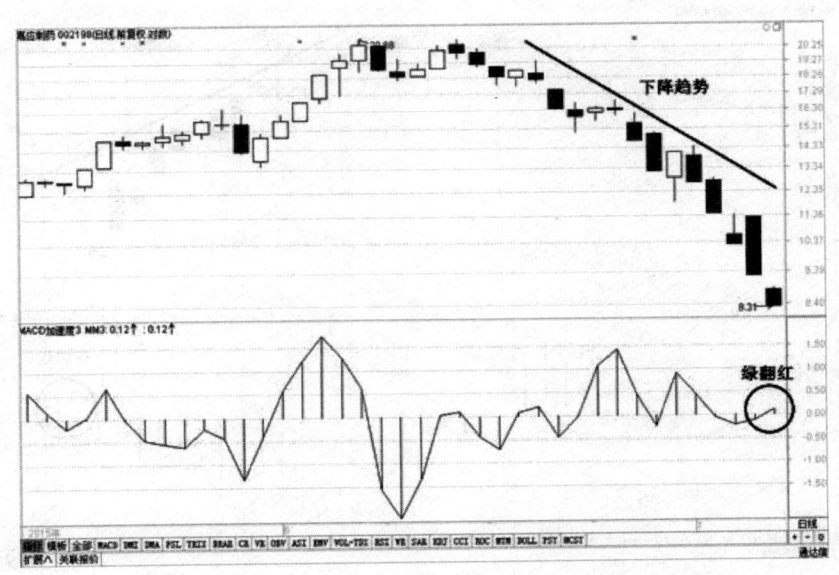

图8-7　嘉应制药　MACD第三层加速度指标

再来观察MACD的第三层加速度指标，7月7日出现"绿翻红"有利看多做多的形态。这提示行情很可能正在酝酿新的上涨行情，应该时刻关注该股。（如图8-7所示）

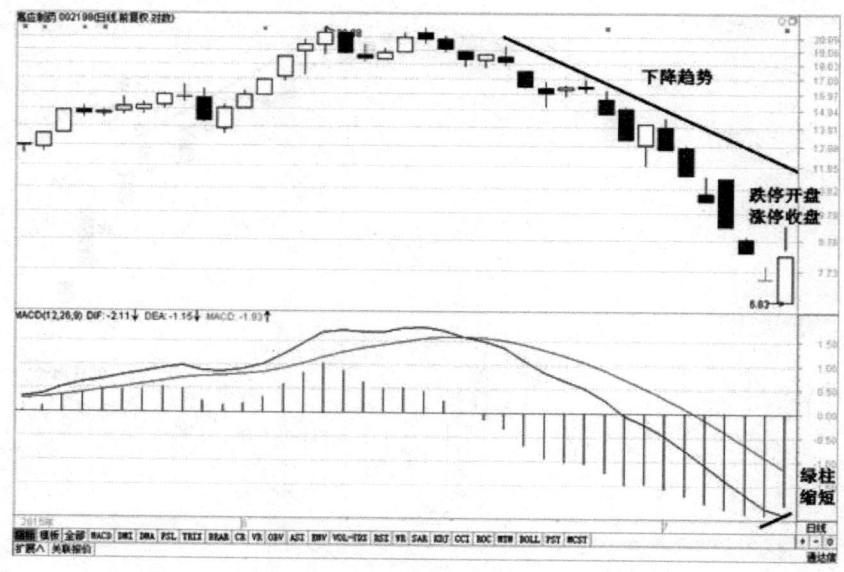

图8-8　嘉应制药　MACD绿柱缩短

7月9日，该股的MACD指标显示绿柱开始缩短，这个信号是很好的短线看多做多信号。而且当日跌停开盘，涨停收盘也显得多方十分强势。（如图8-8所示）

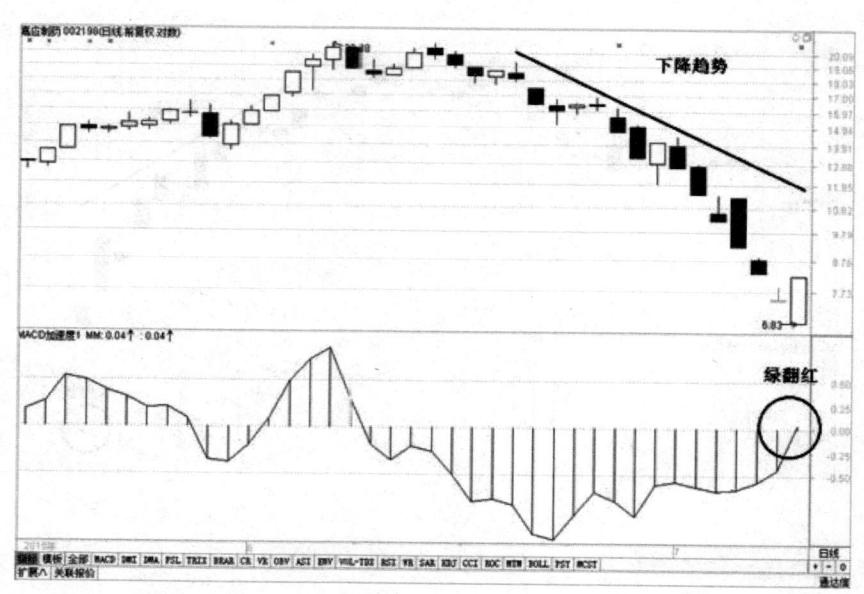

图8-9　嘉应制药　MACD第一层加速度指标

在MACD第一层加速度指标上可以看到出现了"绿翻红"有利看多做多的信号。如果后面两个加速度指标也有利看多做多，那么今日在涨停前就可以买入该股。（如图8-9所示）

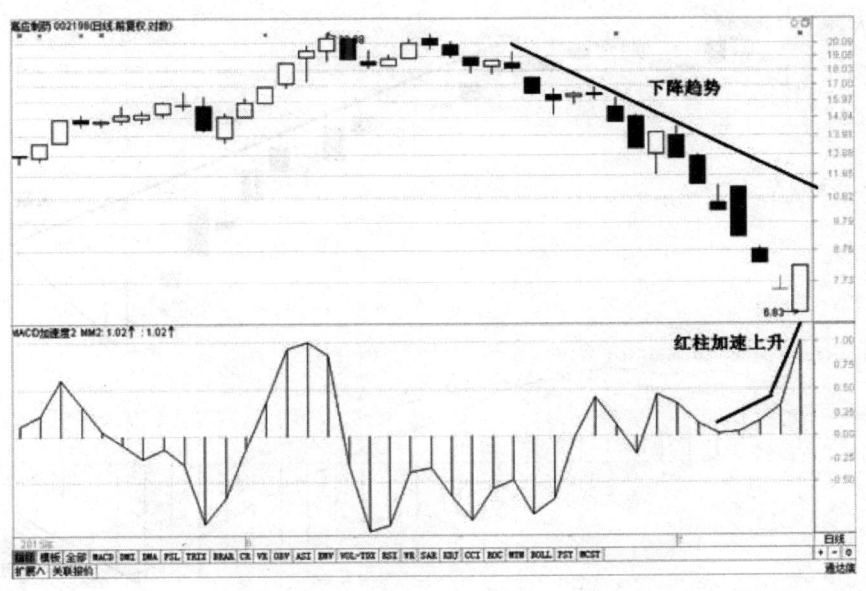

图8-10　嘉应制药　MACD第二层加速度指标

图8-10中的MACD第二层加速度红柱加速上升，确认这是个好的买点！

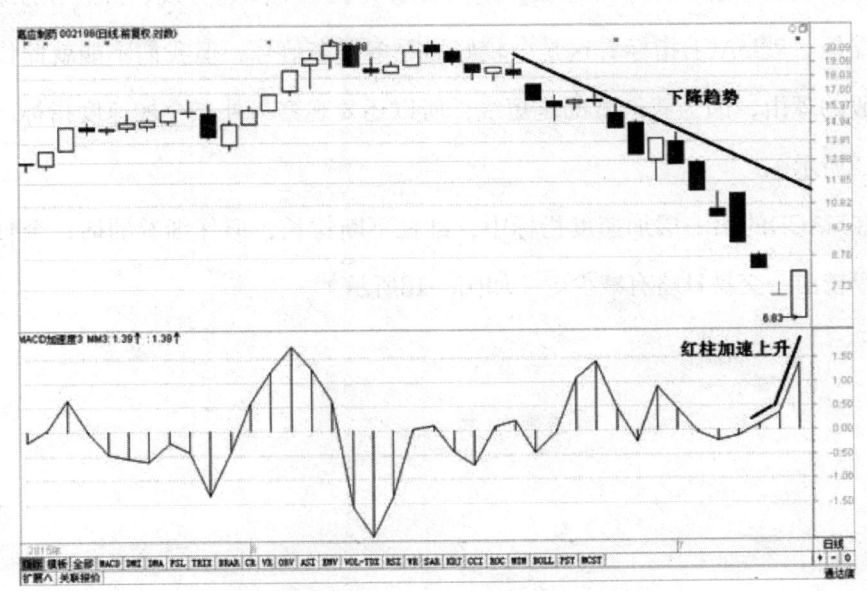

图8-11　嘉应制药　MACD第三层加速度指标

图8-11显示该股在MACD第三层加速度指标的红柱也开始加速上升，联系上面几个指标因素，决定在该日涨停前买入该股。又因为是做短线，所以只要有某一两个加速度指标出现不利于看多做多的形态时，就应该卖出获利。

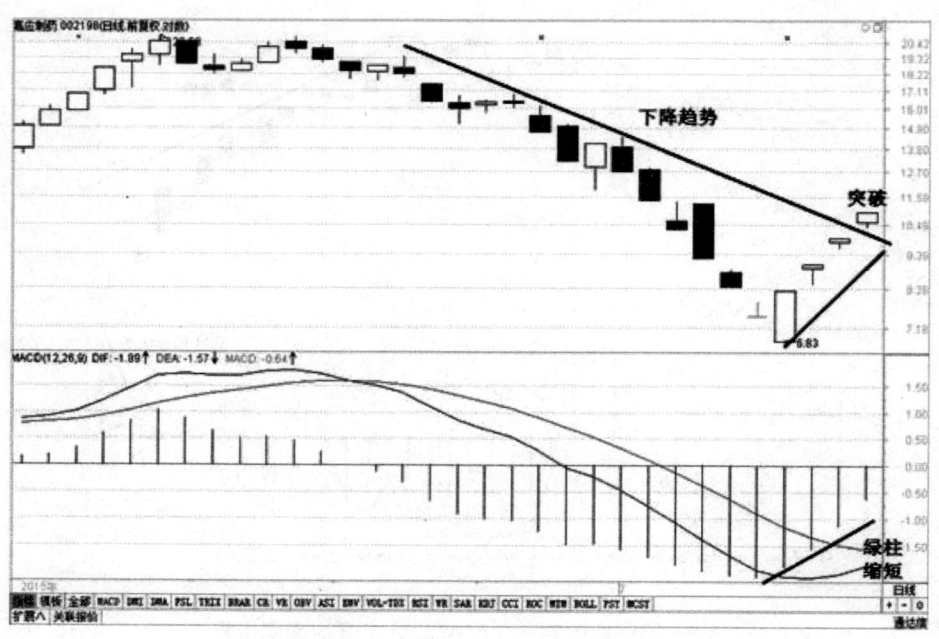

图8-12　嘉应制药　MACD指标分析

在买入后，连收三个涨停板，期间带量突破了下降趋势线，MACD的绿柱在不断缩短，就MACD指标看这是个较好的看多做多信号，但我们不能就此作为继续持股的理由，因为我们做的是短线，所以还要观察另外三个加速度指标。（如图8-12所示）

在MACD的第一层加速度指标中，红柱不断拉长，但仔细看的话，今日的红柱涨幅较前一交易日略有减少。（如图8-13所示）

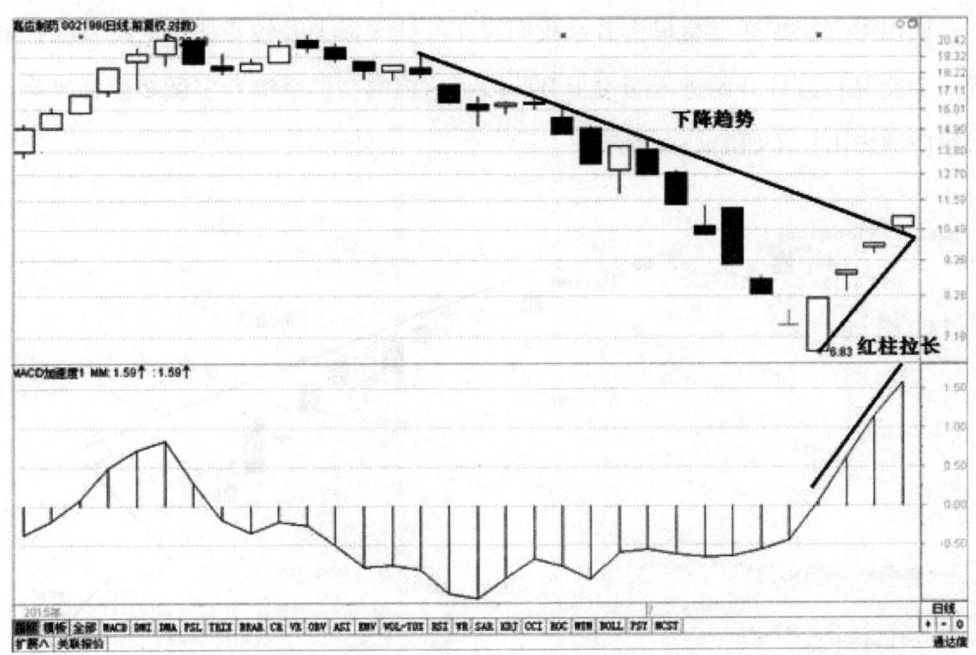

图8-13　嘉应制药　MACD第一层加速度指标

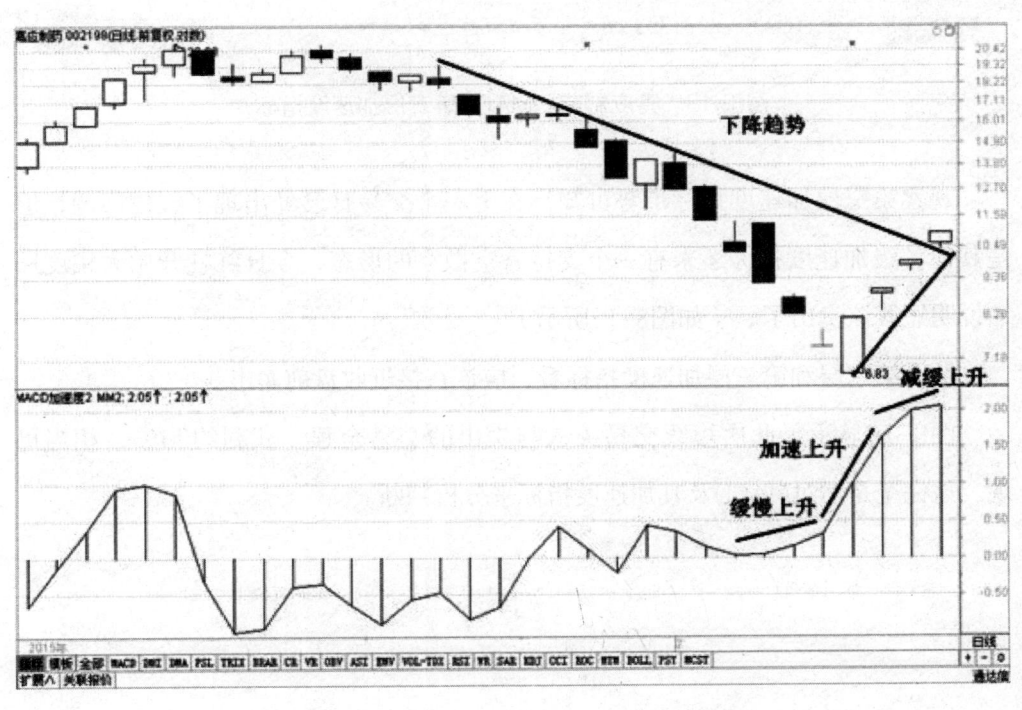

图8-14　嘉应制药　MACD第二层加速度指标

调出第二层加速度指标再看，我们买在红柱缓慢上升转变加速上升阶段，最近一个交易日红柱开始进入缓慢上升阶段，这提醒我们继续看多做多会有风险，短线应该卖出！（如图8-14所示）

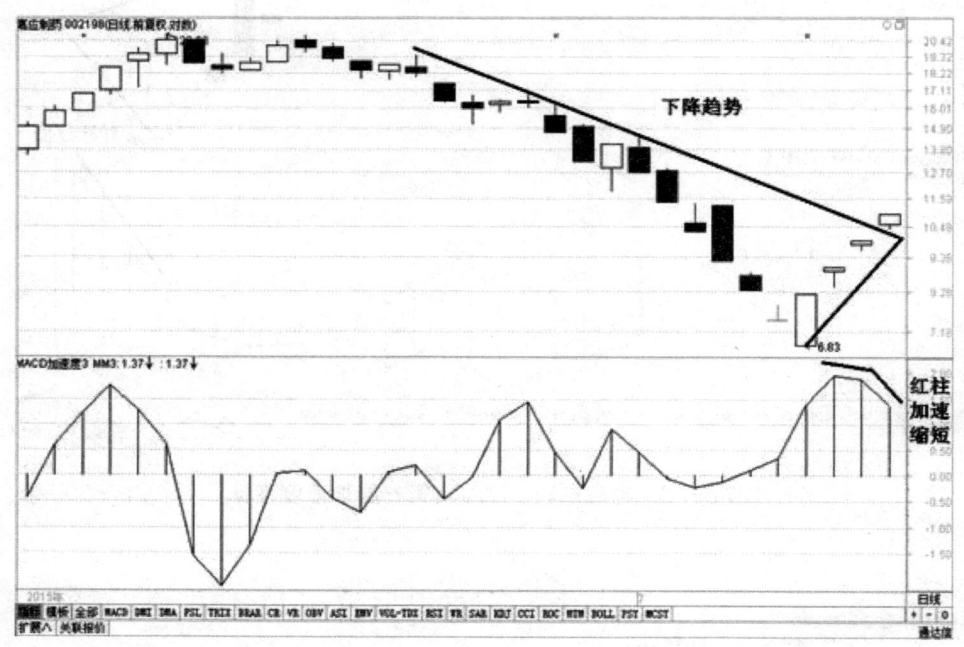

图8-15　嘉应制药　MACD第三层加速度指标

观察第三层加速度指标走势可知，在上一个交易日已经出现了红柱回调，但是其他各级加速度指标还未有一个支持看空做空的形态，今日红柱开始大幅度回缩说明短线该卖出了。（如图8-15所示）

结合第二层和第三层加速度指标看，应该在接近收盘前卖出。

图8-16显示了此次短线交易买入与卖出的交易全程，获利约33%，相当可观。这完全是通过MACD及其加速度指标来分析判断。

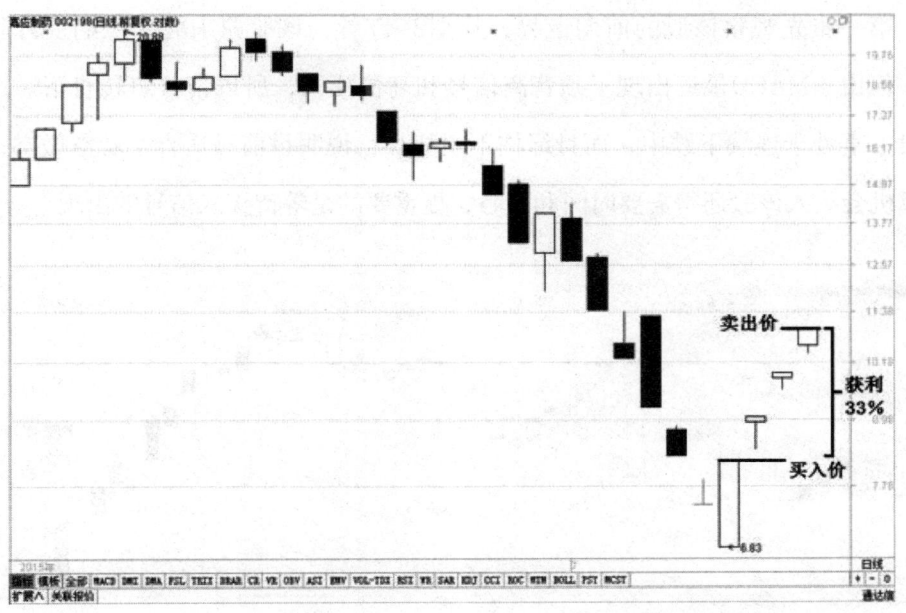

图8-16　嘉应制药　短线获利33%

二、加速度指标案例二——华塑控股（000509）

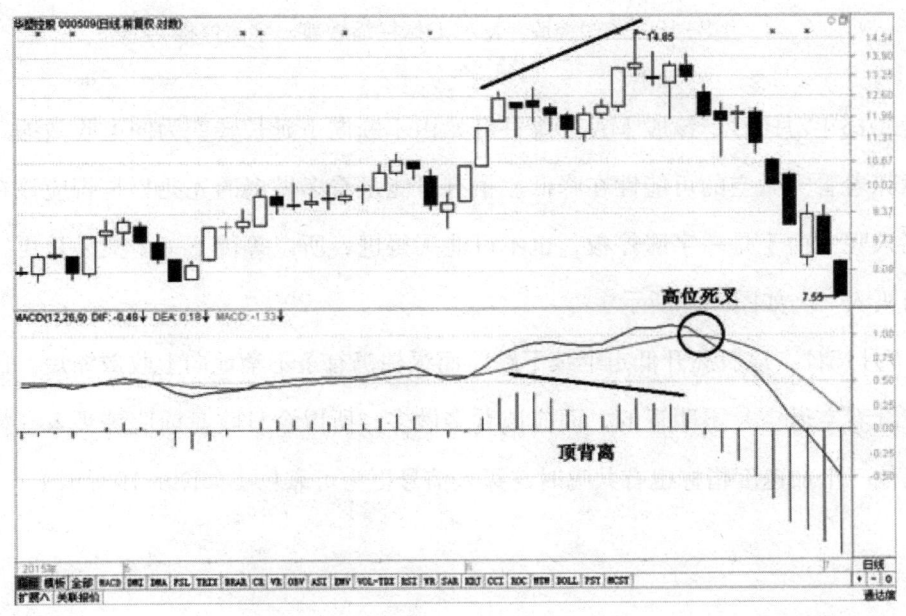

图8-17　华塑控股　前期分析

第一步先观察该股的前期走势，从图8-17看，该股原来处于长期上升趋势中，但由于MACD最近出现了顶背离信号和高位死叉，所以情势急转直下。近期该股一直处于连续下跌中，而且绿柱不断变长，说明目前只适合于看空做空，要想找机会买入该股还得需要时间和耐心，更重要的是等待买入信号的出现。

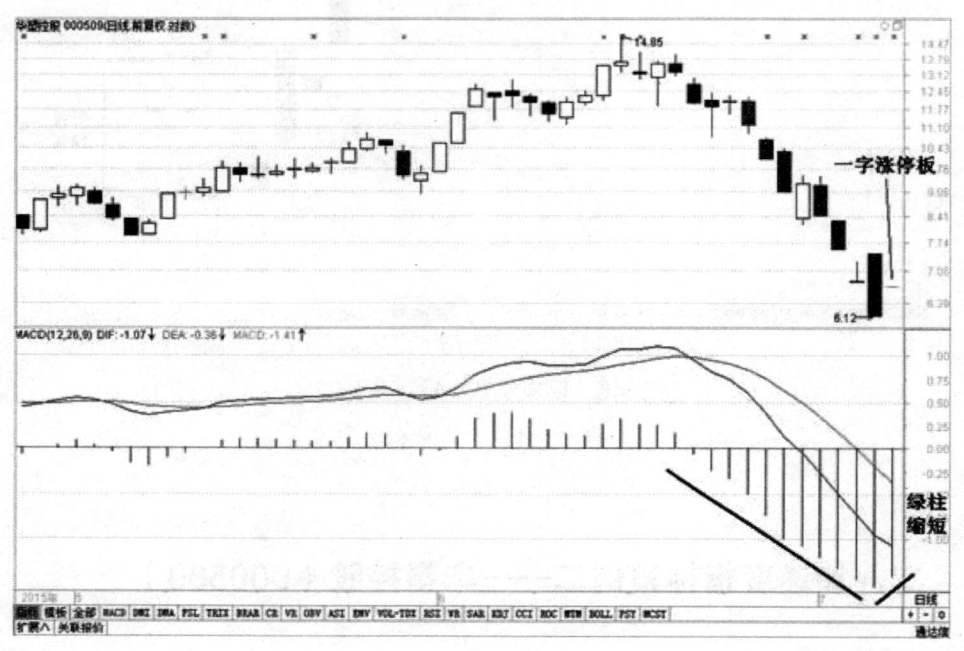

图8-18　华塑控股　MACD绿柱缩短兼一字涨停板

2015年7月6日，该股 MACD绿柱开始由不断向下延长转变为向上收敛缩短，这意味着看空做空的可能性在降低，很有可能是看多做多的先兆！是否应该在此刻买入呢？由于是一字涨停板，也不可能买得进，所以等待下一个交易日再行确认与买入。（如图8-18所示）

7月15日，该股高开低走继续下跌，而绿柱仍有条不紊地向上收敛缩短，这说明继续看空做空是不明智的，而应该看多做多。所以今日收盘前应该买入，特别是其他三个加速度指标也有共鸣时，买入信号更为可靠！（如图8-19所示）

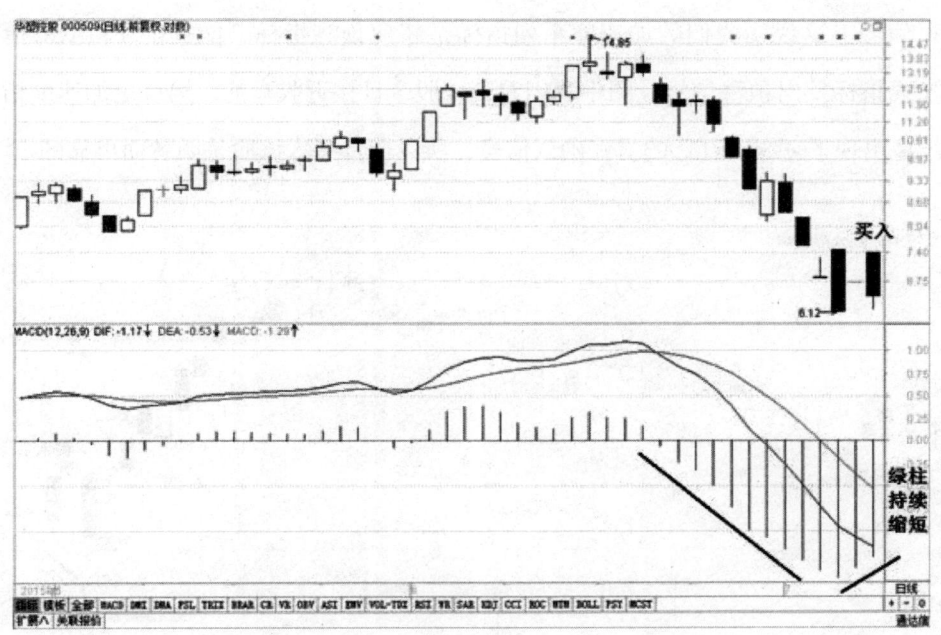

图8-19　华塑控股　MACD绿柱继续缩短

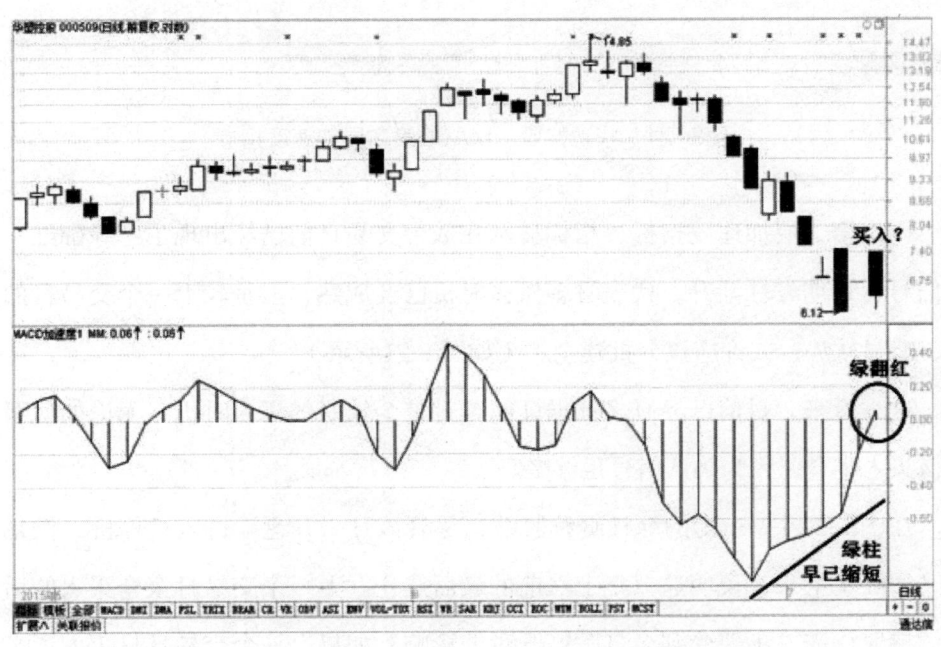

图8-20　华塑控股　MACD第一层加速度指标

从图8-20可以看到，之前的MACD第三层加速度指标的绿柱已经提前出现了

缩短信号，这说明我们的加速度系列指标是超前预测指标，能提前于MACD指标和K线指标发出预警信号。图中我们看到该股今日接近收盘前，第一层加速度指标线已经出现了"绿翻红"的看涨确认信号，所以今日买入该股是明智而可靠的。

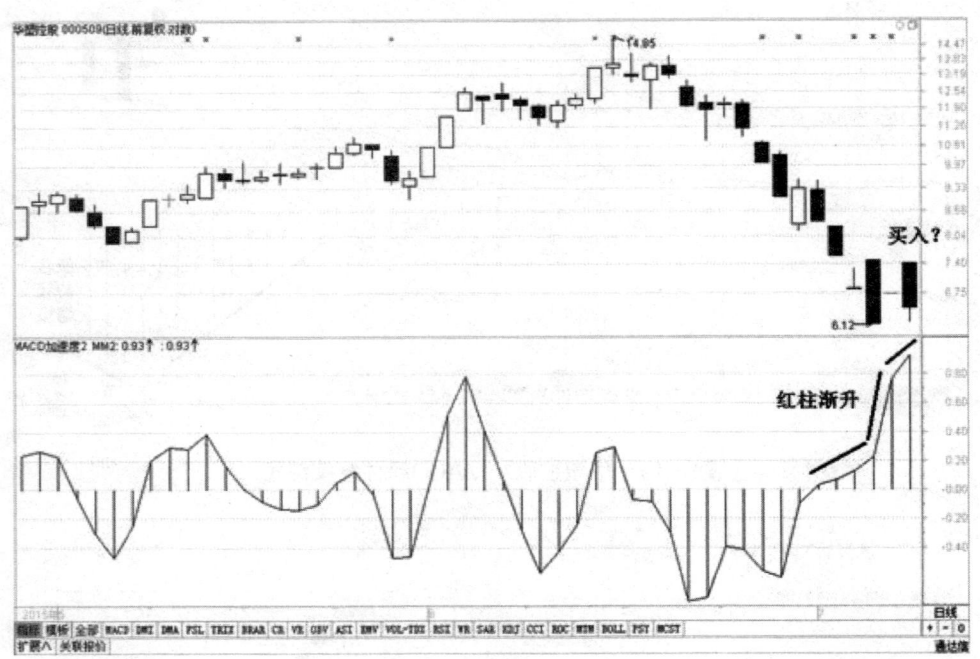

图8-21　华塑控股　MACD第二层加速度指标

　　调出第二层加速度指标，指标显示在数个交易日前已经出现了"绿翻红"预警信号，近期红柱渐升，代表看多做多时机已经成熟，但是较上一个交易日的红柱，略显软势，或许应该分批建仓。（如图8-21所示）

　　这么看来，目前已经有多证据证明今日是个较好的买入时机，无论如何至少应该买入半仓，因为确认信号足够多。

　　在图8-22中MACD的绿柱继续收缩，尽管该日一开盘就进入跌停价，但是马上又回涨了上来，说明这只是上涨前的最后震仓。上一个交易日全仓买入的话，继续持股待涨，不要受到今日跌停开盘的影响，如果上一个交易日只买入了半仓的话，今日跌停价开盘是个不错的加仓机会，就算赶不及，也可以在收盘前买入，也比上一个交易日的成本价低些。

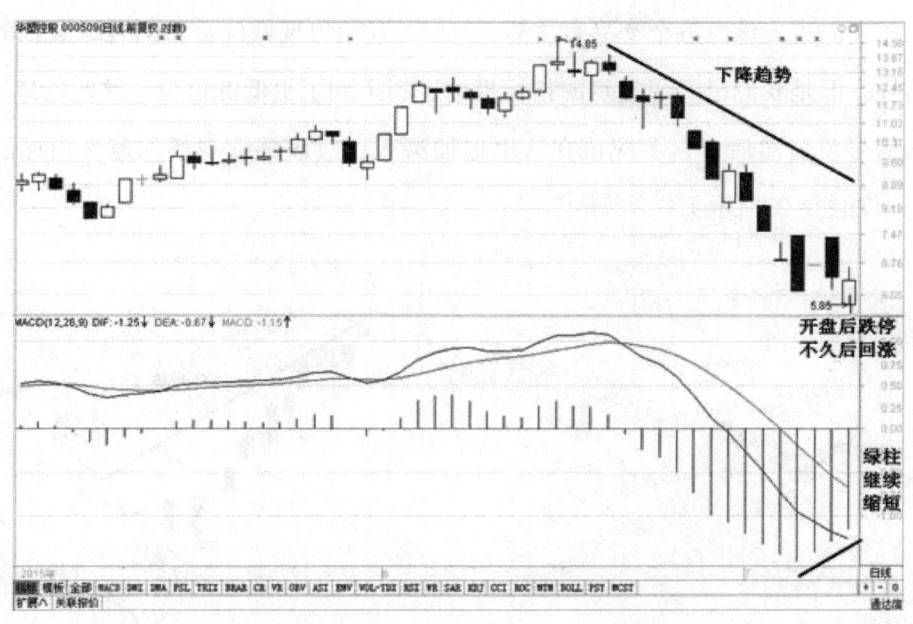

图8-22　华塑控股　MACD绿柱继续收缩

上个交易日的买入成本价约为6.43元。

两个交易日收盘各半仓成本价约为6.4元。

今日能买到跌停价则两个交易日成本为6.14元。

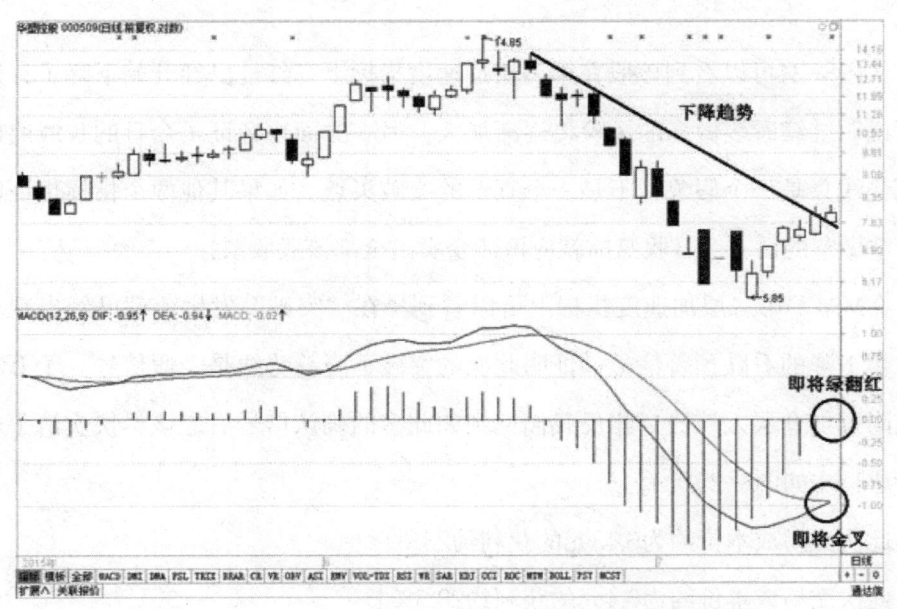

图8-23　华塑控股　MACD滞后的看涨信号

在我们买入该股五个交易日之后，MACD开始出现低位金叉同时绿翻红的看涨信号。但是我们已经通过别的指标提前进场买到了更低的价位，这时的MACD看涨信号就显滞后了，不应该在这里追加买入，应该继续观察加速度指标的动向！（如图8-23所示）

图8-24　华塑控股　MACD第一层加速度指标

从图8-24可以看到该股在第一层加速度指标下，红柱已经开始下降了，这一方面说明继续看多做多的风险将逐渐加大，另一方面也旁证了今日的K线突破下降趋势线只是一个假象，不是一个真正的突破买点。如果其他两个指标也证明应该看空做空的话，今日收盘前就应该清仓卖出全部该股股票！

在MACD第二层加速度指标上可以看到早在"突破"发生前就已经出现了红柱大幅下降的看跌预警信号，证明此次的突破下降趋势线是个假信号。千万不能在这附近加仓买入该股！相反我们见到如此多的确认信号后应该尽快卖清手中该股股票！（如图8-25所示）

此次交易成本价约为6.43元的获利约23％！

此次交易成本价约为6.4元的获利约23.5％！

此次交易成本价约为6.14元的获利约28.8％！

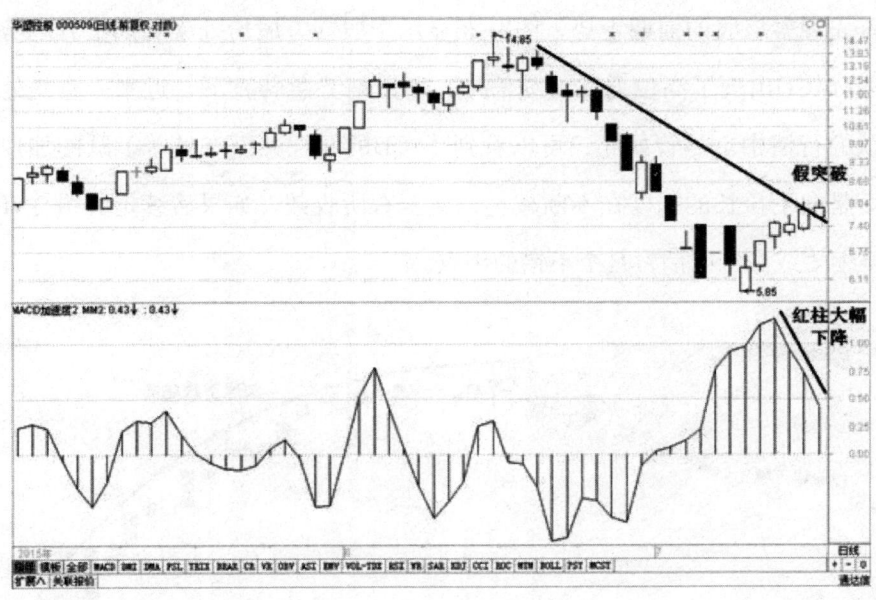

图8-25　华塑控股　MACD第二层加速度指标

三、加速度指标案例三——同方股份（600100）

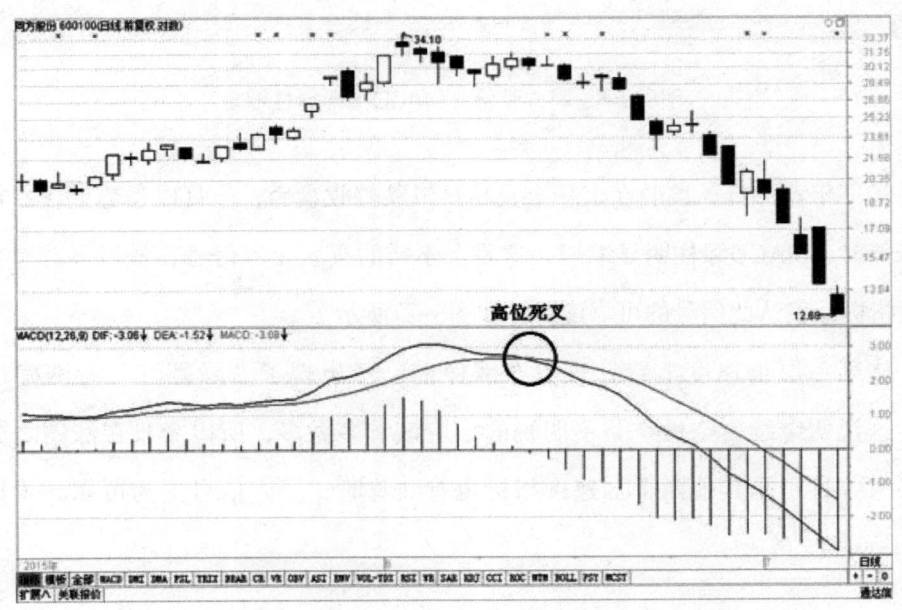

图8-26　同方股份　前期分析

首先观察该股的前期走势，图8-26显示个股同方股份处于长期上升趋势中，但近期MACD出现了高位死叉看跌信号，所以情势急转直下，近来一直是处于加速下跌的行情中。尽管如此，可以看到MACD的绿柱并没有随着下跌的加速而变长，而是向下拉长的幅度在不断减小，甚至有所收敛。如果后续走势绿柱开始收敛甚至缩短或翻红的话，是个不错的买点。

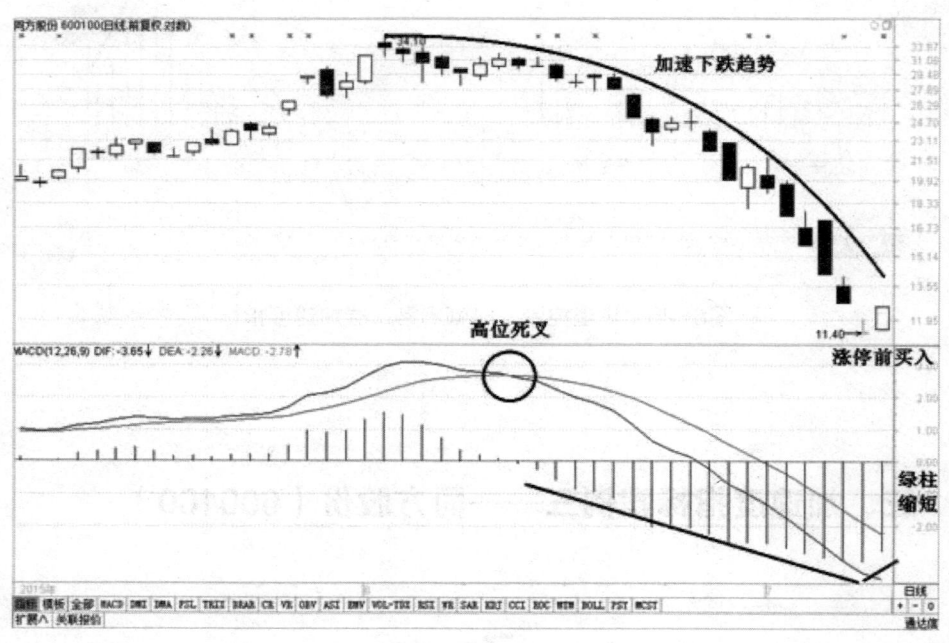

图8-27　同方股份　MACD指标绿柱缩短

2015年7月9日，该股在上一个交易日以跌停收盘后，今日以强势上攻，在接近涨停时，MACD绿柱明显缩短，这是个不错的买入参考信号，最后再看三个加速度指标，确认此信号的可靠度。（如图8-27所示）

从第一层加速度上看，该股在涨停前已经出现了"绿翻红"看涨确认信号。这说明继续看空做空是不明智的，应该看多做多，所以今日在涨停之前应该买入，特别是其他两个加速度指标也有共鸣时，买入信号更为可靠。（如图8-28所示）

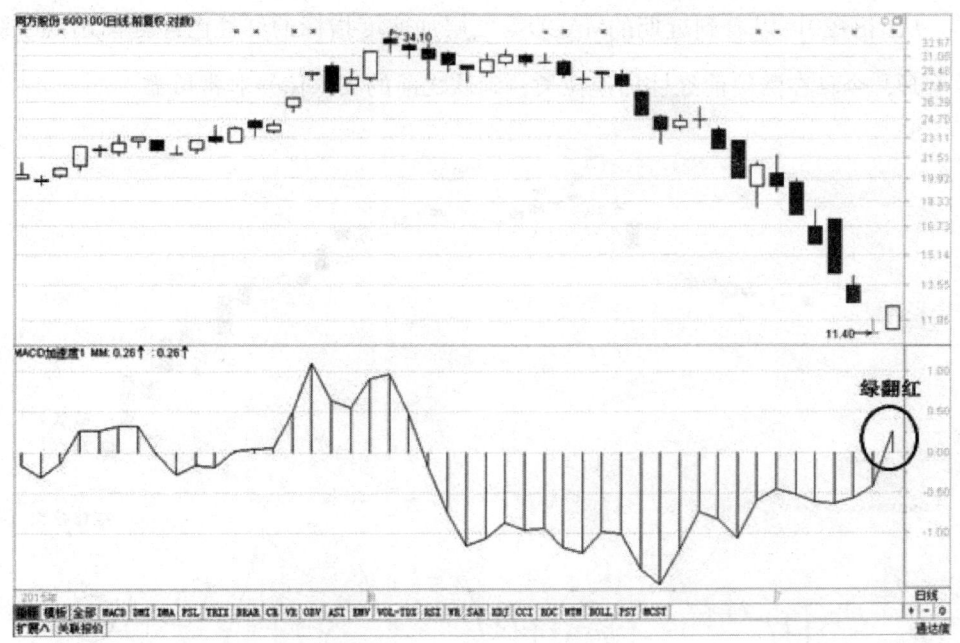

图8-28　同方股份　MACD第一层加速度指标

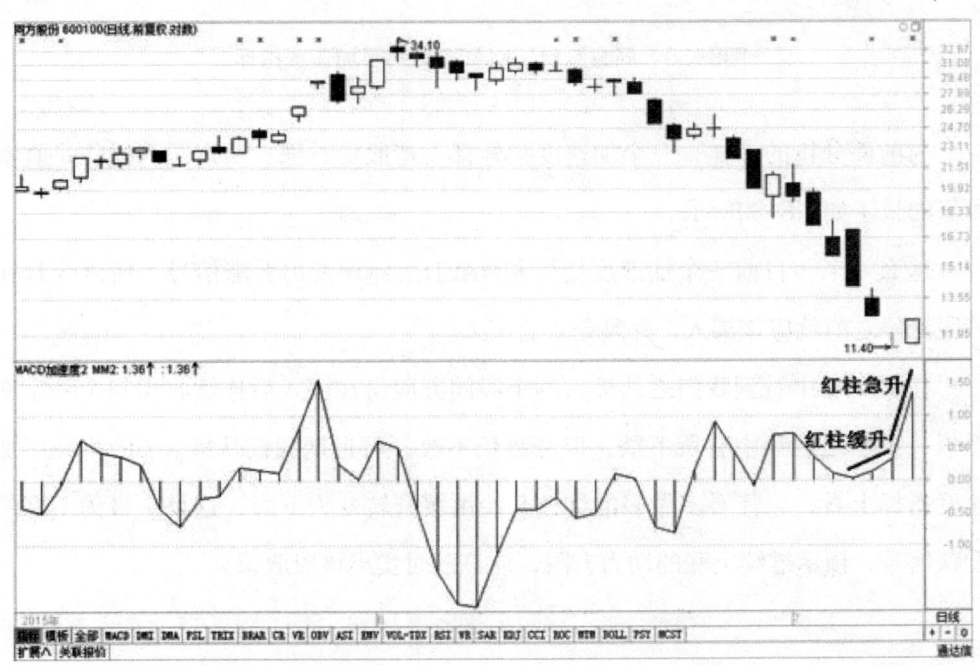

图8-29　同方股份　MACD第二层加速度指标

从图8-29可以看到近期的MACD第二层加速度指标的红柱已经提前出现了缓慢上升，今日在涨停前红柱加速拉长，确认之前的买入信号非常可靠。

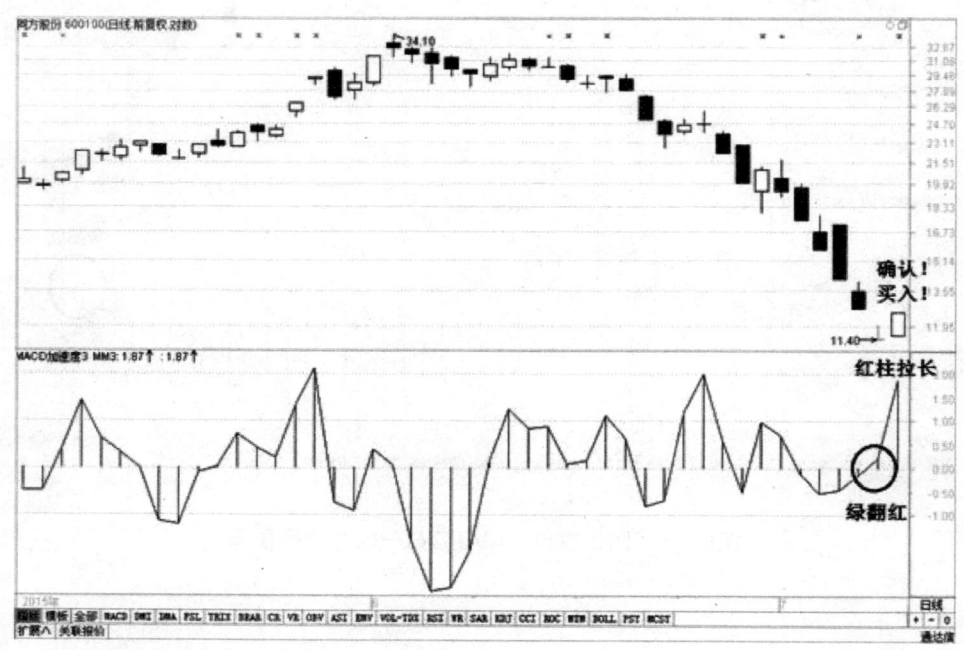

图8-30　同方股份　MACD第三层加速度指标

与前面分析的一样，三个加速度指标都支持股价看涨，所以买入操作是真实可靠的！（如图8-30所示）

这么一来，目前三个加速度指标和MACD指标均发出看涨信号，所以今日在该股涨停之前就应该买入，并且是重仓买入。

在图8-31中看到我们之前买入的个股同方股份在买入后连续收出三个一字涨停板，虽然之后盘中有所下跌，但涨势仍不改。可近期我们从MACD的第一层加速度指标上看，象征看多做多的红柱开始由缓升转变为下降，这是个极为不好的看跌信号，预示继续上涨的动力有限，应该随时卖出该股股票。

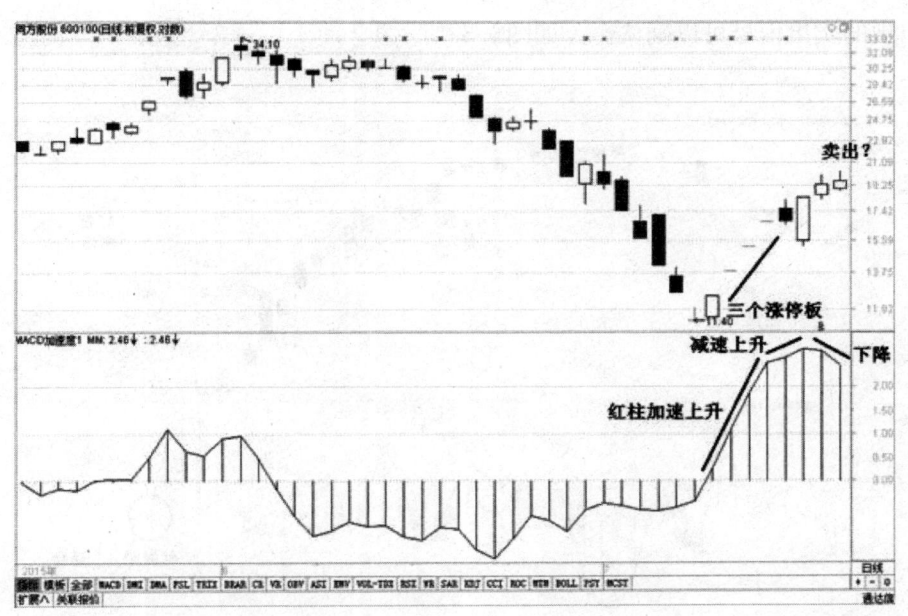

图8-31 同方股份 MACD第一层加速度指标

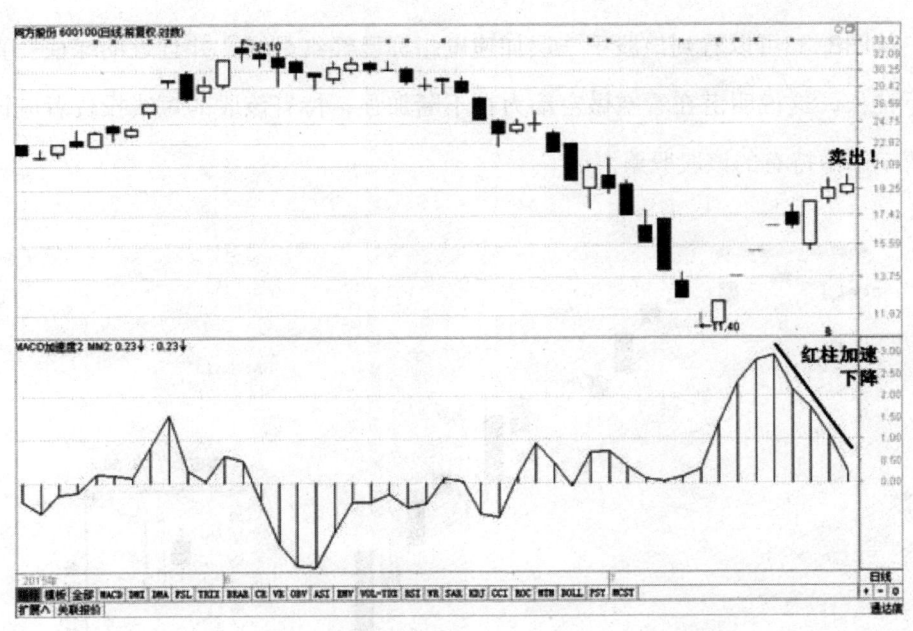

图8-32 同方股份 MACD第二层加速度指标

就在连续三个涨停板之后，第二层加速度指标就出现了红柱加速下滑的趋势，这说明上涨的动力早已出现疲态，短期内是不会再向上了，所以第一层加速

度出现的卖出信号可以确认。（如图8-32所示）

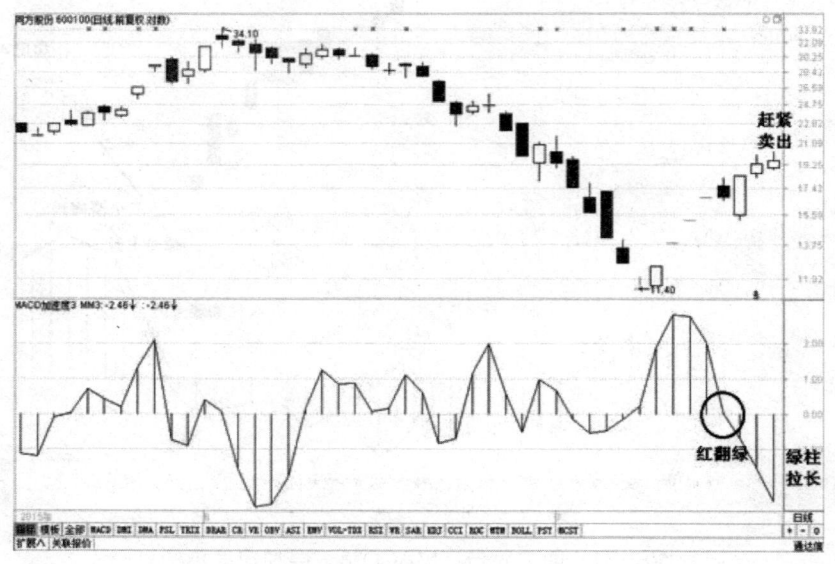

图8-33　同方股份　MACD第三层加速度指标

从图8-33可以看到该股第三层加速度指标已经红翻绿，并且近期绿柱一直在向下拉长，这说明潜在看空做空动力在不断加强，持有该股的短线投资者应该尽快清空手中持有的该股股票。

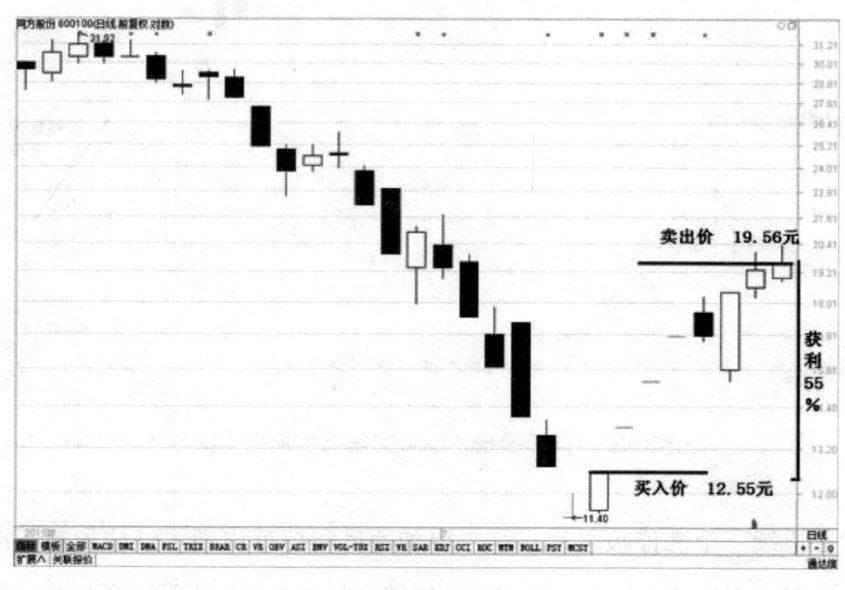

图8-34　同方股份　交易全程

本次交易买在12.55元，卖在19.56元，整体交易忽略手续费、佣金等，直接获利足足有55%，而耗时也仅仅七个交易日。（如图8-34所示）

四、加速度指标案例四——东风科技（600081）

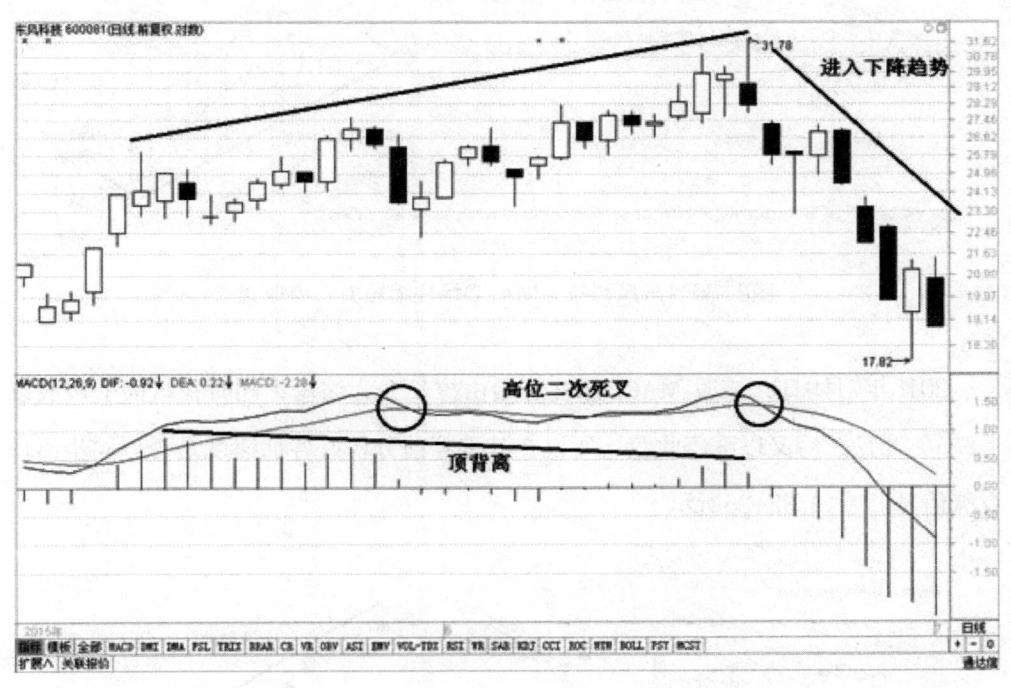

图8-35　东风科技　前期分析

先观察图8-35的走势，东风科技前期一直处于上升行情中，但是MACD的红柱却不断走出更低的高峰。这就是"MACD红柱的顶背离"信号，是反转下跌的信号之一。另外加上高位二次死叉的看跌信号，所以近期出现了明显的下降趋势，MACD绿柱也逐渐拉长，说明不再适合看多做多，而是更利于看空做空，继续观察等待新的可靠买入信号出现。

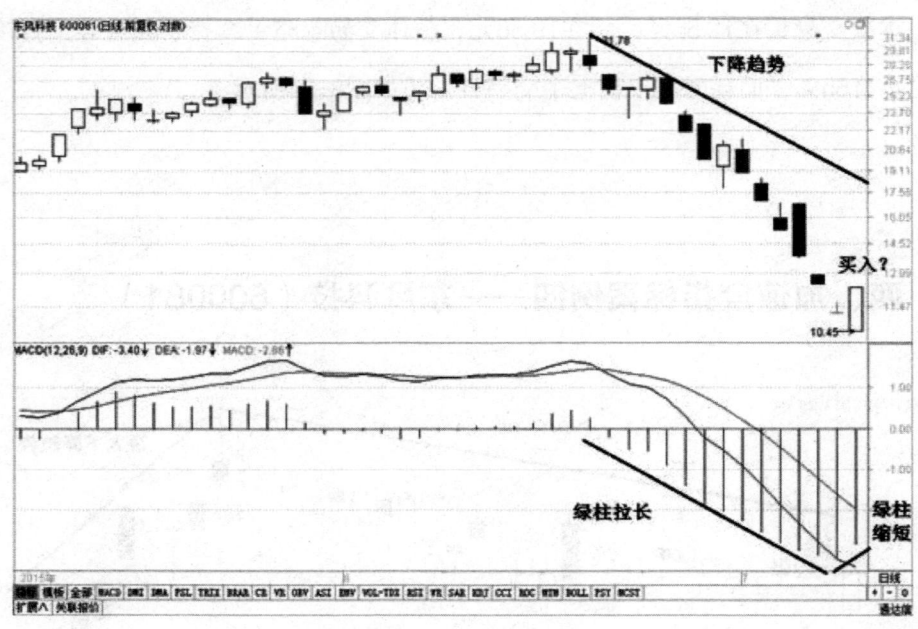

图8-36　东风科技　MACD绿柱缩短并涨停收盘

2015年7月9日，该股 MACD绿柱开始由拉长变为缩短，同时在盘面上该股以下跌5％开盘，后又以涨停收盘，所以在其涨停前分析好各加速度是否也同步出现看涨信号。（如图8-36所示）

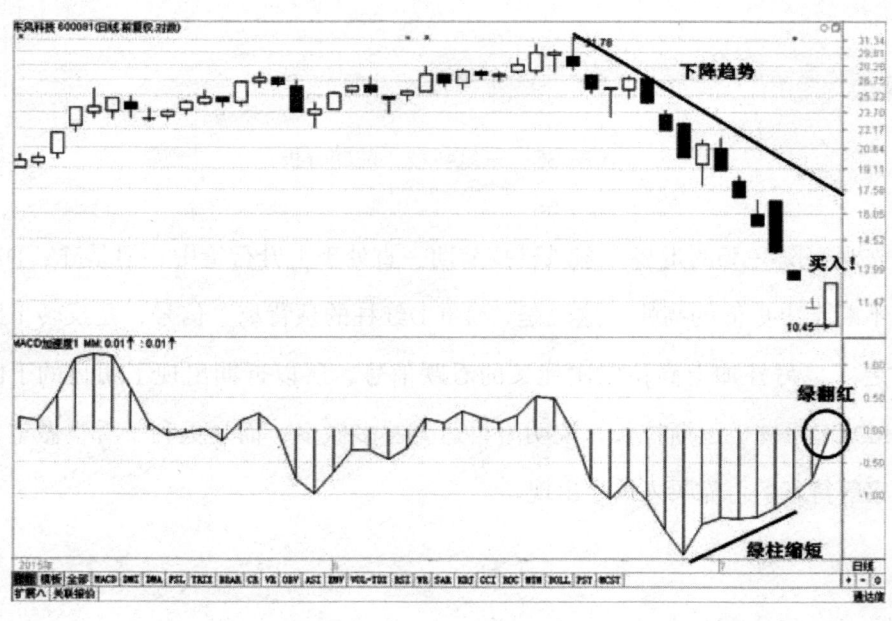

图8-37　东风科技　MACD第一层加速度指标

从图8-37可看到之前的MACD第一层加速度指标的绿柱已经提前出现了缩短信号，这说明加速度系列指标是超前预测指标，能提前于MACD指标和K线指标发出预警信号！图中可以看到该股今日接近收盘前，第一层加速度指标线已经出现了"绿翻红"的看涨确认信号，所以今日买入该股是明智而且较为可靠的。

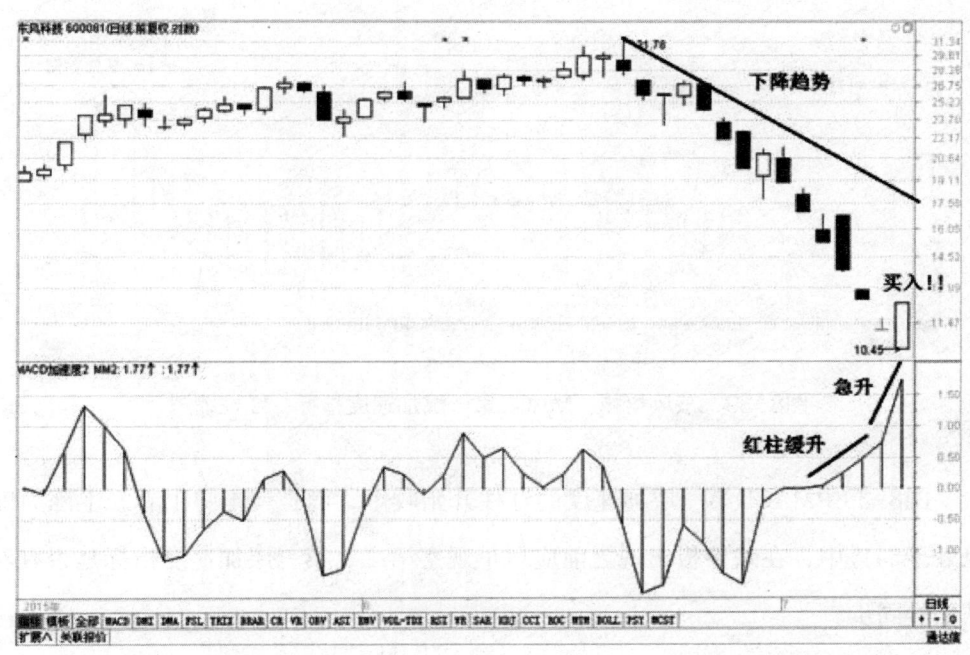

图8-38　东风科技　MACD第二层加速度指标

图8-38显示的是该股的第二层加速度指标，指标也是在数个交易日前已经出现了"绿翻红"的预警上涨信号，近期红柱急升，代表看多做多时机已经成熟，与第一层加速度和MACD指标相同步，都是一致看涨，共同支持买入。

这么看来，目前已经有多证据证明今日是个较好的买入时机，不论第三层加速度指标是否也支持这一观点，已经足以据此进行买入操作，胜算很大！投资者应尽快在涨停前买入该股，成交价约略低于或等于12.32元。

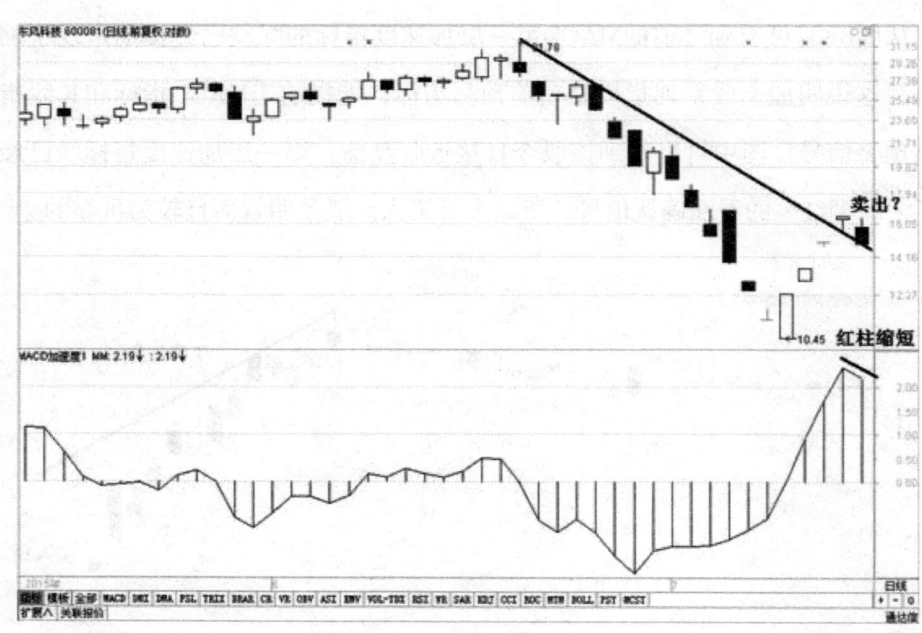

图8-39　东风科技　MACD第一层加速度指标　红柱缩短

　　图8-39中MACD第一层加速度的红柱开始收短，而且就走势上看，上涨力度也处于弱势中，在跌停板出现之前应尽早观察第二、第三层加速度指标是否有看跌信号同步。

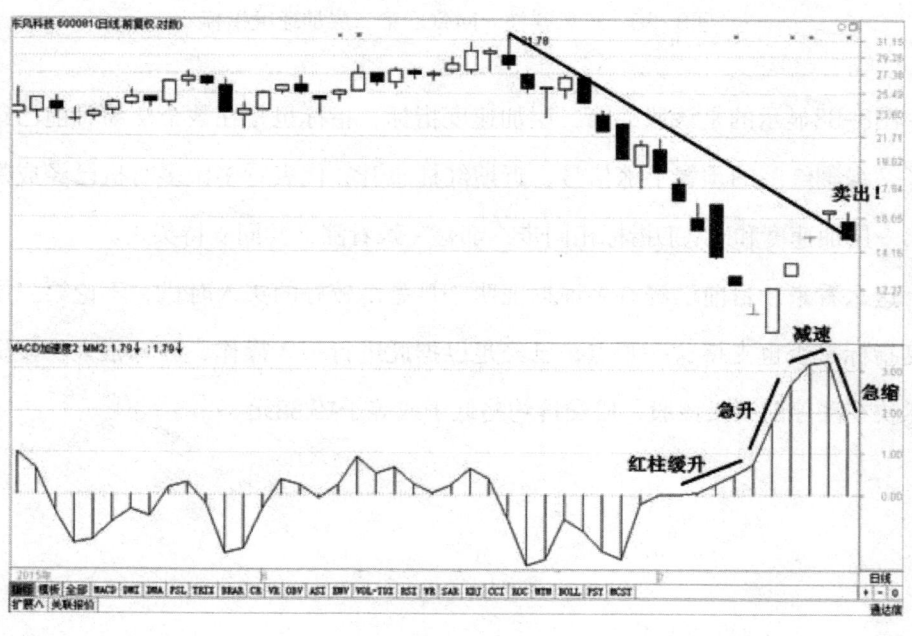

图8-40　东风科技　MACD第二层加速度指标　红柱急缩

第二层加速度的红柱从我们买入前的缓慢上升，到买入时的急升，再到持股时的上升减速，再到今日准备卖出的急速下降，可见这一波行情我们是做对了。（如图8-40所示）

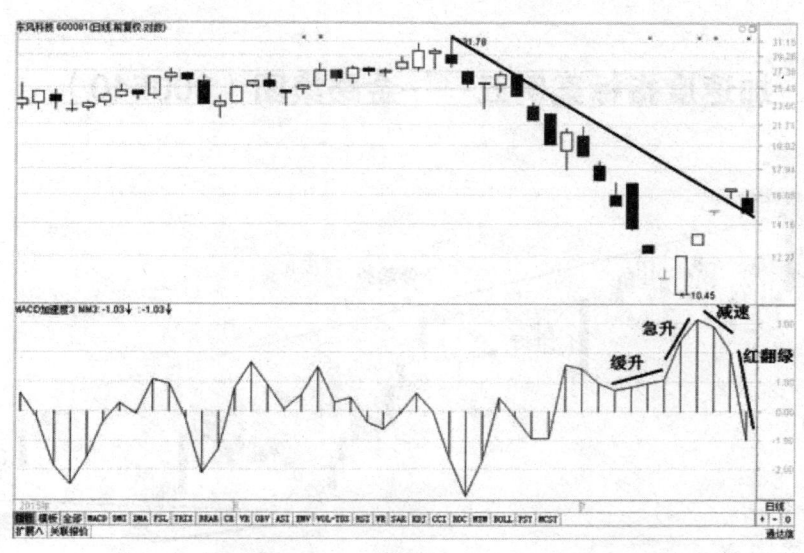

图8-41　东风科技　MACD第三层加速度指标　红翻绿

从图8-41可以看到该股的MACD第三层加速度指标走势与第二层走势相近，与第二层加速度信号同步。这就加大了卖出信号的可靠性，卖出是唯一的选择。

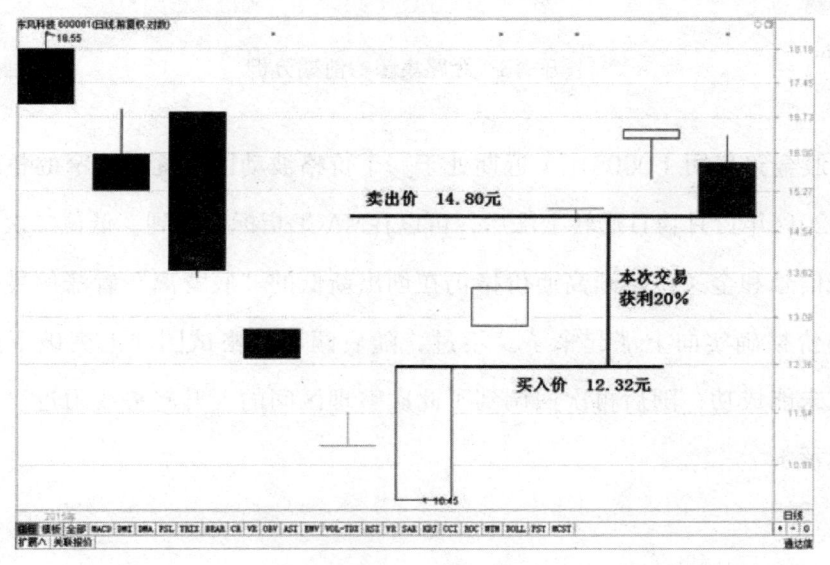

图8-42　东风科技　交易全程

本次交易成本价约为12.32元，卖出价约为14.8元，交易获利约20％，耗时四个交易日。（如图8-42所示）

五、加速度指标案例五——金路集团（000510）

图8-43　金路集团　前期分析

个股金路集团（000510）近期处于一个价格波动区间逐渐缩窄的整理区间中，在2014年11月14日反转上涨后，可以在MACD指标上看到"低位二次金叉"的看涨信号和金叉位置渐高而价格仍在创出新低的"底背离"看涨信号，结果短期内价格确实向上涨起来了。不过，随后两周价格试图向上突破下降趋势线，但未能成功，随后再次回调到了此次整理区间的上升趋势线附近。（如图8-43所示）

图8-44　金路集团　MACD指标红翻绿　不宜过快入场

　　12月8日，该股价格波动范围极小，MACD指标的红柱开始转变成绿柱，这说明今天还不是较好的买入时机，应该继续持币待涨。预计未来股价如果要上涨的话，MACD指标还将出现第三次低位金叉，以此推动股价向上甚至突破之前的下降趋势线。（如图8-44所示）

图8-45　金路集团　MACD第一层加速度指标

调出MACD的第一层加速度指标，今日该股的绿柱较上一交易日有所拉长，但幅度有所减缓，这是否是预警信号呢？这很有可能是在酝酿新一轮上涨。（如图8-45所示）

图8-46　金路集团　MACD第二层加速度指标

如图8-46所示，再观察MACD第二层加速度指标走势，绿柱较上一交易日开始缩短，这是否是上涨的前奏呢？

图8-47　金路集团　MACD第三层加速度指标

MACD震荡指标入门与技巧

接着再调出第三层加速度指标，指标显示上一交易日的大跌只产生了一个极小的绿柱，今日没大涨却收出一个极短的红柱，这说明继续下降的可能性在降低，反而有利于看多做多，所以今天是适合买入的时机。（如图8-47所示）

所以，总的看来已经有足够多的证据证明今日是个较好的买入时机，无论如何至少应该买入半仓，因为确认信号足够多。

图8-48　金路集团　强势突破下降趋势线

12月10日，股价强势上涨，并突破了长期形成的下降趋势线，同时MACD的绿柱翻转为红柱，而且再次形成低位金叉，这样一个低位三次金叉加大了反转上涨的概率！三个加速度指标也同步支持这一观点，所以我们应该继续持股待涨！（如图8-48所示）

12月16日，该股在连续上涨后开始回调，MACD红柱开始由之前的快速上升转变为减速上升，这是不好的兆头，是否卖出应该观察其他加速度指标的动向再作决定。（如图8-49所示）

图8-49　金路集团　MACD指标红柱减速

图8-50　金路集团　MACD第一层加速度指标　红柱缩短

图8-50中该股在第一层加速度指标下，红柱今日已经开始下降了，这说明继续看多做多持有该股的风险将逐渐加大。如果其他两个指标也证明应该看空做空的话，今日收盘前就应该清仓卖出全部该股股票。

图8-51　金路集团　MACD第二层加速度指标　红柱急缩

图8-51的MACD第二层加速度指标也同样出现了红柱急速缩短的现象，这说明继续看多做多的风险将加大。目前得到较多确认的卖出信号是真实可信的，所以我们必须在今日收盘前卖出该股股票。

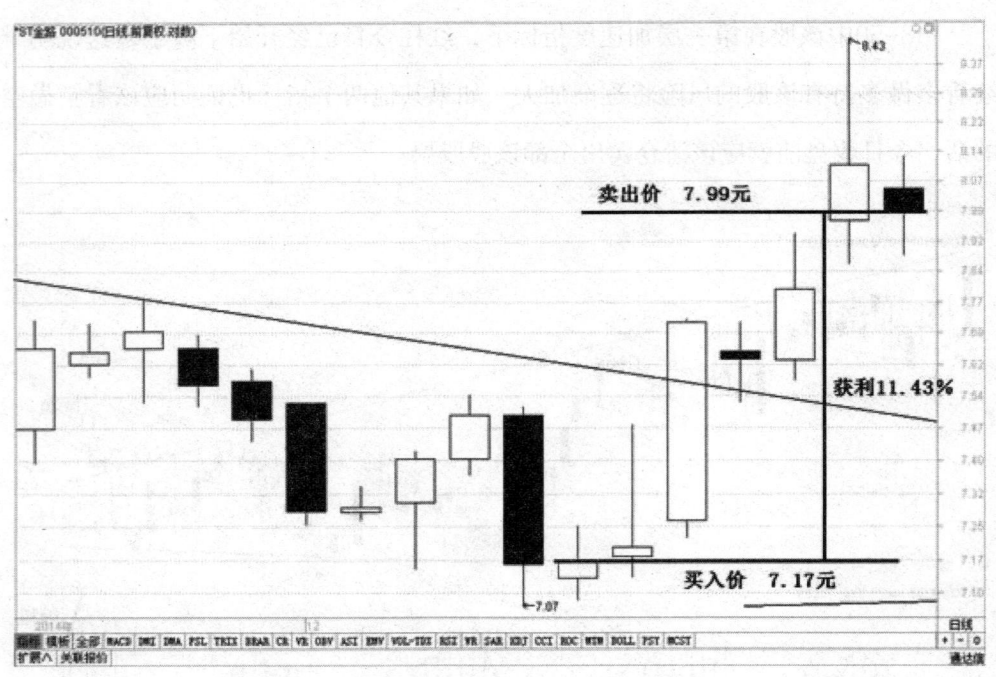

图8-52　金路集团　交易全程

　　此次交易成本价约为7.17元，卖出价约为7.99元，本次交易获利约11%！本次买卖交易全程耗时仅六个交易日。

　　下一章我们将综合运用各种技术指标进行实战案例解说。

第九章

综合运用MACD技术指标获利

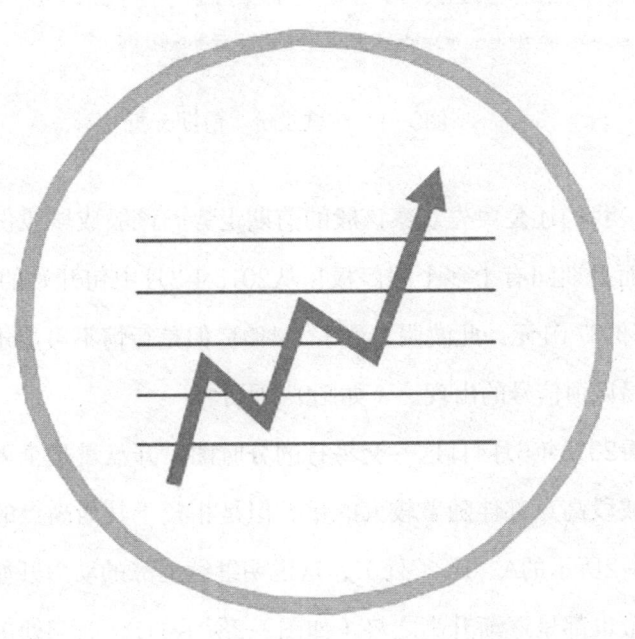

一、火眼金睛案例一——成城股份（600247）

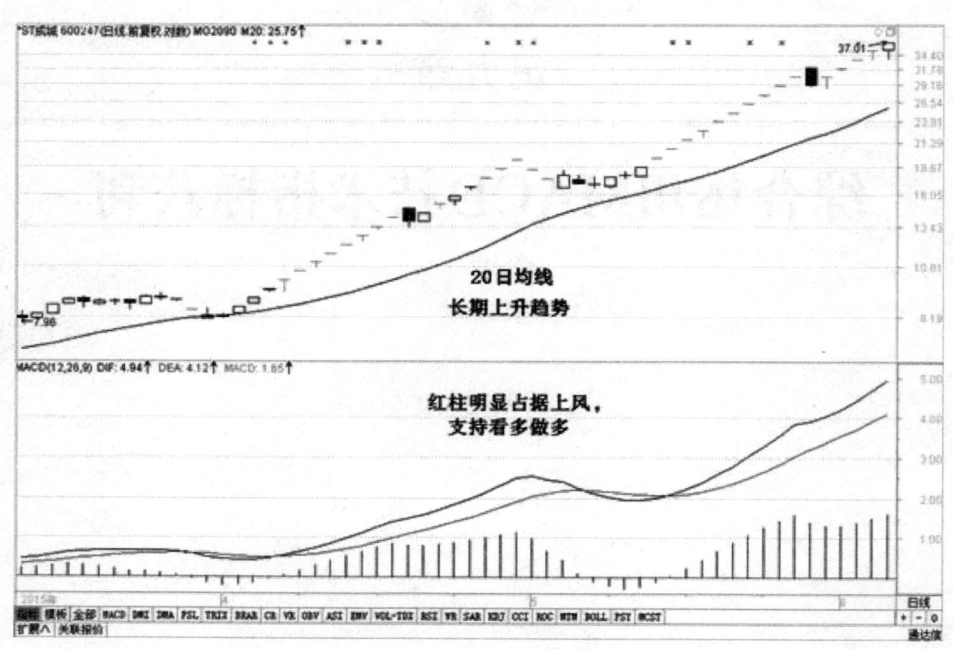

图9-1　成城股份　前期分析

第一步，我们还是要先观察该股的前期走势。该股成城股份（600247）之前一路上涨，而且期间有十多个涨停板！从2015年3月中旬开始的7.96元一直涨到6月4日的最高价37.01元，此波段上涨了364%！但是行情不可能永远向上涨，我们应该随时警惕见顶信号的出现。（如图9-1所示）

先来看看2015年6月4日这一交易日的分时图，开盘量是全天最高量，并且分时图中每个波段高点都伴随着较大的量，但是相较于其他高点的量却有逐渐降低之势（如图9-2所示的A、B、C处），这说明继续上涨的动力开始减弱。相反每个波段低点的量也都呈逐渐升高之势（如图9-2所示的1、2、3处），这说明看空做空的动力在加强。全天总体成交量逐渐递减则表明原有趋势的动力已现疲态，后势如果有新的看跌信号就差不多说明趋势要反转了。

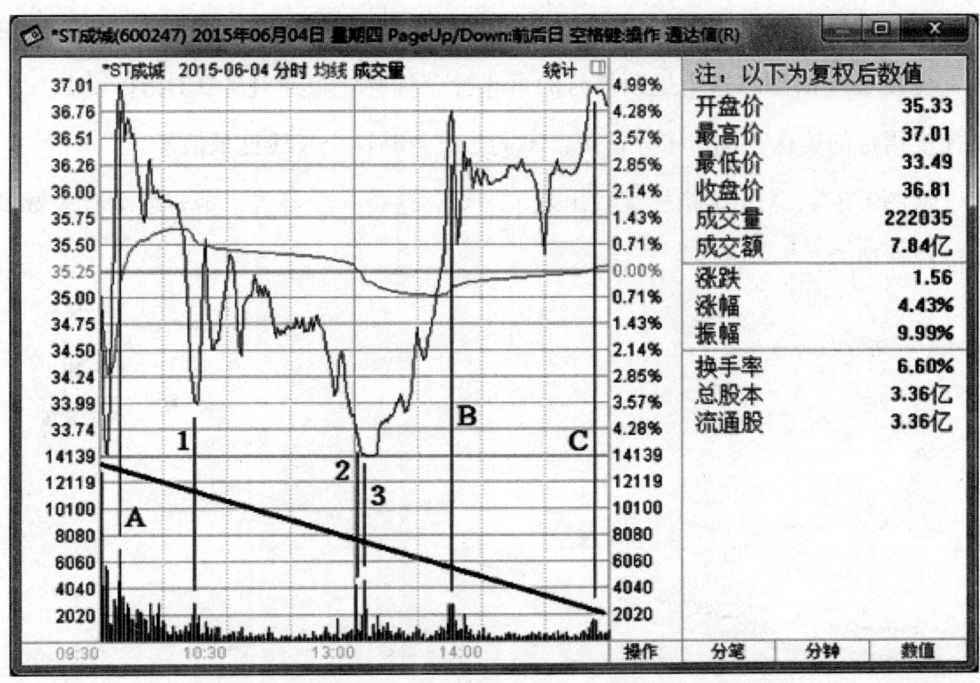

图9-2　成城股份　2015年6月4日分时图

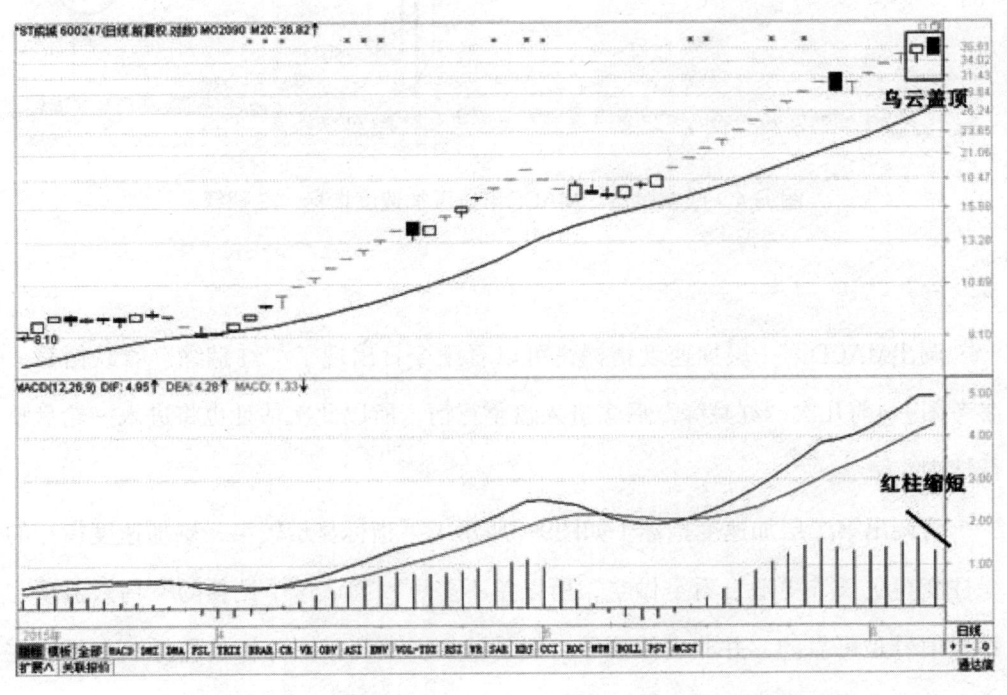

图9-3　成城股份　MACD指标与乌云盖顶

2015年6月5日，该股报收一根大阴线高开低收，形成一个典型的"乌云盖顶"见顶K线信号。这个见顶信号的可靠性怎样呢？得通过MACD指标及其三个加速度指标的确认，同步了才认可，不同步就忽略这个K线见顶信号。

　　从图9-3看，MACD指标红柱出现了缩短，这是一个警告，警告继续看多做多可能存在风险。

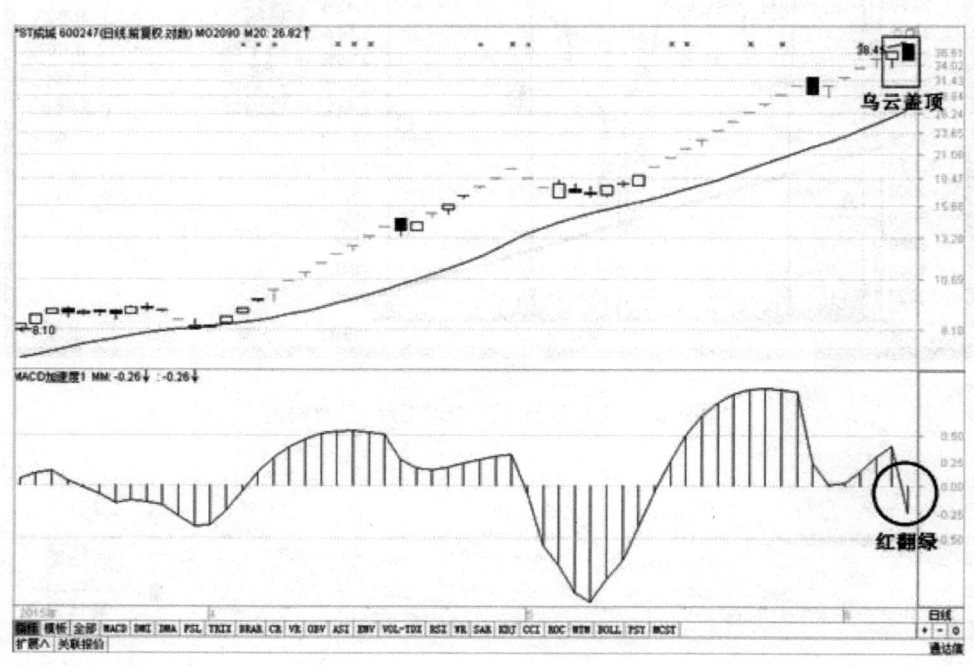

图9-4　成城股份　MACD第一层加速度指标　红翻绿

　　调出MACD第一层加速度指标，可以看到今日出现了"红翻绿"看跌信号。参考图9-4前几次"红翻绿"后多进入盘整行情，所以此次估计也将进入一轮盘整行情中。

　　再调出第二层加速度指标（如图9-5所示），指标显示较第一层加速度指标的绿柱变得更长，更适合看空做空，所以差不多可以确认这个见顶的"乌云盖顶"K线信号是可靠的，并非虚假信号。但是就如上面几张图分析的那样，有可能在这之后形成一个整理区间，所以应该说至少有一次震荡，然后才会见顶。

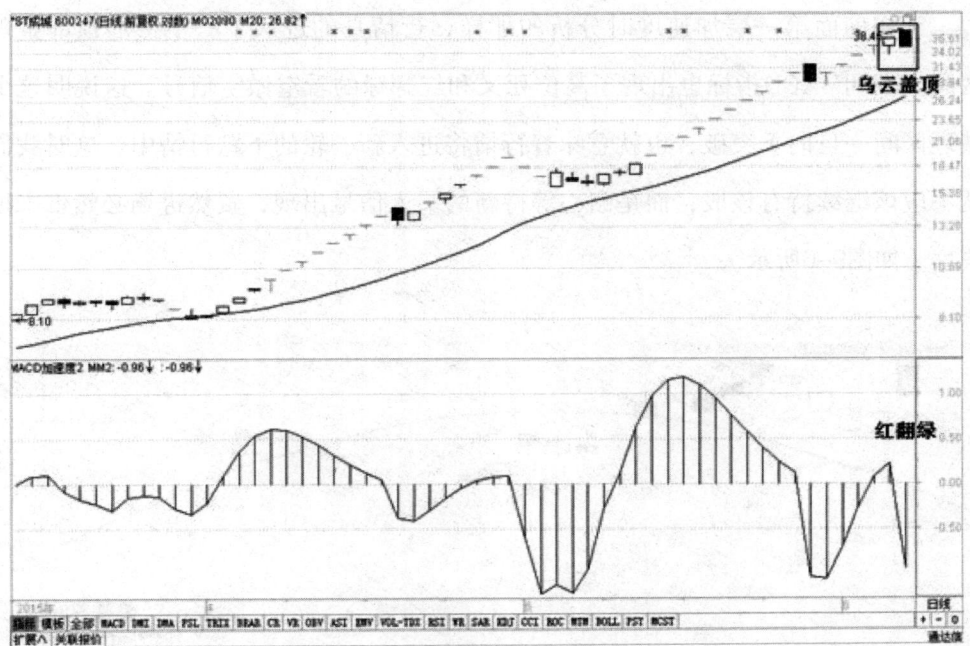

图9-5　成城股份　MACD第二层加速度指标

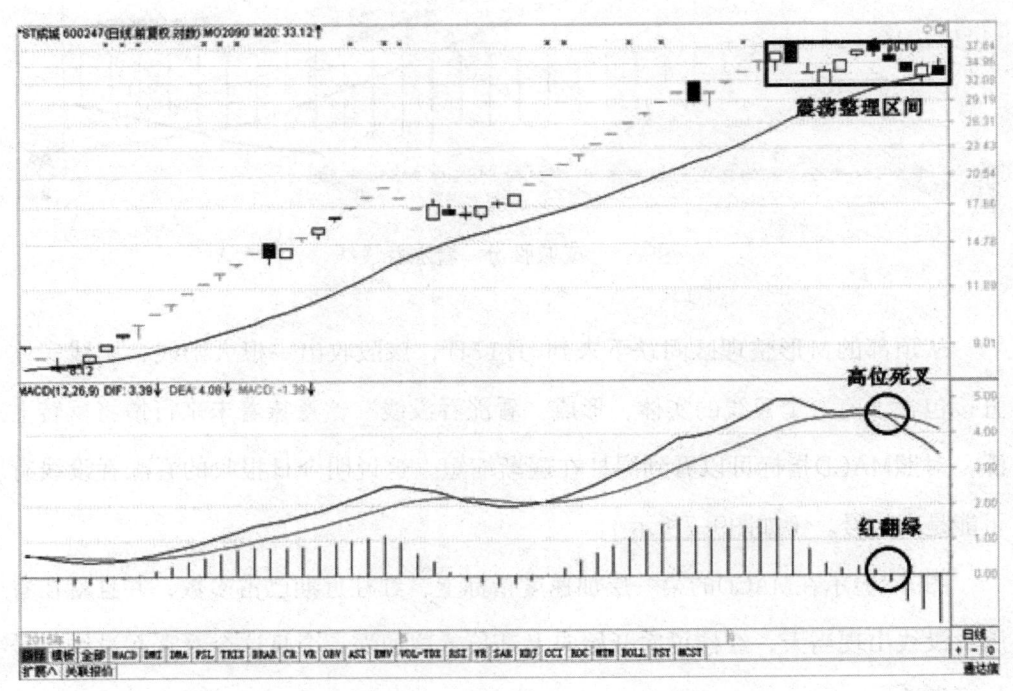

图9-6　成城股份　M形顶部

正如前面第一层加速度时分析的那样，行情真的进入了一个M形顶部整理区间，期间MACD指标也出现了高位死叉和红翻绿的看空做空信号。这说明这个整理区间一旦向下突破，也就意味着行情将进入新一轮的下跌行情中。这时我们就不应该继续持有该股，而是耐心等待新的买入信号出现，贸然进场必然带来损失。（如图9-6所示）

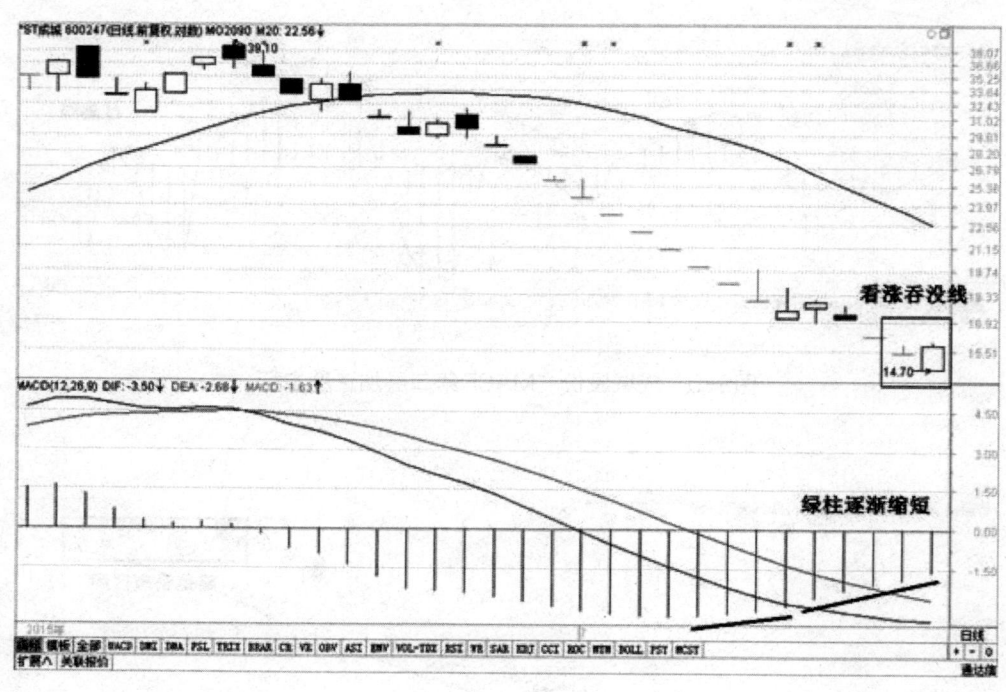

图9-7　成城股份　看涨吞没线

从顶部的M形整理区间跌下来到7月17日，该股收出一根大阳线，阳线实体直接包含了前一个K线的实体，形成"看涨吞没线"，意味着未来行情将反转上涨，对照MACD指标可以看到绿柱在逐渐缩短，这说明今日报收的看涨吞没线有可能是真信号。（如图9-7所示）

图9-8显示在MACD的第一层加速度指标上，红柱近期已占多数，并且就在看涨吞没线出现当天，红柱再次开始向上升长，这加强了今日这个看涨吞没线信号的可靠性。

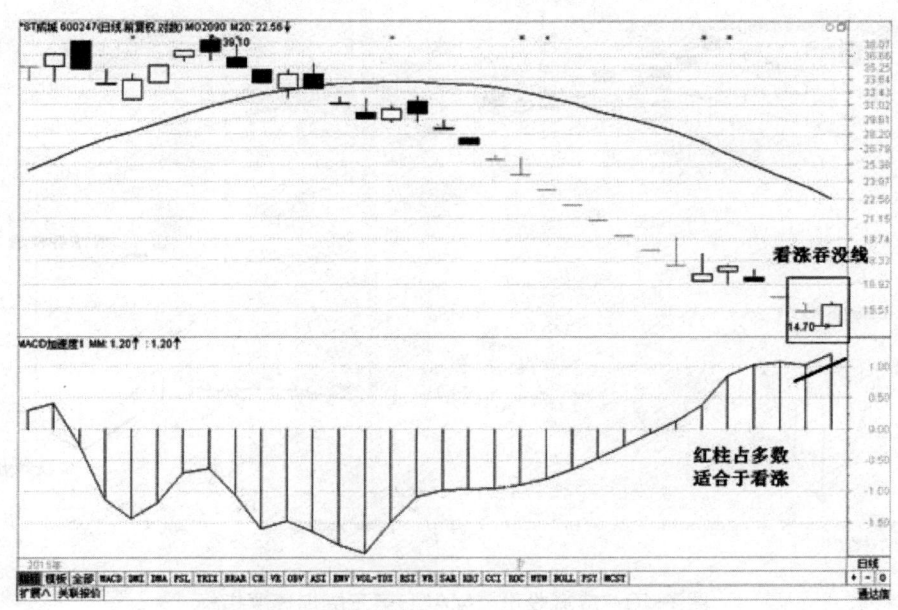

图9-8 成城股份 MACD第一层加速度指标

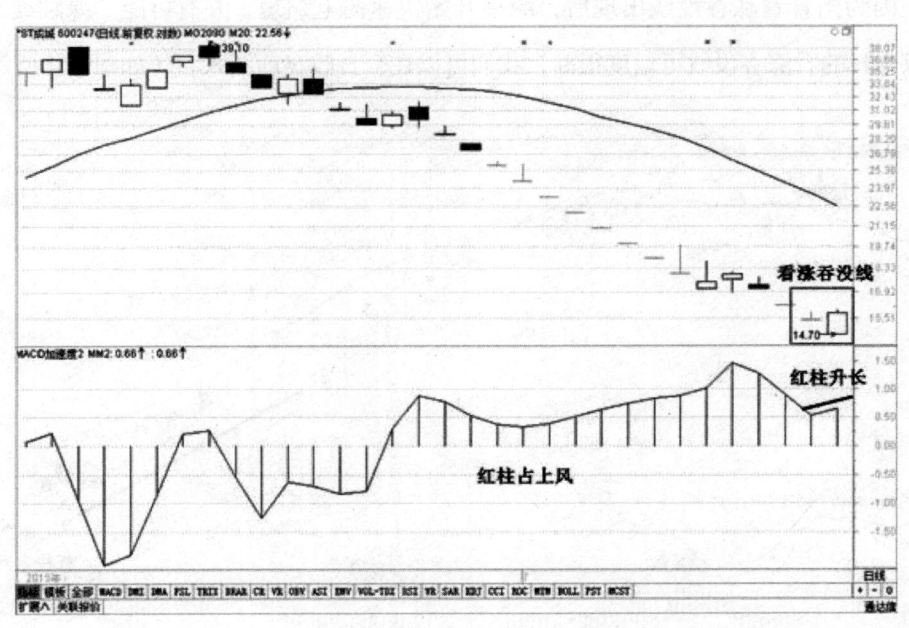

图9-9 成城股份 MACD第二层加速度指标

　　图9-9显示了第二层加速度一直是红柱占上风，在看涨吞没线当天也出现了上升，同样增加了看涨吞没线的可靠性和真实性。

213

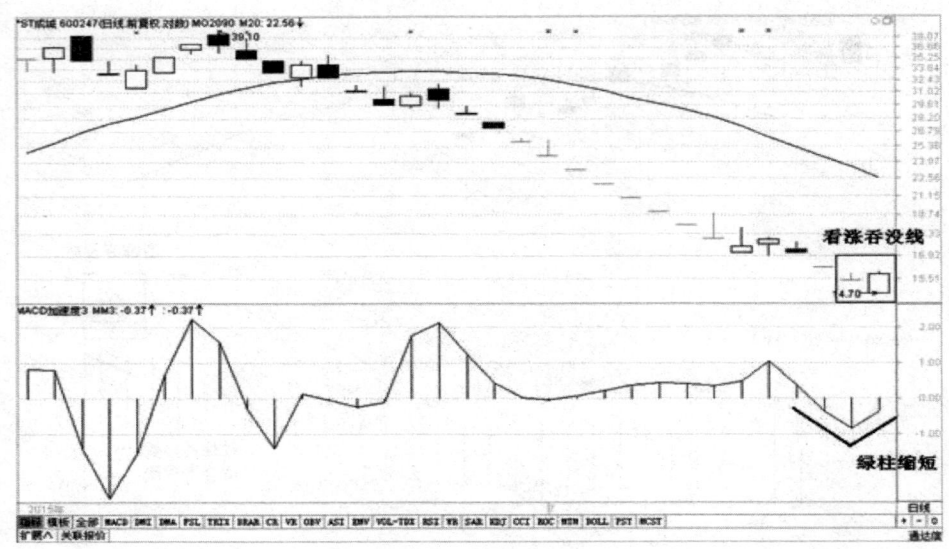

图9-10 成城股份 MACD第三层加速度指标

　　由于近期连续三个跌停板的出现，导致第三层加速度指标出现绿柱拉长，但是正是因为当日看涨吞没线出现后，绿柱开始快速向上缩短，并有可能"绿翻红"。所以今日的看涨吞没线可信度很高，我们可以在今日收盘前买入。（如图9-11所示）

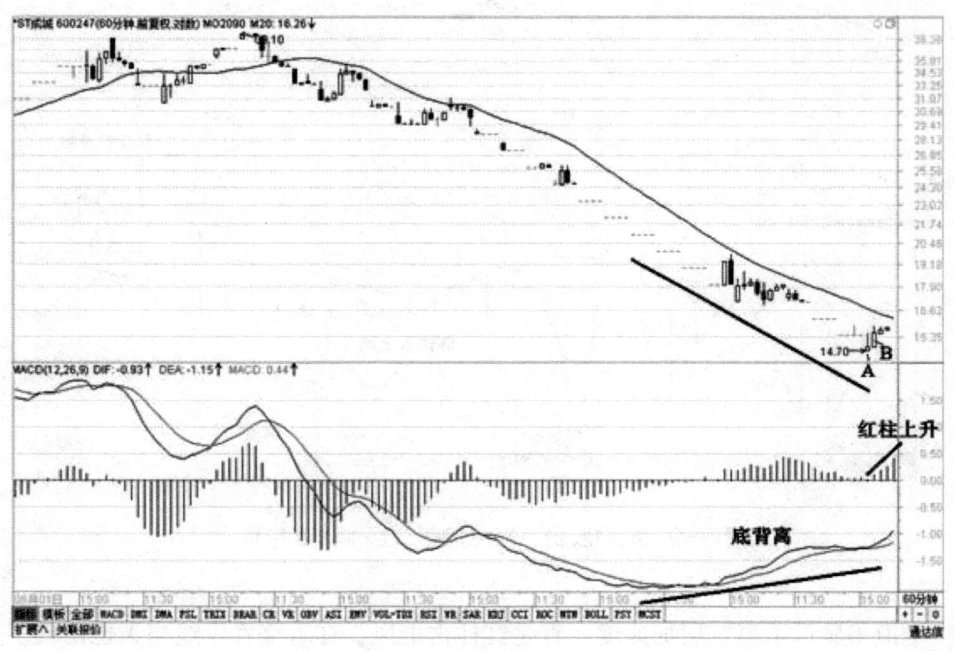

图9-11 成城股份 60分钟图的MACD指标走势

图9-11是成城股份的60分钟K线图走势（也称小时线）。从图中可以看到，MACD的红柱开始向上攀升，并且在7月17日的10点30分之前已经出现了底背离信号，这就为尾盘买入又增加了胜算。

图中A处所示是反锤线，它是看涨的信号。中午收盘前又报出一个看涨捉腰带线形态，更是加大了上涨的信心。

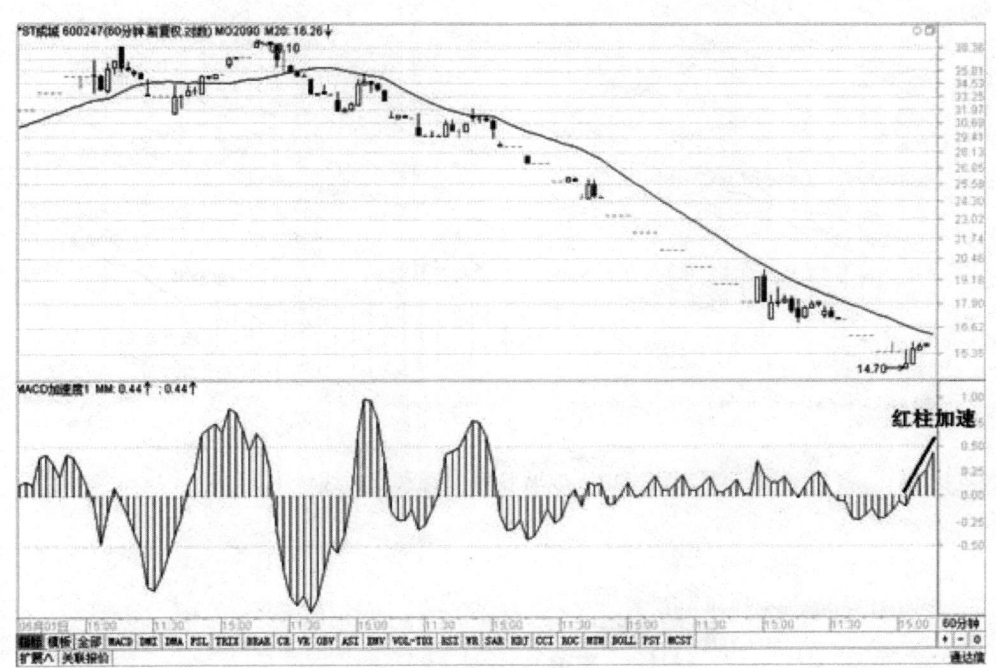

图9-12　成城股份　60分钟图的MACD第一层加速度指标走势

尽管7月17日这个交易日的尾盘股价并没有继续升高，但是从60分钟图的MACD第一层加速度指标上看，红柱却是不断加速的，所以有理由相信未来行情还有继续上涨的潜力。60分钟图的MACD第一层加速度指标与日线图分析出的结果是同步的，故此收盘前买入该股绝对是胜算极高的一笔交易。收盘前买入价大约为15.77元。（如图9-12所示）

从图9-13可以看到在买入该股10天后，该股低开低走，全天波动较大，最终大幅下跌。收盘前形成"看跌反击线"，这个K线发出的卖出信号是否可靠呢？因为MACD的红柱上升虽然有所趋缓，而且前期不久还有低位金叉，看上去都还可以，但是事情要多方取证才行，还要观察三个加速度指标是否有同步信号出现，看涨和看跌信号哪个多就以哪个为主。

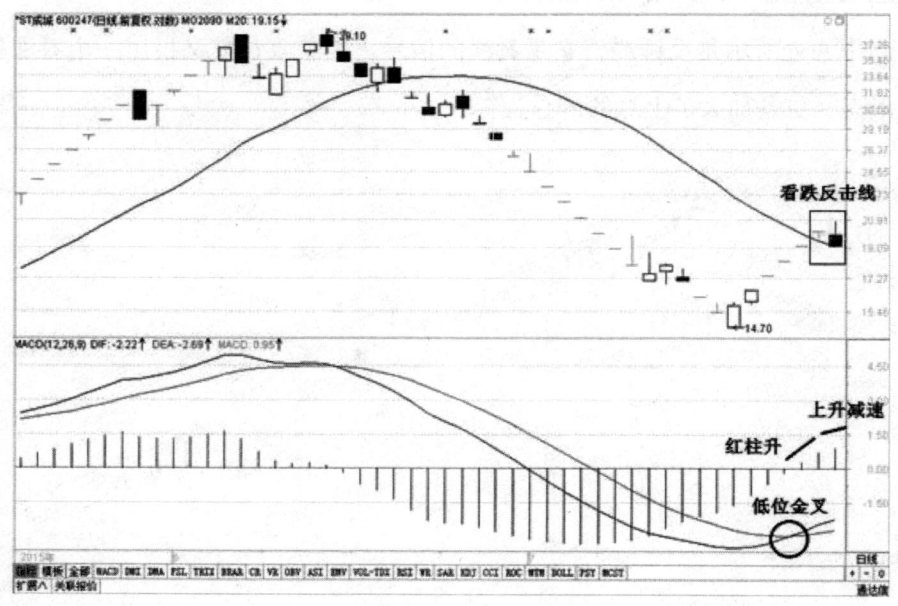

图9-13　成城股份　看跌反击线

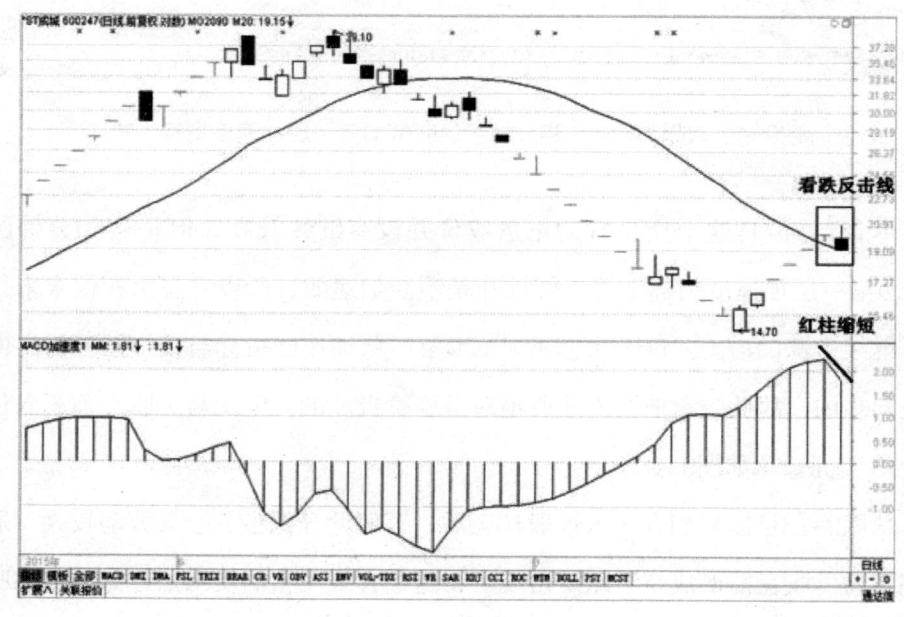

图9-14　成城股份　MACD第一层加速度指标

从图9-14中可以看到该日在接近收盘前红柱已经明显回落。这是继续看多做多的警告信号，反而利于看空做空。如果再有其他信号也支持看跌的话，那就确认短期趋势开始反转了！

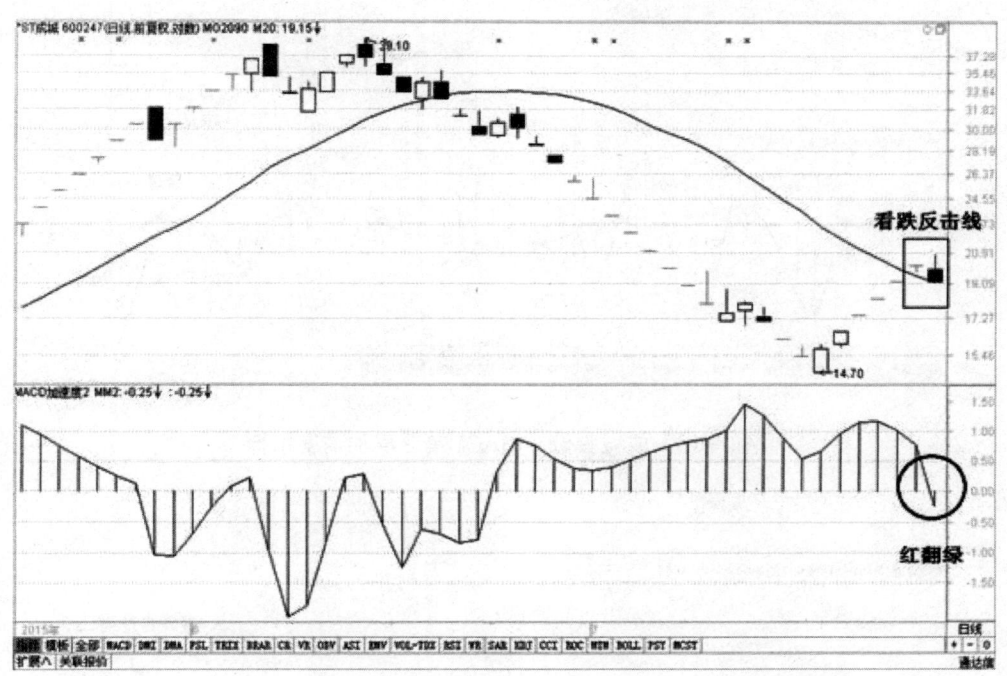

图9-15　成城股份　MACD第二层加速度指标

从第二层加速度指标上可以看到该股在看跌反击线出现当天，红柱就已经支撑不住了，在接近收盘前红柱甚至转变成了绿柱。卖出手中的该股股票迫在眉睫。（如图9-15所示）

再从第三层加速度指标也可以看出，红柱在前期已经有所回落，到昨天红柱翻绿，今天这个看跌反击线出现后，绿柱拉得更长了，说明未来不再有利于持股，而是更趋向于下跌。（如图9-16所示）

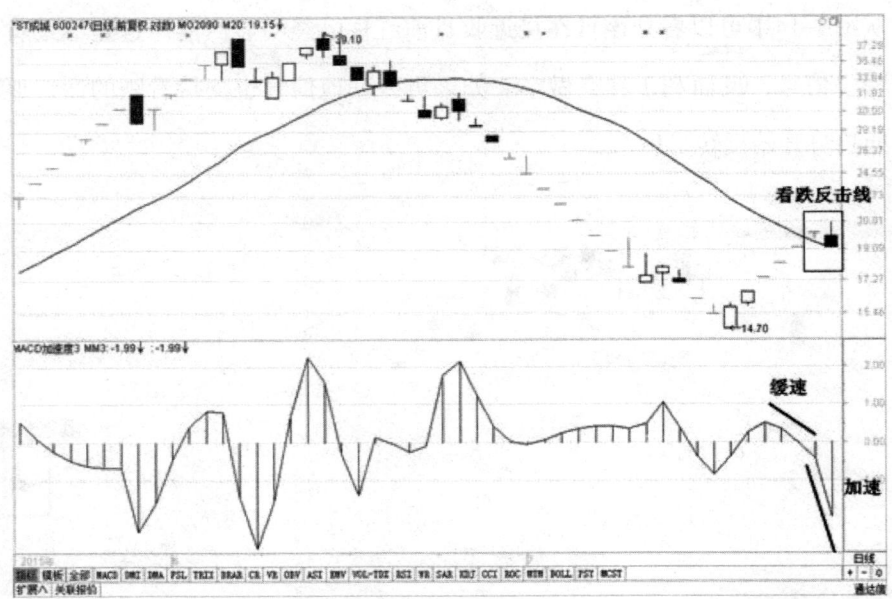

图9-16　成城股份　MACD第三层加速度指标

图9-17　成城股份　60分钟图的MACD指标走势

图9-17中，在上午开出看跌吞没线之后，下午开盘后又连续下跌，在MACD指标图上可以看到高位出现了死叉，带动红柱向下翻转为绿柱。

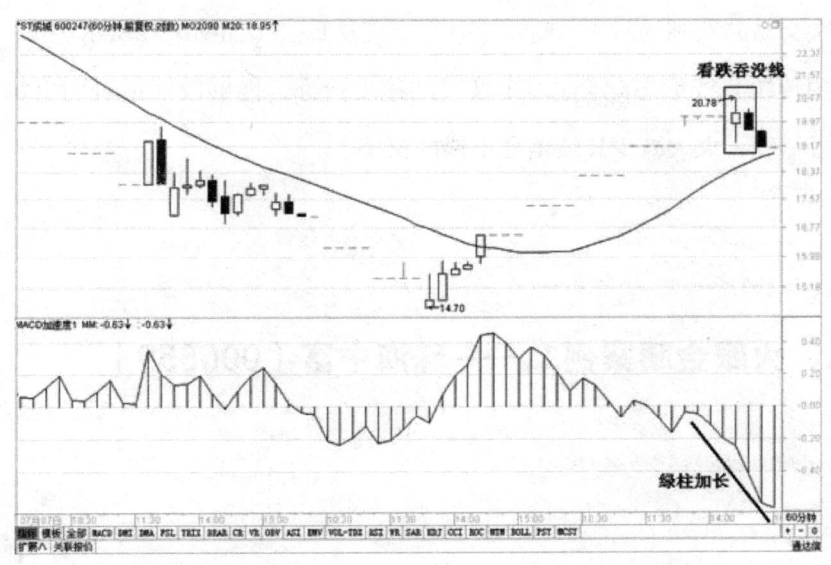

图9-18　成城股份　60分钟图的MACD第一层加速度指标　赶紧卖

因为该股跌停，所以尾盘没有继续下跌，导致最后一个小时的绿柱下降速度降低。我们应该能在尾盘跌停前卖出。

因为看跌吞没线出现后，第一层加速度指标的绿柱已经开始加速变长了，在MACD图上看也快进入高位死叉和红翻绿了，所以我们能在跌停前卖出该股。卖出价约为19.14元。（如图9-18所示）

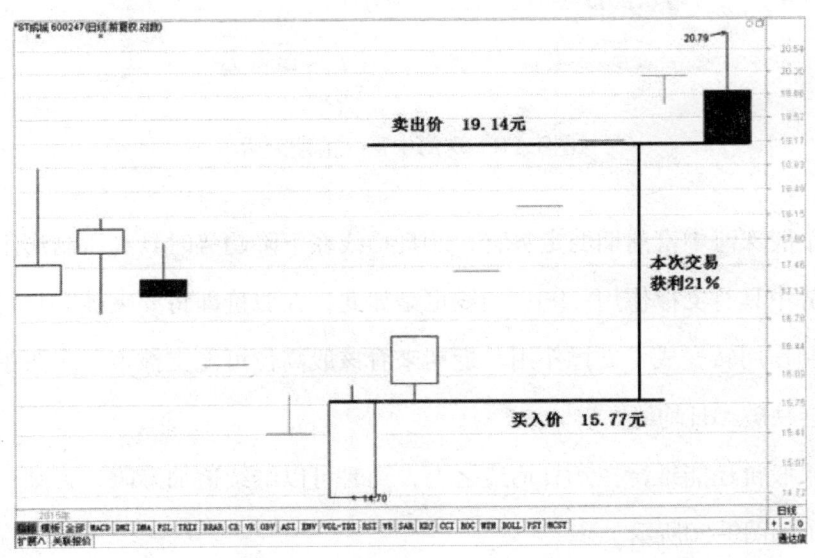

图9-19　成城股份　交易全程

本次交易共获利约21%，期间耗时六个交易日。（如图9-19所示）

利用传统Ｋ线形态配合MACD及其加速度指标，能够较好地辨别出每组Ｋ线形态的可信度，大大减少Ｋ线信号出错的概率。

二、火眼金睛案例二——珠海中富（000659）

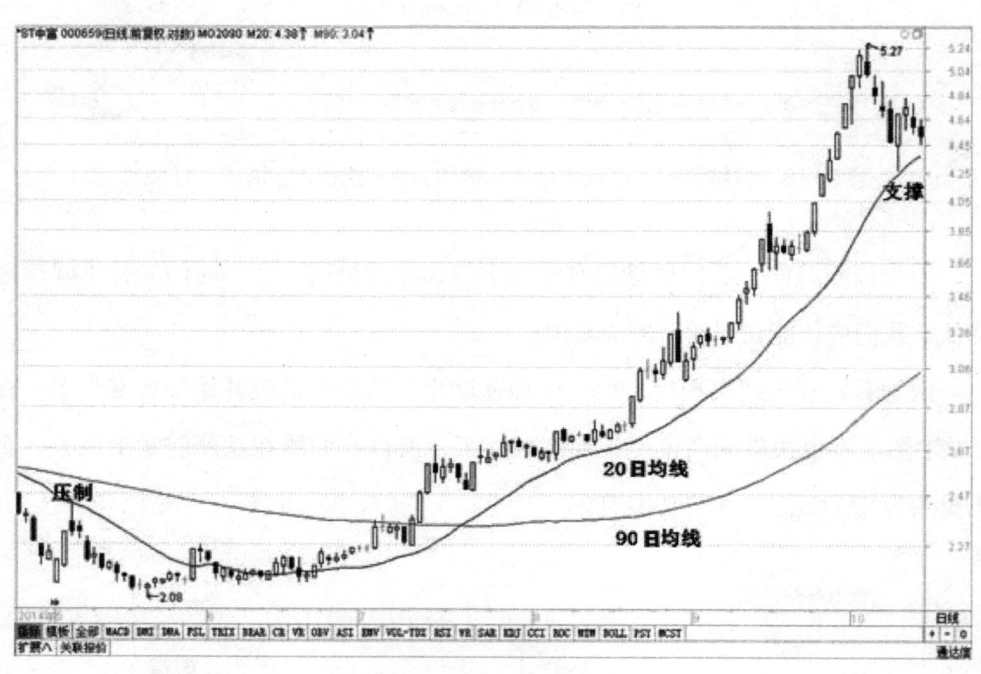

图9-20　珠海中富　前期分析

从个股珠海中富前期的走势看，20日均线在下降趋势时具有压制作用，而在上升趋势中具有支撑作用。90日均线也是如此，在股价即将要突破90日均线之前也由压制作用转变成了支撑作用。近期来看该股高位可能支撑不了多久了，股价可能将会跌破20日均线。

如果股价还能维持在20日均线之上，到时可以继续追加筹码，否则不宜继续持股。（如图9-20所示）

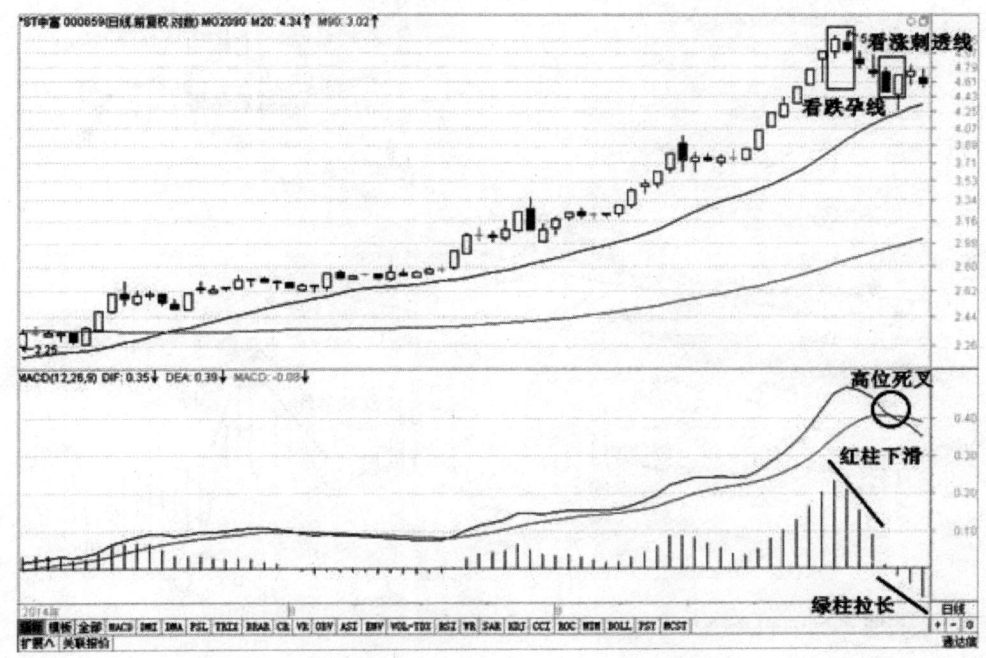

图9-21 珠海中富 前期MACD指标分析

图9-21中，个股高位出现"看跌孕线"，预示反转或将开始。同时我们能在MACD指标上看到一直处于上升中的红柱开始向下缩短，黄白两线也有高位即将死叉的可能。

四个交易日后出现的"看涨刺透线"未必可靠，因为同期的MACD出现了高位死叉和红翻绿看跌信号，这足以说明这个"看涨刺透线"是虚假的K线信号。不用MACD及其加速度指标进行检验的话，一定会受到损失。

在看跌孕线的第一个交易日开出阳线的时候，第一层加速度已经可以看到一个明显的减速过程，预示上涨乏力，当第二个交易日创出新高但是尾盘却是下跌，并且伴随着第一层加速度指标的红柱也出现了急降。这就表明这个看跌孕线确实是见顶信号。（如图9-22所示）

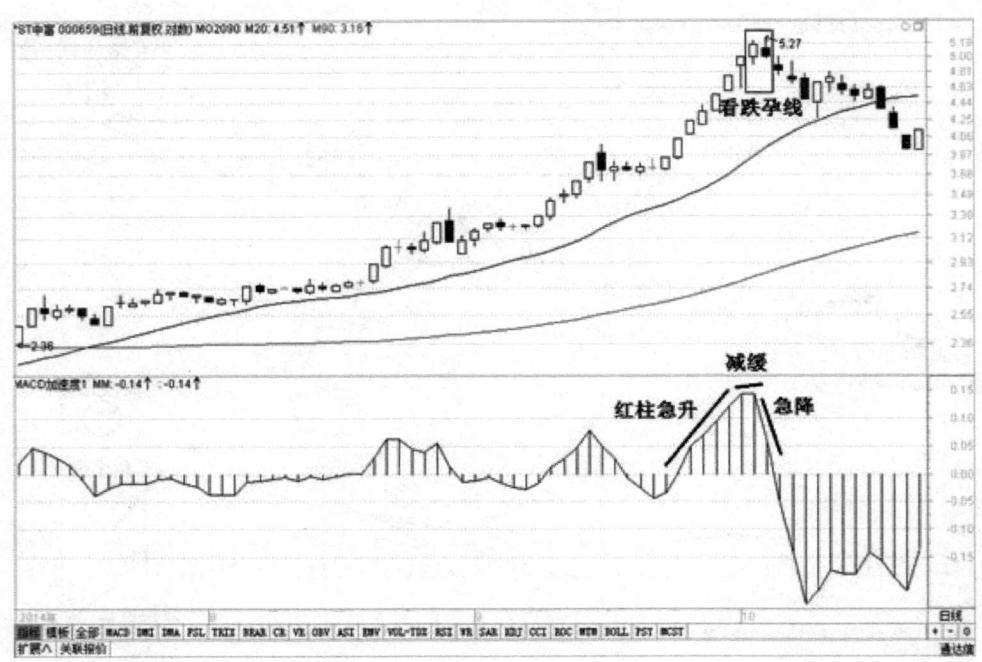

图9-22　珠海中富　MACD第一层加速度指标

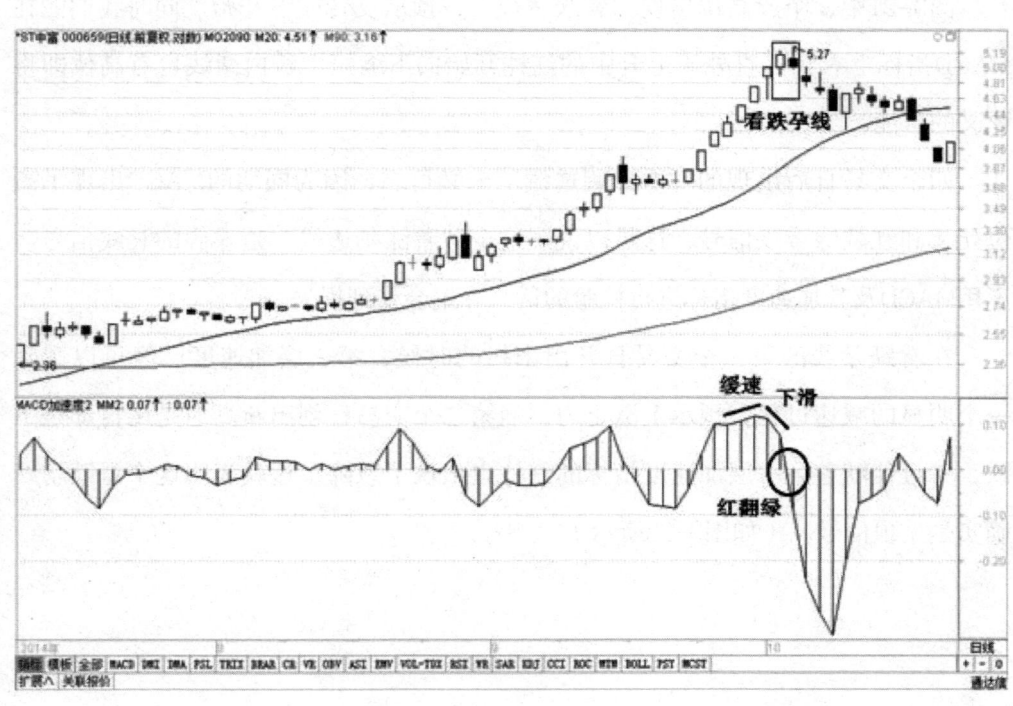

图9-23　珠海中富　MACD第二层加速度指标

与第一层加速度指标上看到的一致，在第二层加速度指标上也得到了同样的信号，即个股虽然一直在上涨，但是红柱上升的力度不大。就在看跌孕线的第一个交易日中，指标中的红柱已经出现下滑，这说明见顶在即，而且就在看跌孕线的第二个交易日即那个阴线，第二层加速度指标已经出现了"红翻绿"的见顶看跌信号。（如图9-23所示）

　　加速度指标通常能够提前发出信号，但最好还是配合K线，这样做的好处是增加可靠性，指标之间取长补短。

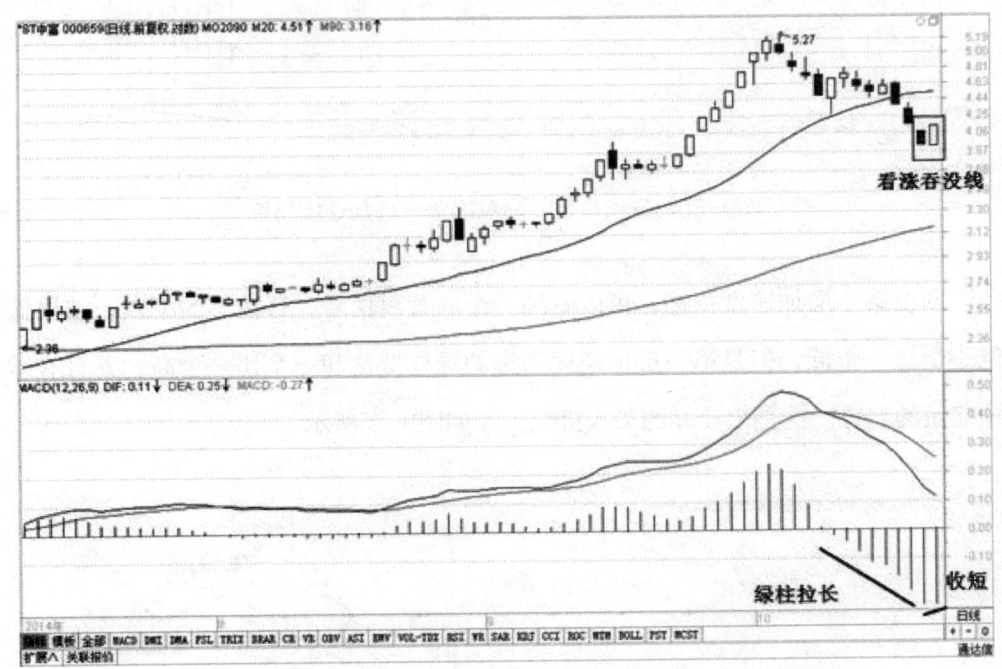

图9-24　珠海中富　看涨吞没线

　　在个股珠海中富连续下跌并且跌破20日均线之后，开始出现"看涨吞没线"的K线形态，这是否真的意味着行情将有反转上涨的可能呢？

　　来看一下MACD指标（如图9-24所示)，在此前的下跌行情中，绿柱一直唱主调，但是就在这个看涨吞没线出现后，绿柱开始有所回缩了。行情是否真的会反转上涨呢，该不该买呢？

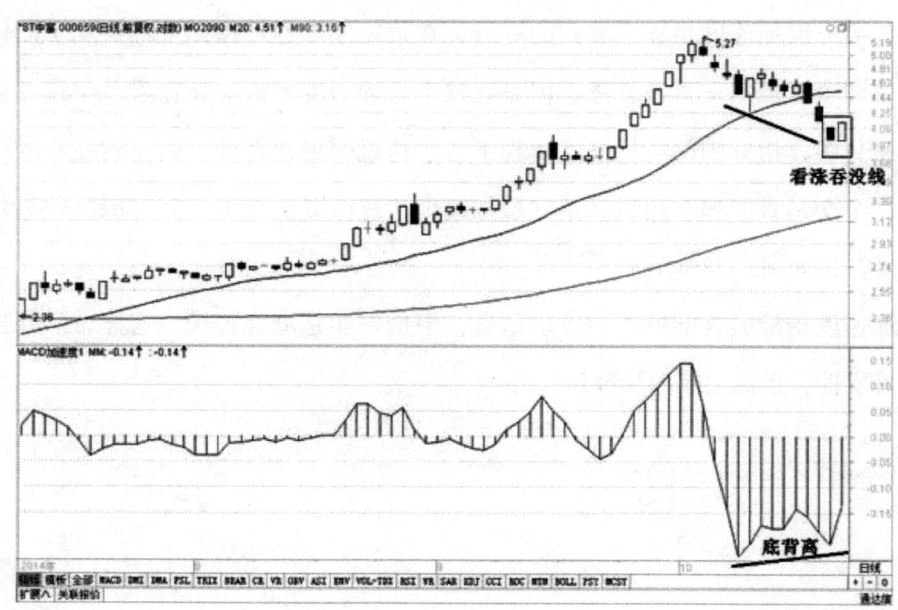

图9-25 珠海中富 MACD第一层加速度指标

调出第一层加速度指标，可以看到一个底背离信号，行情不断下跌，波段低位一个比一个低，但是第一层加速度指标的绿柱低位却一个比一个高，并且有绿柱缩短的趋势。这是个较好的买入机会。（如图9-25所示）

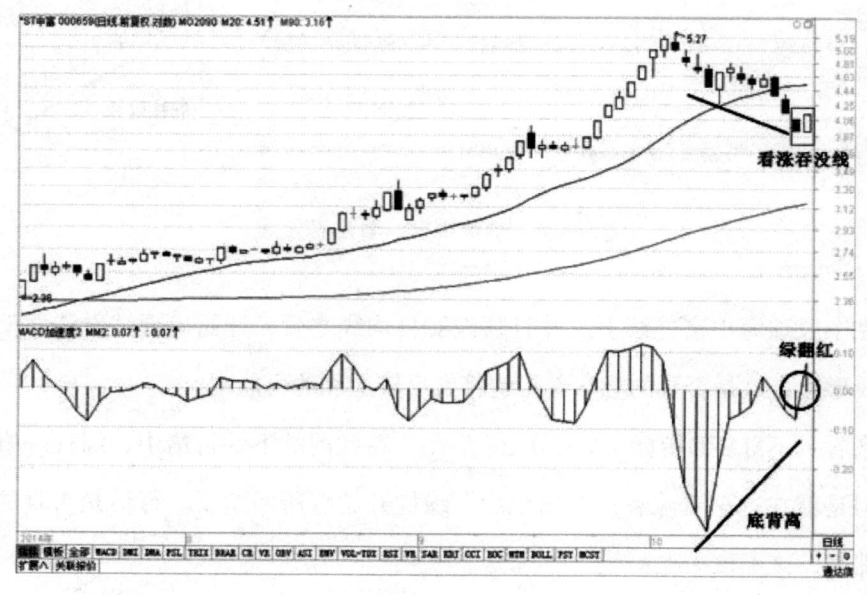

图9-26 珠海中富 MACD第二层加速度指标

正如图9-26所示，个股珠海中富在出现看涨吞没线之前就已经出现了"底背离"看涨信号。并且就在看涨吞没线出现当日，该指标又发出了"绿翻红"的看涨信号，加大了后势反转上涨的概率。投资者应在收盘前买入，当时买入价为4.12元。

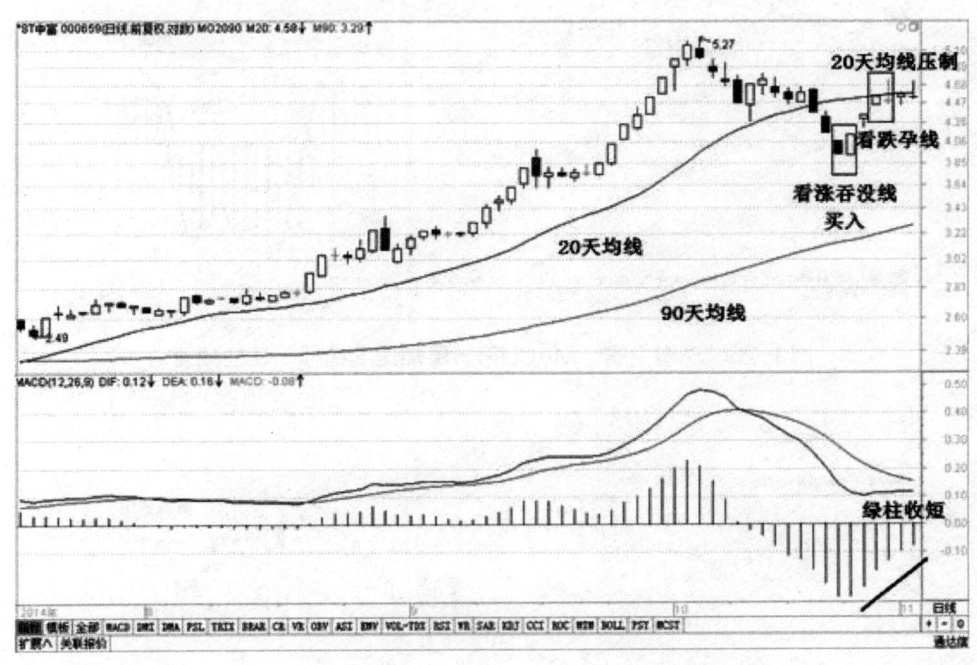

图9-27　珠海中富　看跌孕线

就在买入该股并持有该股的第三个交易日，该股盘中一度创出波段新高，但是好景不长，尾盘又回落到上一个交易日的价格范围内，似乎没有办法突破20日均线，这说明20日均线开始具有压制股价上涨的作用。所以这波上涨可能面临终结，是不是应该卖出呢？（如图9-27所示）

带着疑问，我们调出第一层加速度指标，可以看到之前的红柱急升已经转为上升幅度趋缓的阶段。这说明行情有可能向不利于持股的方向发展。是否应该卖出还要看其他指标有没有类似的看跌信号。（如图9-28所示）

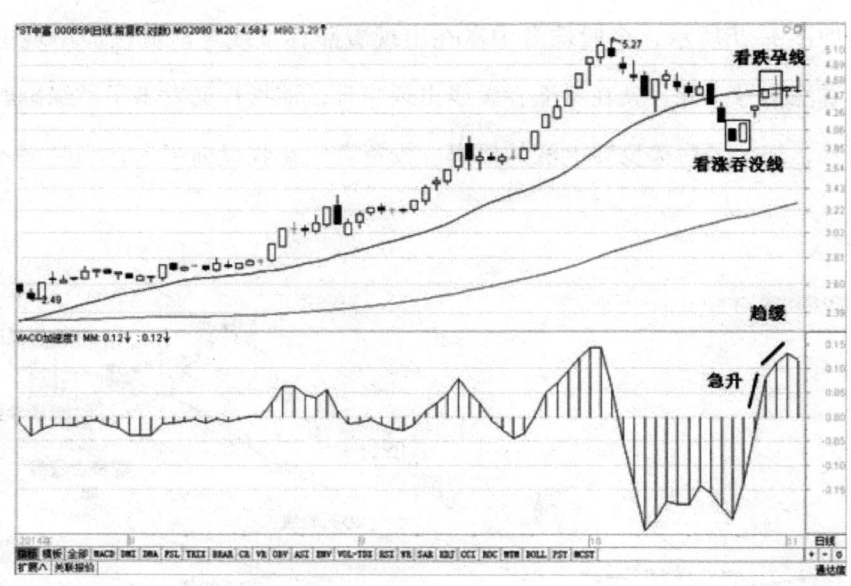

图9-28　珠海中富　MACD第一层加速度指标　红柱减速

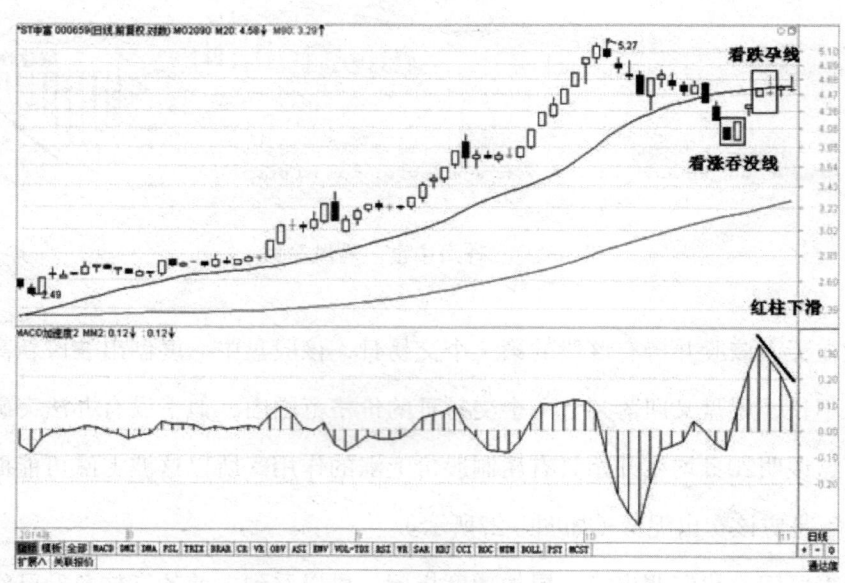

图9-29　珠海中富　MACD第二层加速度指标　红柱快速下滑

为了检验股价是否将会面临反转下跌，调出第二层加速度指标，看到看跌孕线当日红柱已经开始下滑，这个兆头不好。如果第三层加速度也支持反转下跌信号的话，那么应该在今日收盘前卖出该股股票。（如图9-29所示）

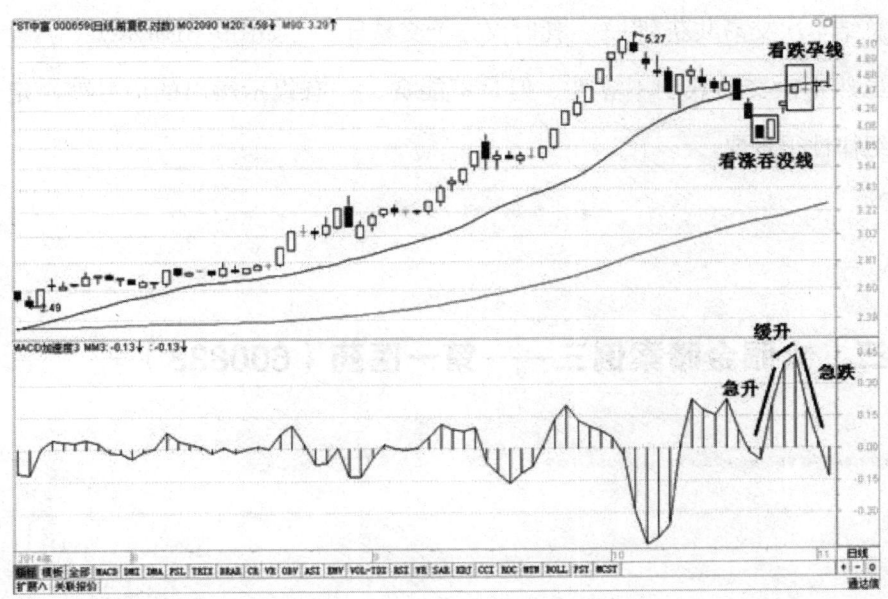

图9-30　珠海中富　MACD第三层加速度指标

　　第三层加速度与第二层加速度的观点一致，都主张看多做多力量在快速衰减，未来继续上涨将显得特别乏力。所以在今日看跌孕线收盘前就应该卖出手中该股股票。（如图9-30所示）

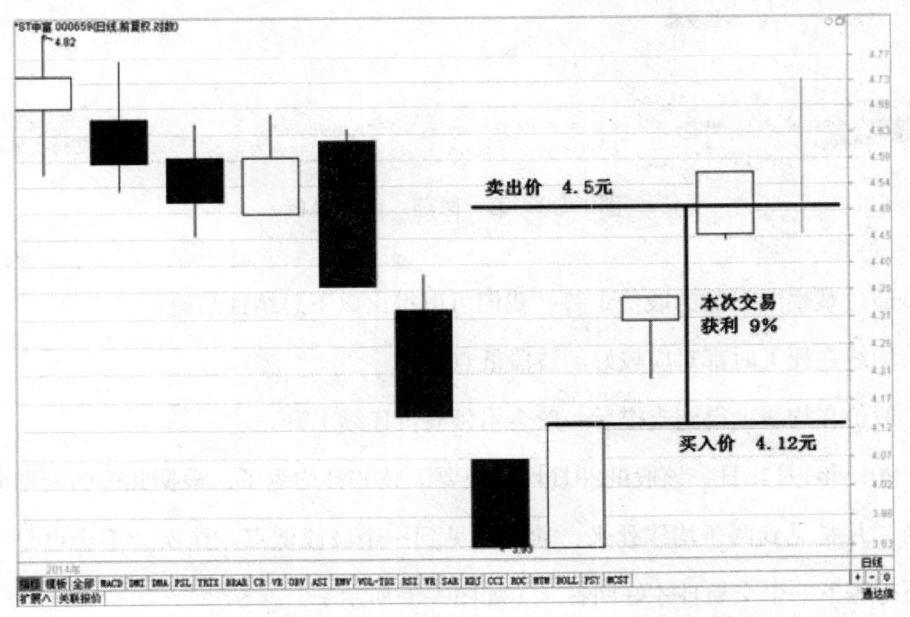

图9-31　珠海中富　交易全程

总结本次交易共获利9%，耗时仅三个交易日。（如图9-31所示）

虽然本次交易获利不算高，但是不能贪，一有提示卖出的信号就一定要卖出，纪律性很重要。

三、火眼金睛案例三——第一医药（600833）

图9-32　第一医药　前期分析

通过观察图9-32的股价走势，我们可以得出以下总结性结论：

均线在死叉时都对应较好的波段低点；

股价在均线上得到支撑后一般会引领股价连续上升。

2015年1月16日，该股的20日均线快要下破90日均线了，根据此前的前期分析总结，凡是见到两条均线死叉，通常会见到一个波段低点。这次会不会也是呢？这还得等下一个交易日才好回答。（如图9-33所示）

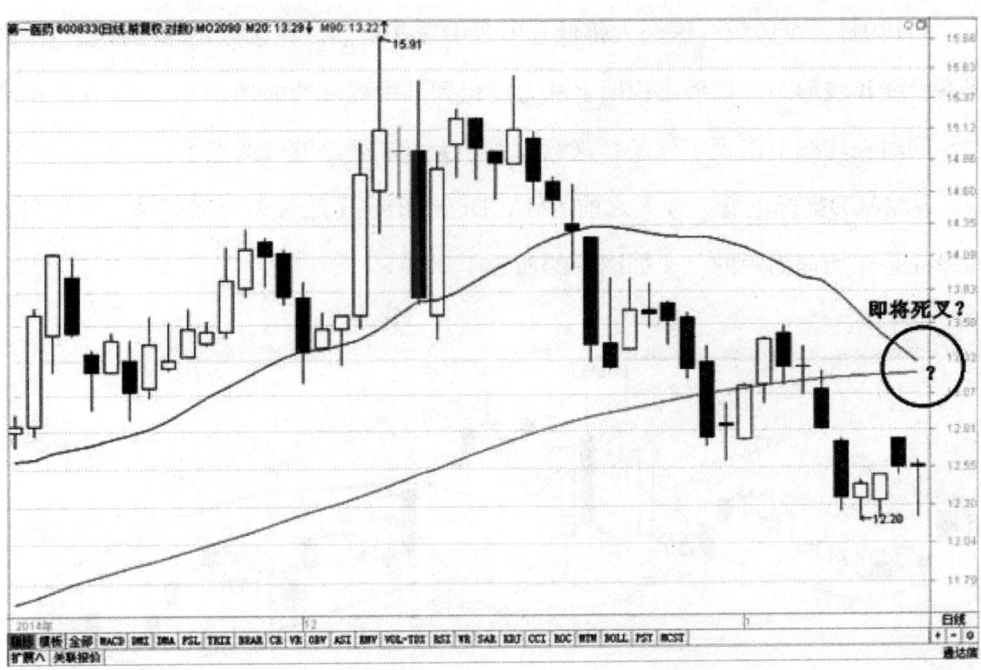

图9-33　第一医药　近期走势

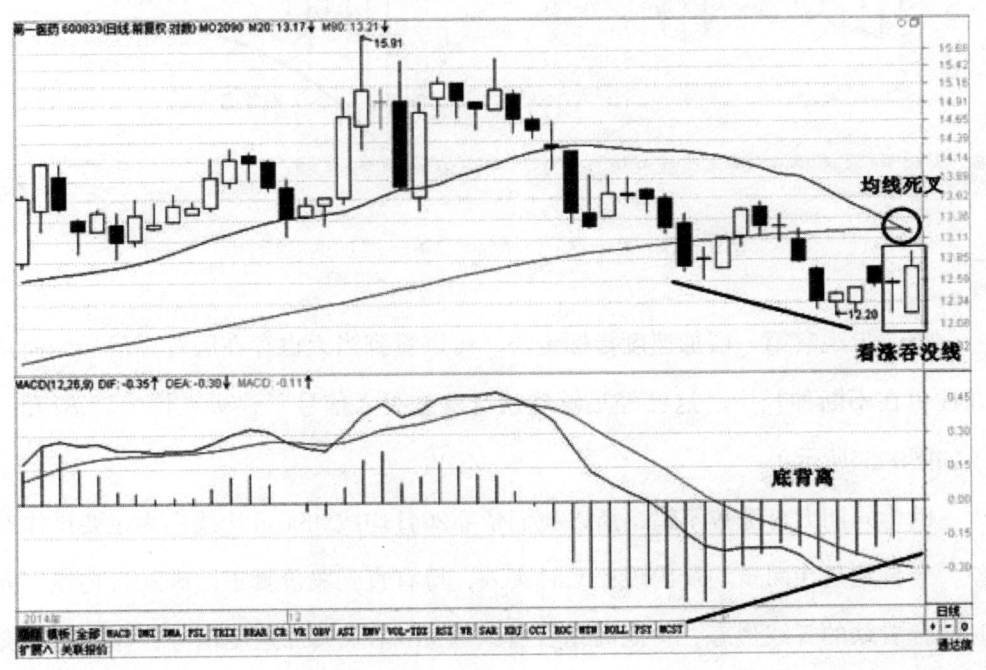

图9-34　第一医药　近期走势分析

1月19日，个股第一医药大幅低开但盘中震荡走高，在接近尾盘前报收一个看涨吞没线K线形态。该形态说明上涨力度得到某种程度的加强。

　　同时在均线上出现了死叉，这意味着今天可能就是波段低点了。

　　从MACD指标上看，今天之前的MACD已经出现了底背离看涨信号，并且当天的绿柱是在加速缩短的。（如图9-34所示）

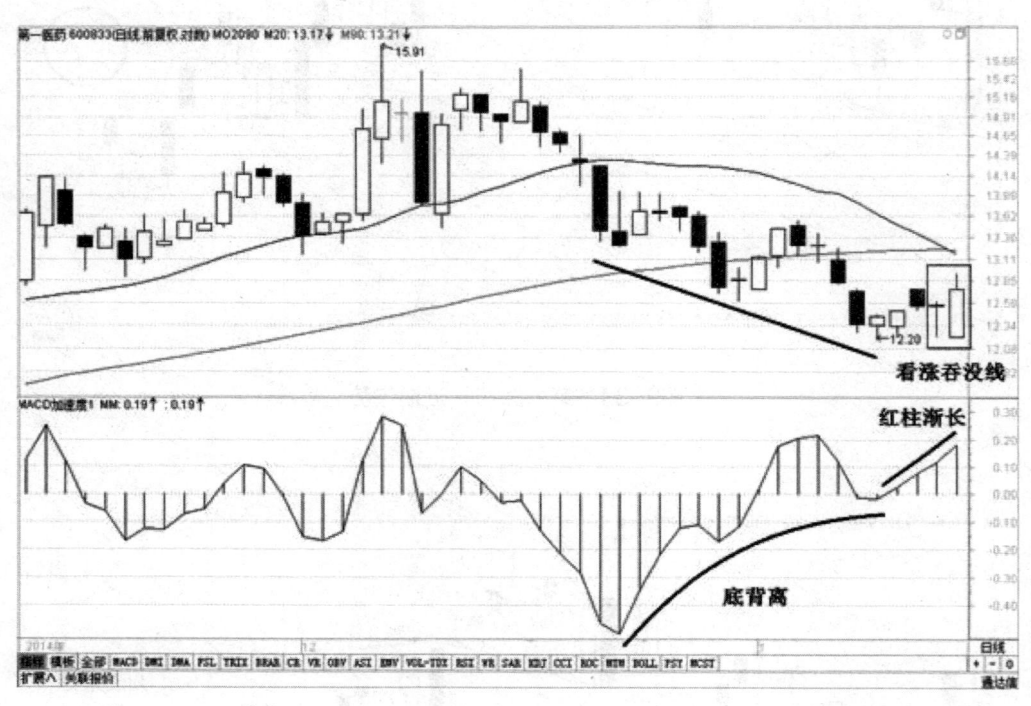

图9-35　第一医药　MACD第一层加速度指标

　　进一步观察第一层加速度指标走势，可以看到当天也存在底背离信号，而且红柱也在不断伸长中。这已经足够确认这就是买入信号了，买入价为12.81元。（如图9-35所示）

　　因为同期大盘涨势不错，所以我们依靠20日均线和90日均线作为主要操作对象，今日就是在两条均线出现死叉时买入，持有直到股价真正跌破20日均线。同时结合看跌的K线形态，再同时结合看跌的MACD及其加速度信号，作为这次交易的出场信号。

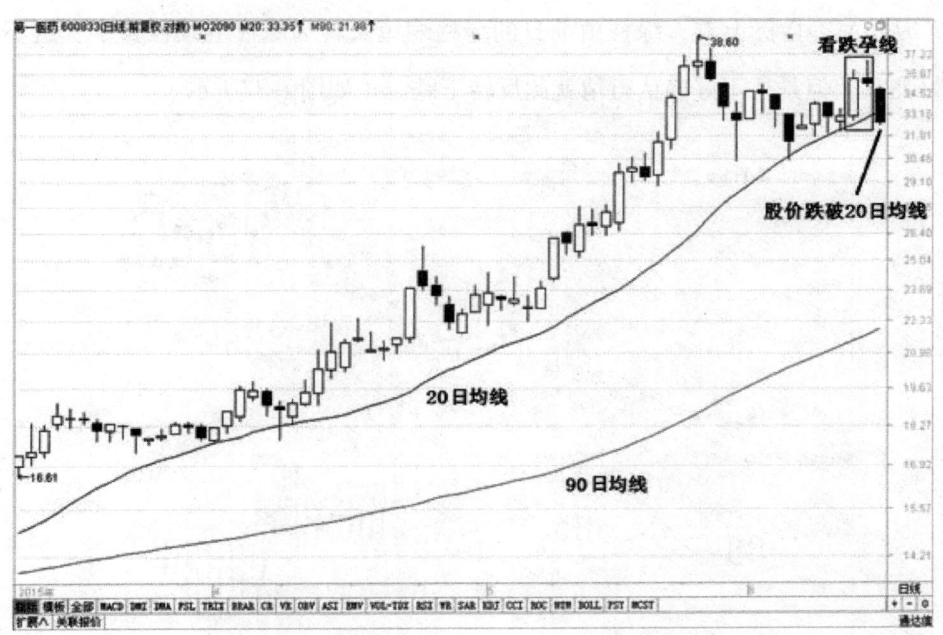

图9-36 第一医药 股价跌破20日均线

持有该股直到6月中旬，个股第一医药尾盘股价开始跌破20日均线，就在前一个交易日也出现了看跌孕线的K线形态。（如图9-36所示）

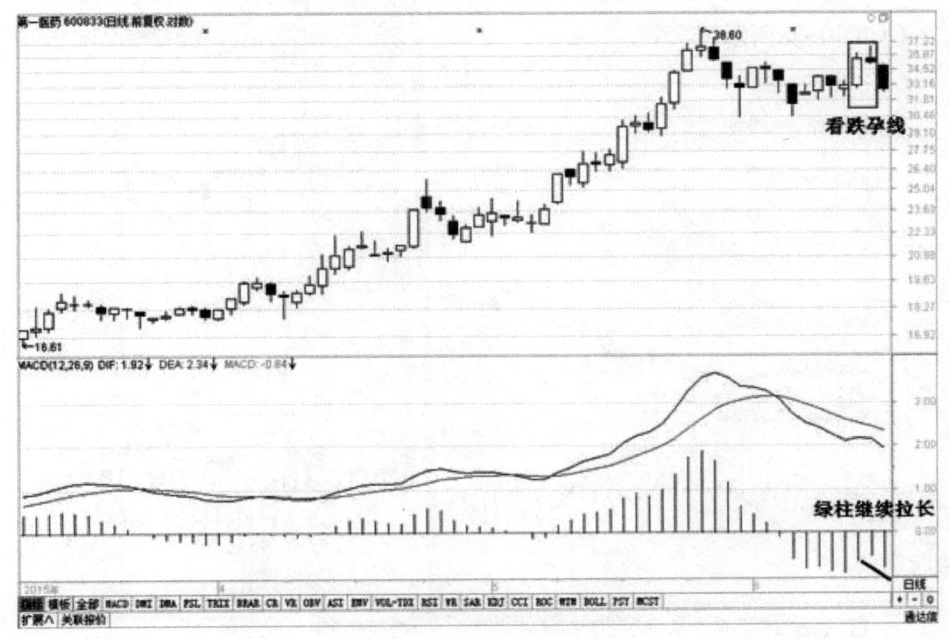

图9-37 第一医药 MACD指标分析

从MACD指标上看，绿柱由前日的绿柱缩短又转为绿柱继续拉长了。这不是个好兆头，但是还不好确认行情就此反转下跌。（如图9-37所示）

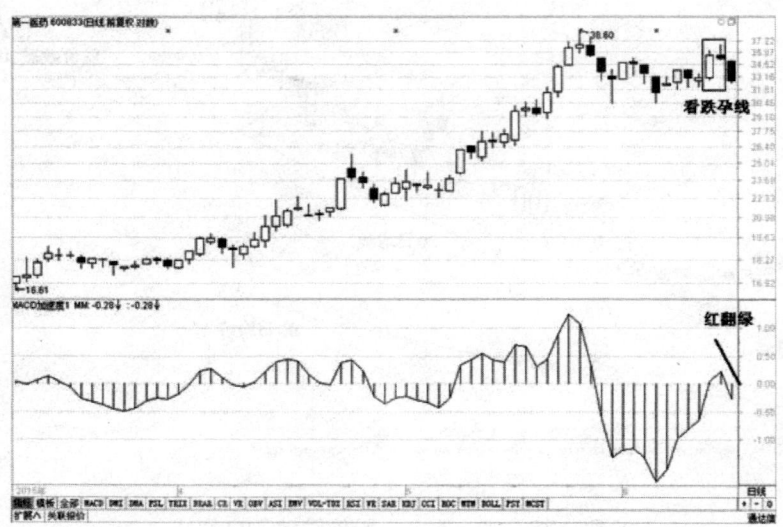

图9-38　第一医药　MACD第一层加速度指标分析

再来看第一层加速度指标，前日是"绿翻红"看涨信号，今日是"红翻绿"看跌信号，加大了未来反转下跌的可能。投资者可以在今日收盘前卖出一部分股票。（如图9-38所示）

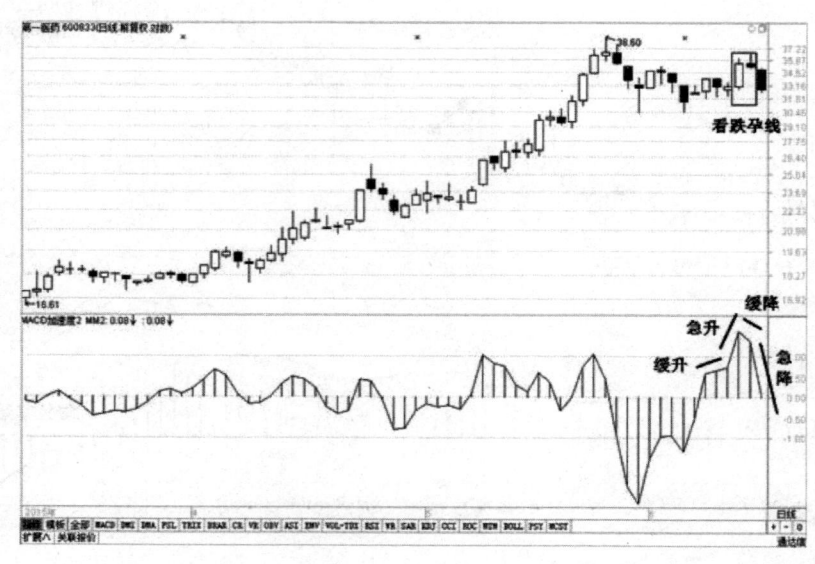

图9-39　第一医药　MACD第二层加速度指标分析

从在第二层加速度指标上看得出，该股在前几个交易日分别经历了红柱缓升、红柱急升、红柱缓降和红柱急降的过程，说明行情急转直下，继续上涨的可能性在逐渐降低，卖出手中持有的股票迫在眉睫。（如图9-39所示）

如果还不放心，那么我们下面再来看看它的第三层加速度指标是不是也同步发出看跌卖出信号。

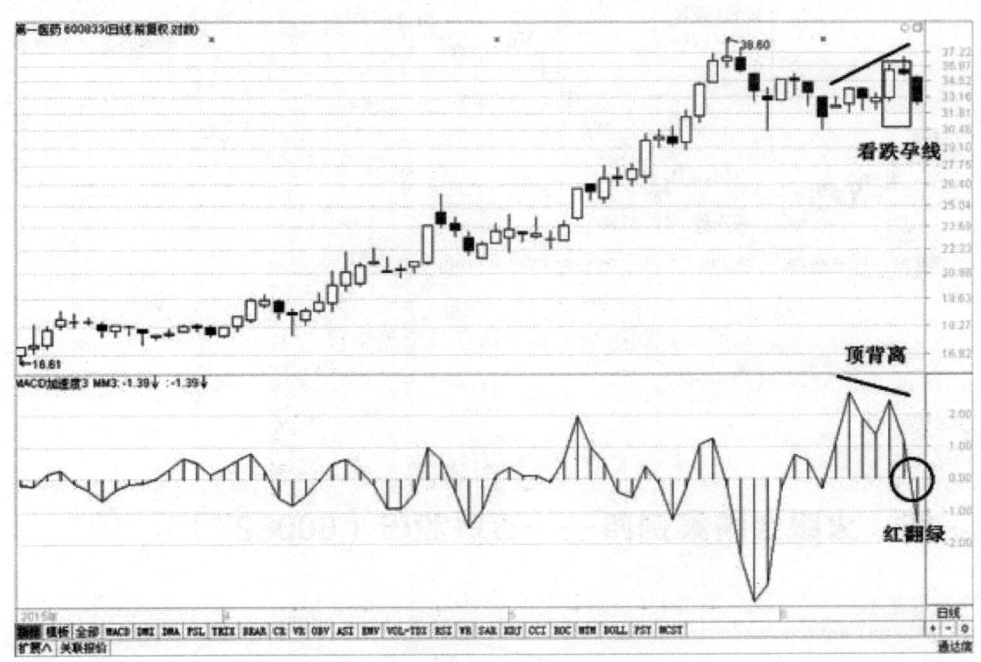

图9-40　第一医药　MACD第三层加速度指标分析

从第三层加速度指标上可以看到该股在数个交易日前已经出现了微型的顶背离看跌信号，并且就在今日这个"看跌孕线"出现当天也出现了"红翻绿"的看跌信号。这就加大了未来行情将会反转下跌的概率，所以我们决定在今日准备收盘前以32.76元卖清手中的该股股票。（如图9-40所示）

本次交易共获利155%，持股累计有5个多月时间。（如图9-41所示）

此次交易是以均线为主角，所以不用计较每个交易日的K线形态和各个加速度指标的形态，卖出的话只需要关注股价是否真的跌破了均线就行了。

图9-41　第一医药　交易全程

四、火眼金睛案例四——百联股份（600827）

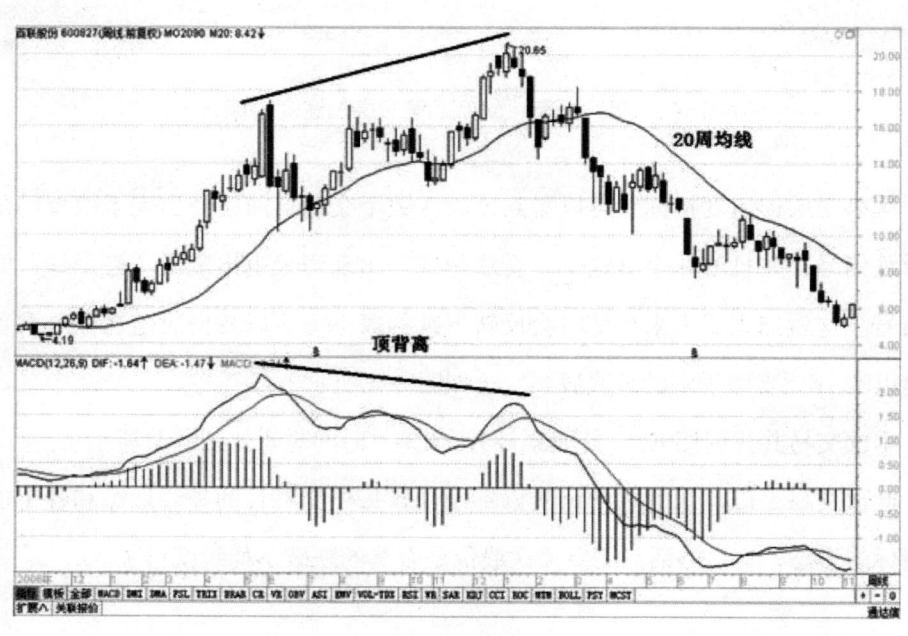

图9-42　百联股份　周线历史分析

下面举一个在周线上运用的例子，以此说明我们这套技术能灵活应用于长期、中期、短期各种环境。

个股百联股份在见顶前出现了顶背离见顶信号。随后股价连续下滑，而20周均线也由支撑作用转换成为压制股价上涨的压力线。（如图9-42所示）

图9-43 百联股份 启明星

2008年11月14日这周，个股百联股份在周末收出一个"启明星"看涨K线形态来！这是否预示着行情将反转向上呢？（如图9-43所示）

当然不能单独仅靠一两个信号作出最后的交易决策。

观察MACD指标发现该股一直处在底背离反转上涨信号之中，所以今日这个启明星的可靠性大幅提升。（如图9-44所示）

235

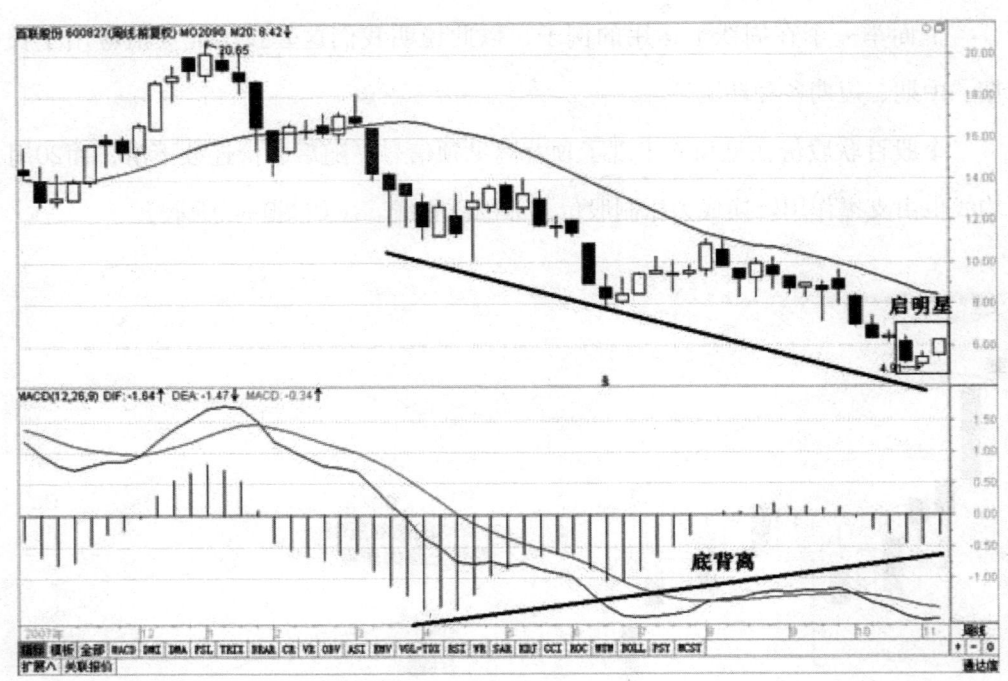

图9-44　百联股份　MACD指标分析　底背离

图9-45　百联股份　MACD第一层加速度指标

调出第一层加速度指标可以看到就在启明星出现期间，第一层加速度指标已经由长绿柱逐渐向红柱发展。下一个交易周很可能就会出现"绿翻红"看涨形态，所以这又加大了启明星上涨的可能性。（如图9-45所示）

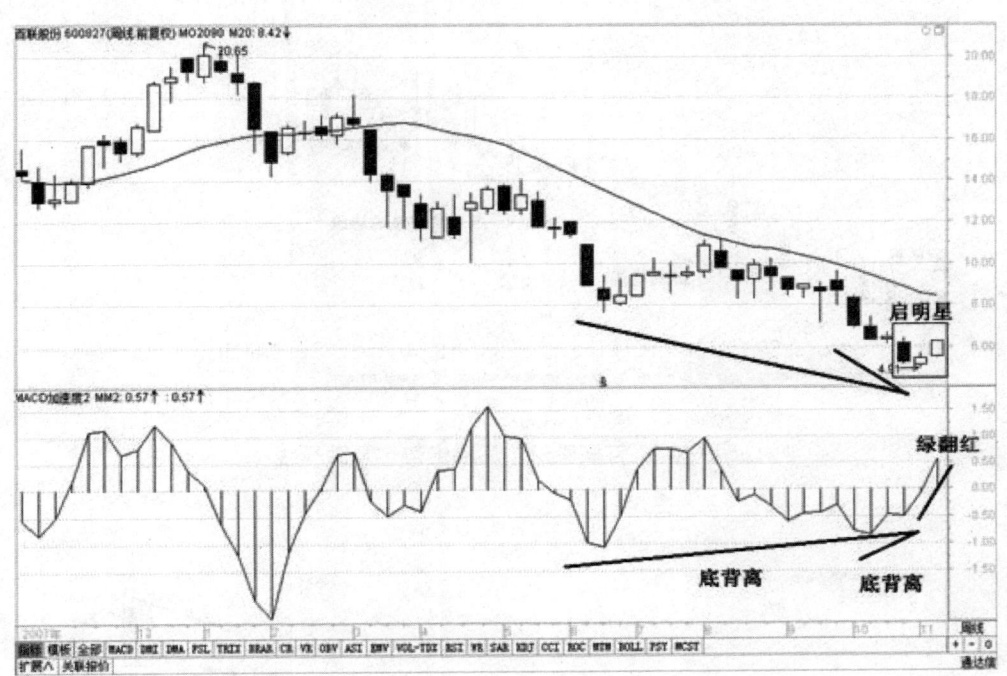

图9-46　百联股份　MACD第二层加速度指标

为了确认之前得到的看涨信号，又调出了第二层加速度指标走势图，从图9-46中可以看到两个底背离反转上涨信号，并且启明星当周也出现了绿翻红的看涨形态，这大大加强了原先预计的上涨概率，可以买入无疑了，买入价格为6.24元左右。（如图9-46所示）

自启明星开始起，股价一直处于上升趋势中，20周均线的上升幅度也越来越大。就在2010年的1月22日这个周末，尾盘股价最终选择在前一周阳线实体的中心以下收盘，形成"看跌孕线"的看跌反转信号，是否应该卖出呢？（如图9-47所示）

图9-47　百联股份　后期走势　看跌孕线

图9-48　百联股份　MACD指标走势分析　顶背离

就在看跌孕线出现当周，MACD指标出现了顶背离看跌信号。红柱长度当周又在缩短，应当卖出。（如图9-48所示）

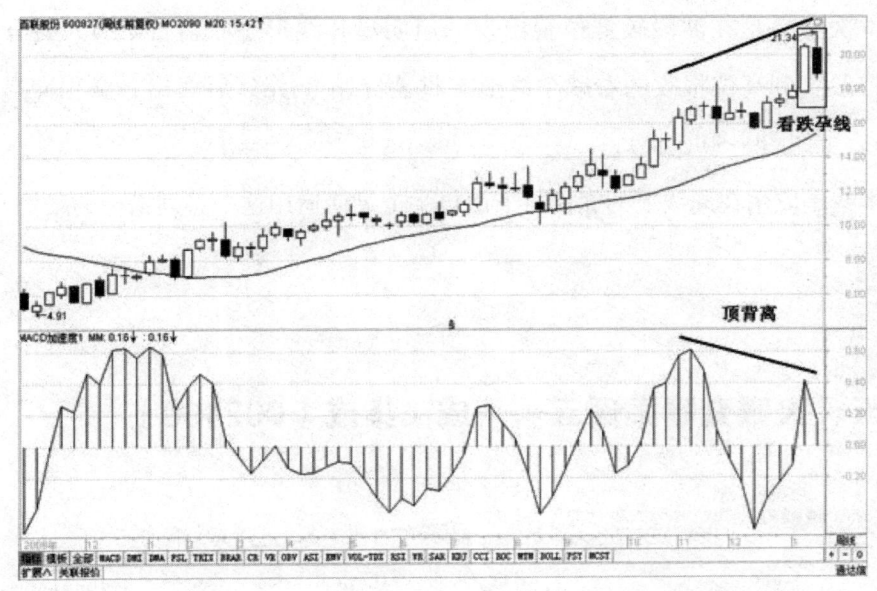

图9-49　百联股份　MACD第一层加速度指标　顶背离

即使在加速度指标上，也能看到同时出现的顶背离看跌反转信号，大大加强了未来下跌的概率。（如图9-49所示）

因此，我们做出了就在该周周末收盘前以接近收盘价的价位卖出该股的决定，卖出价格约18.85元。

图9-50　百联股份　交易全程

本次交易是在波段较低位置出现的启明星Ｋ线形态收盘价6.24元时开始买入，持股直到高位报收的看跌孕线形态收盘价18.85元然后卖出，全程交易获利202%。（如图9-50所示）

本案是应用在周线上的案例，下面再举个灵活运用这一系列指标的案例。

五、火眼金睛案例五——成飞集成（002190）

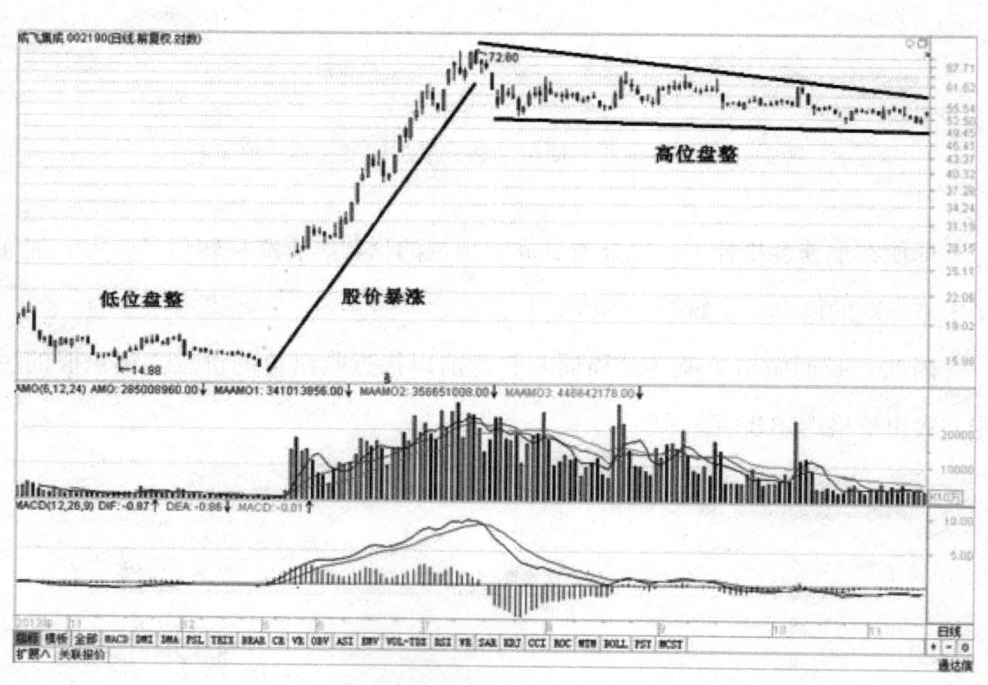

图9-51　成飞集成　前期走势

首先观察该股的前期走势。目前来看，成飞集成早期低位盘整后引发了一波暴涨行情，直接从15元涨到72元，翻了差不多5倍。

随后行情在高位盘整，鉴于盘整的时间过于漫长，又处于高位，预计这次盘整的最终结果将是下跌。（如图9-51所示）

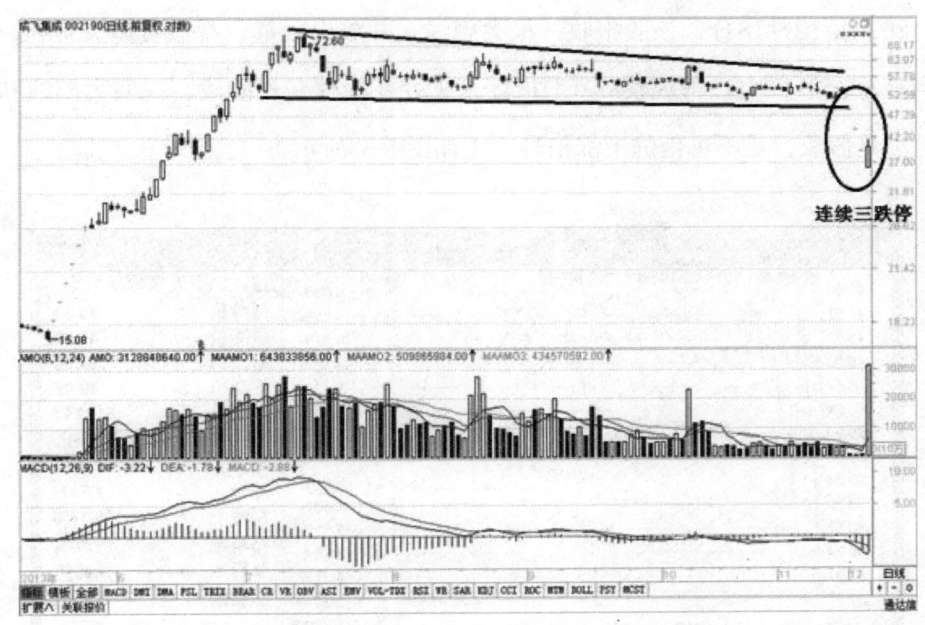

图9-52　成飞集成　三跌停

　　随后股价确如所料，开始直接跌停板跌破盘整线，一来就是三个跌停板，致使无量下跌，卖都卖不出去。（如图9-52所示）

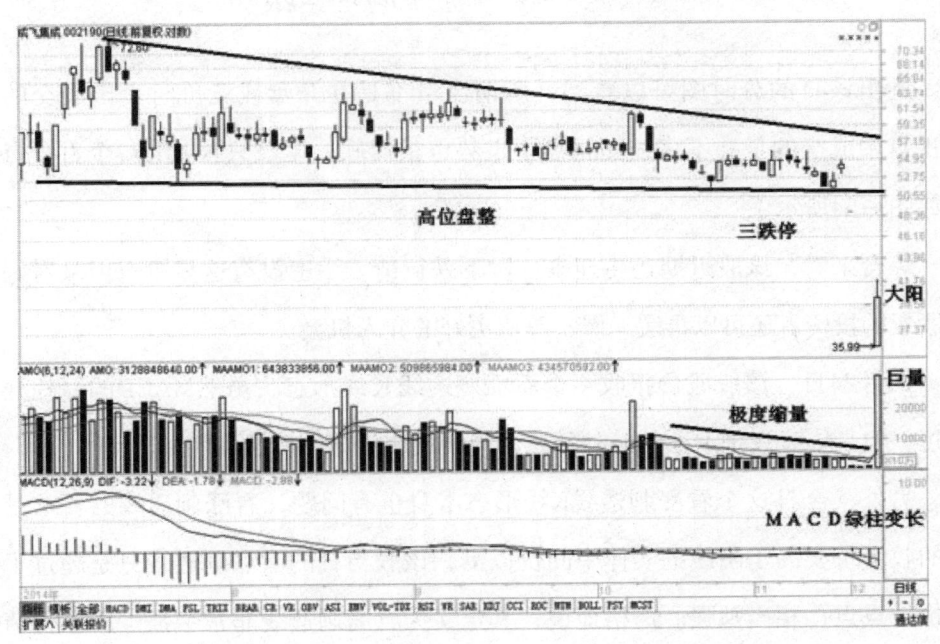

图9-53　成飞集成　量能与MACD指标分析

2014年12月18日，该股报收一根大阳线，并放出巨量，看似对多头有利，所以当日成交额放大。再观察MACD指标，正处在绿柱变长阶段，说明大阳线和巨量上涨是假象，是不可信的上涨信号。（如图9-53所示）

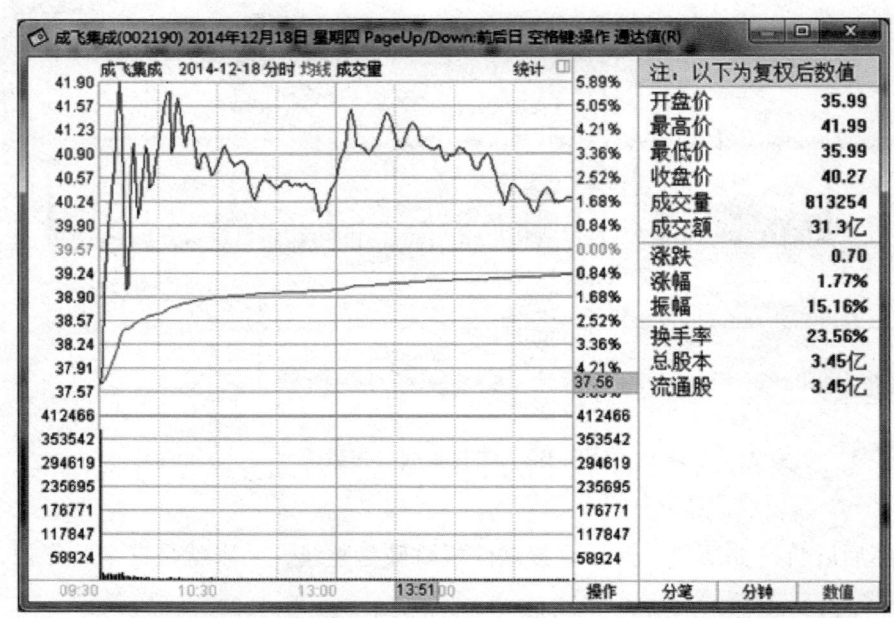

图9-54　成飞集成　2014年12月18日分时图

调出该日的分时图可以看到，所谓巨量都是在开盘或竞价时卖出成交的，真正盘中成交的量并不多，而且盘中走势也很疲软，尾盘只报收1.77个百分点。（如图9-54所示）

综合来看，该股近期还将迎来一段下跌行情。手上没有这只股票但又看好这只股票的投资者还可以再缓一缓，等待更好的介入机会。

12月24日，该股股价报收一个看涨刺透线K线形态，虽然MACD的绿柱开始变短，但是毕竟只是上涨的一种预兆，观察成交额却没有任何增加。

另外，今日这个看涨刺透线K线形态本身也有问题，看涨刺透线的要求是阳线的收盘价要高于阴线的实体中间价以上，该股当日的看涨刺透线只是超过了中间价一点点，相当勉强。严格地说，其定义为看涨刺透线非常牵强。所以行情还将继续下跌。（如图9-55所示）

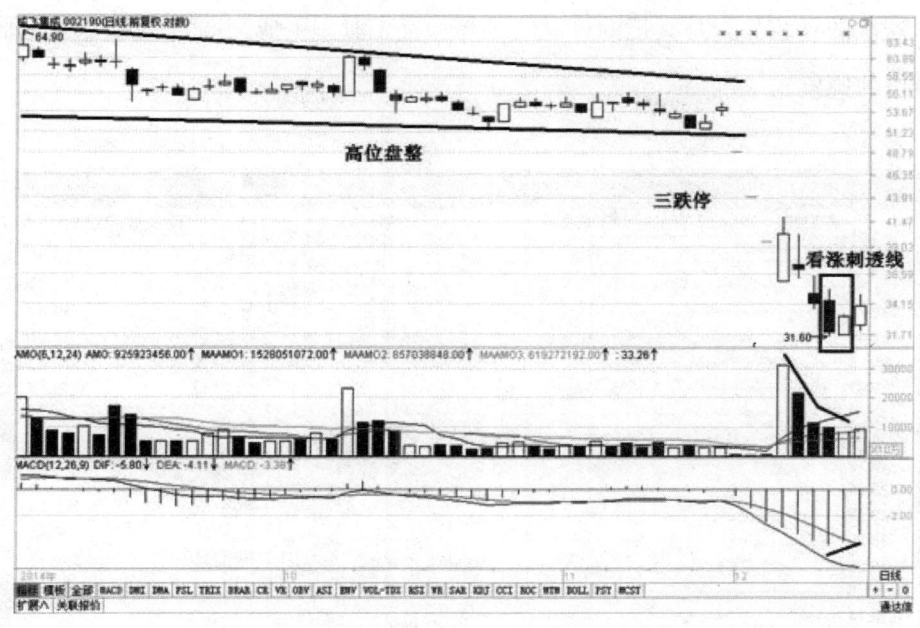

图9-55　成飞集成　看涨刺透线与指标分析

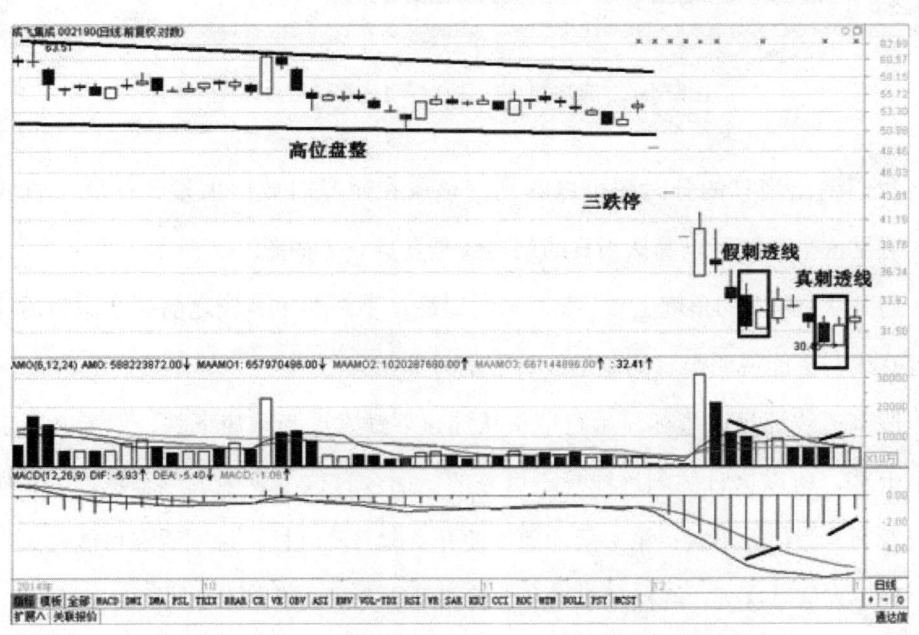

图9-56　成飞集成　新的刺透线与指标分析

2014年12月31日，该股再次收出刺透线K线组合。（如图9-56所示）

这次的Ｋ线是否是真正的可靠信号呢？首先看一下成交额，阳Ｋ线当日确实有量增的迹象。

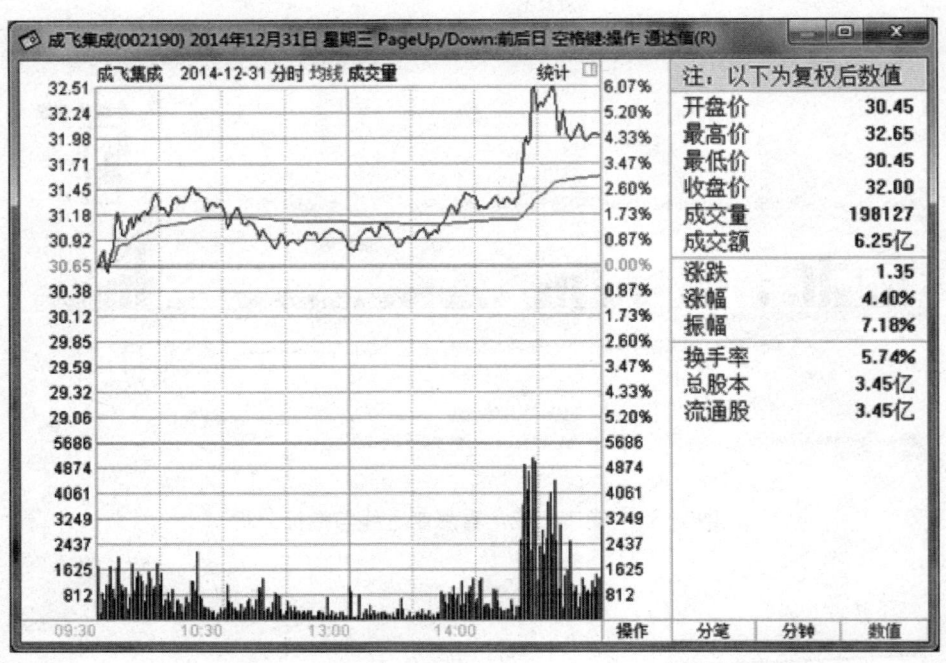

图9-57　成飞集成　2014年12月31日分时图

我们调出当日的分时图可以看到，该股在尾盘时放出大量，使股价直线上冲，可见这个量能可以确认当日的刺透线是真货。（如图9-57所示）

另外从MACD的角度上看，MACD的绿柱在不断缩短，较之前那个假刺透线更接近０线，更能说明今日的刺透线看涨信号非常强烈。

假刺透线那日该指标显示行情正从加速下跌发展为减速下跌，但未必一定会马上上涨，所以这日的刺透线是不可靠的。而今日这个刺透线形态是否可靠呢？可以看到，假信号不久，第一层加速度便开始爬升到红柱，说明看涨可能性大大提高。到了真信号这天，红柱越来越高，看涨可信度越来越大。（如图9-58所示）

较多证据表明今日的看涨刺透线确实可信，再调出MACD的第一层加速度指综合来看，这些证据足以证明今日的看涨刺透线是个较好较可靠的买入信号。对于看好这只股票而手里又没有这只股票的投资者来说，该日是个不错的介入机会。

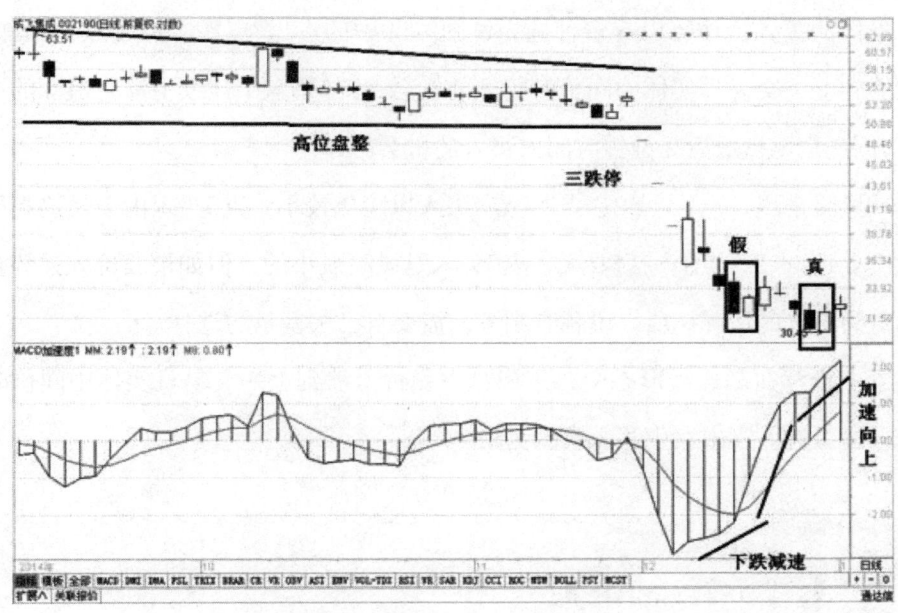

图9-58　成飞集成　MACD第一层加速度指标　红柱加速上升

那介入的时间点在哪？答案就是盘中突破阴线实体中间价的那一段价位。

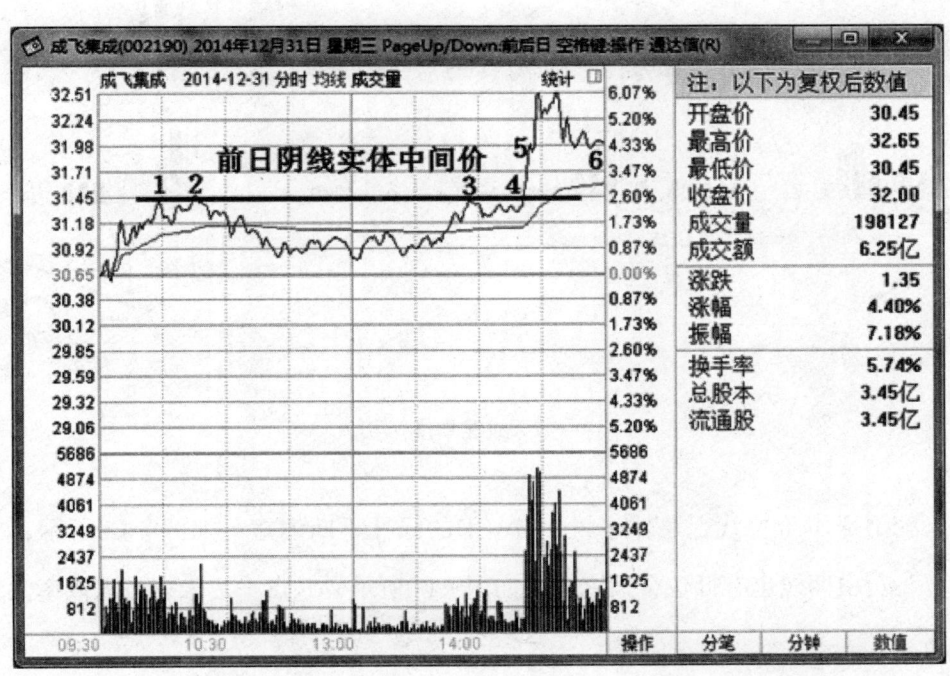

图9-59　成飞集成　2014年12月31日分时图

具体的买入操作可以有多种选择，图9-59中的点1、点2、点3、点4是盘中股价上涨到上一交易日实体中间价时买入的机会，点5是盘中连续上涨时追涨的买入机会，点6是尾盘最后几分钟时间内买入的机会。

　　就风险来说，点1、点2、点3、点4买入风险比较小，点5买入由于是追高所以风险比点1、点2、点3、点4要大，点6买入是风险最小的，但如果股价太强势会导致尾盘买不进的情况。所以说各有利弊，需要自己去衡量与选择。

　　本书推荐在刺透线形态中，采用盘中股价上涨到上一交易日实体中间价时买入的方法买进。在本案中买入价约为31.4元。

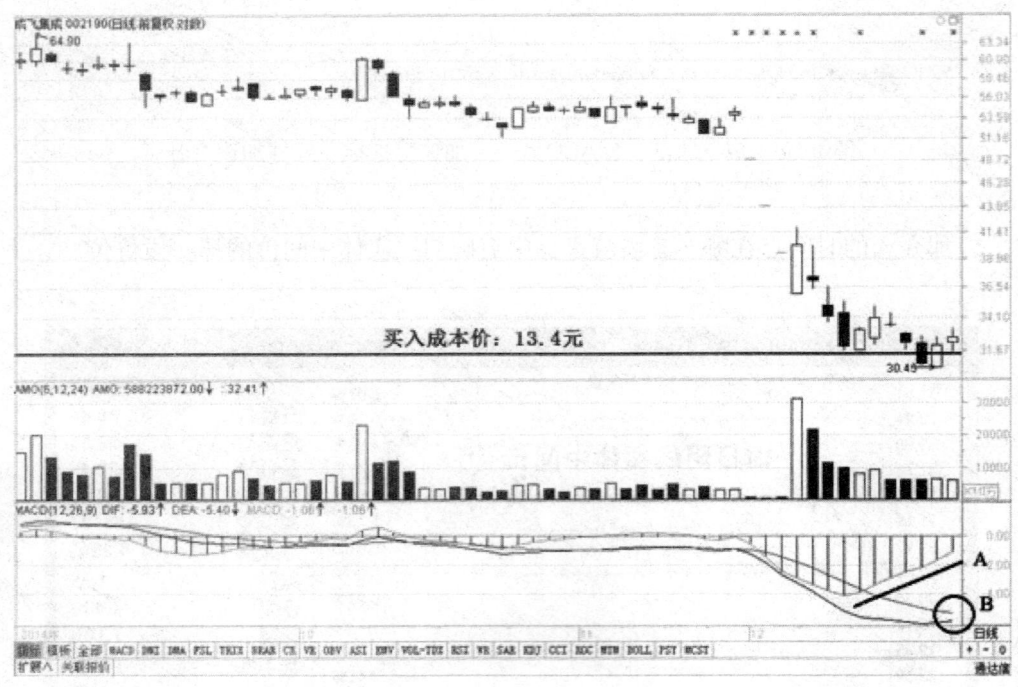

图9-60　成飞集成　买入

　　配上成本价位线，总体来说，MACD的绿柱不断缩短（如图9-60所示，A点），黄白两线也有低位金叉之势（如图9-60所示，B点），未来上涨概率大大提高。

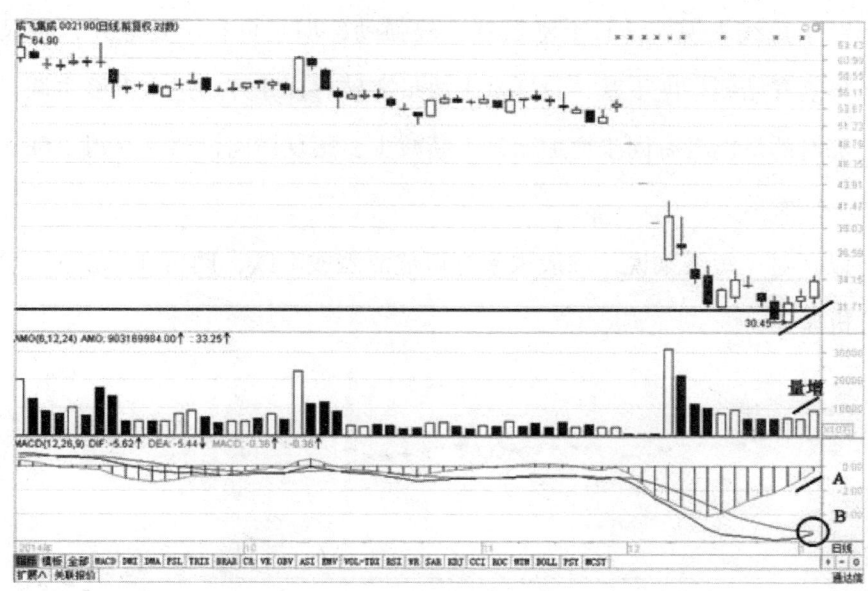

图9-61　成飞集成　走势分析

该图是2015年1月6日的近期走势图，可见股价连涨了三天，成交额也有明显提升，绿柱较前一交易日更短（如图9-61所示，A点），黄白两线即将低位金叉（如图9-61所示，B点），长期来看，中长线上涨概率大大提高。

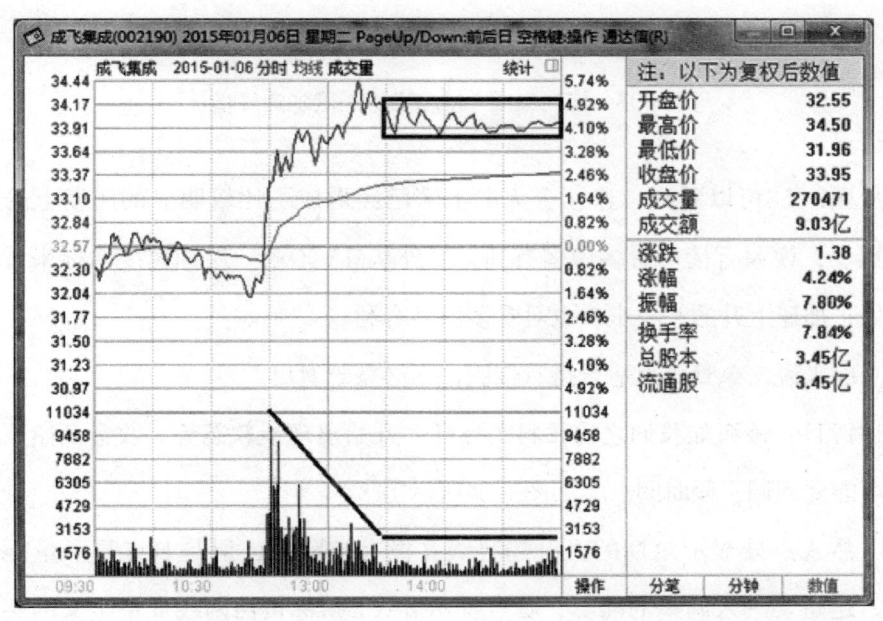

图9-62　成飞集成　2015年1月6日分时图

但对于短线来说，该日上涨虽然比较强劲，但是也有不妥之处，略显后劲不足。早盘开始便一度下跌，只是盘中放量突破后，才开始进入上涨主调，但是后期上涨时的量能没有同步增加而是不断减少，尾盘横向盘整又显得上涨乏力。（如图9-62所示）

所以，对于短线来说，该股未来有可能滞涨或下跌，调出MACD第一层加速度来分析如下。

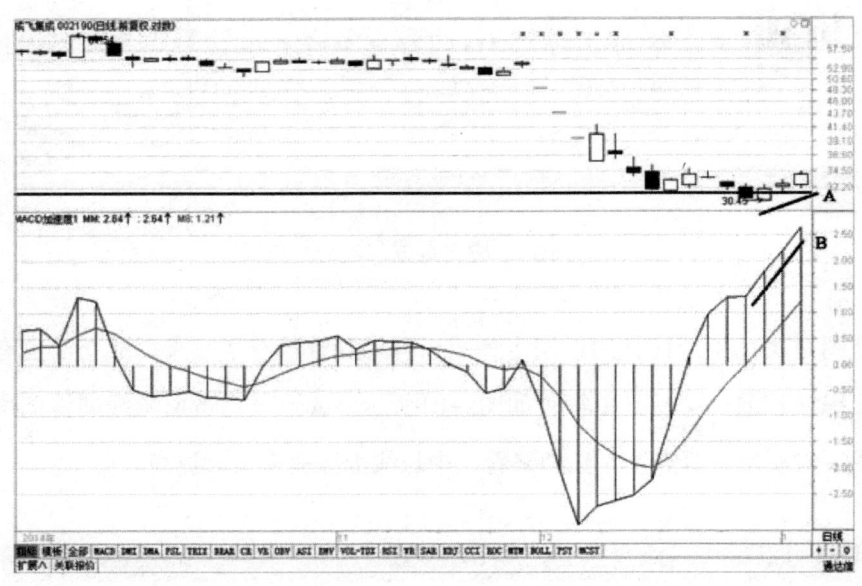

图9-63　成飞集成　MACD第一层加速度指标

从图9-63可以看到，连续三天的上涨已经形成了比较明显的短期上升趋势（A点），说明行情对看多做多有利，另外从MACD第一层加速度指标来看，目前正处于加速上升的态势中，也对看多做多有利。

总的来说，今日仍然适合持有该股，不必急于卖出。

1月7日，该股如我们之前预料的那样，开始出现疲软态势，收盘开始下跌，短线可能要回调一段时间。（如图9-64所示）

虽然A点处显示短期的上升趋势线并没有被跌破，但是B点显示量能开始萎缩，这是要进入调整的前奏，C点提示MACD指标黄白两线低位金叉的买入信号。如果是中长线投资者，不太计较价格的话，这个价位是个好的买点。

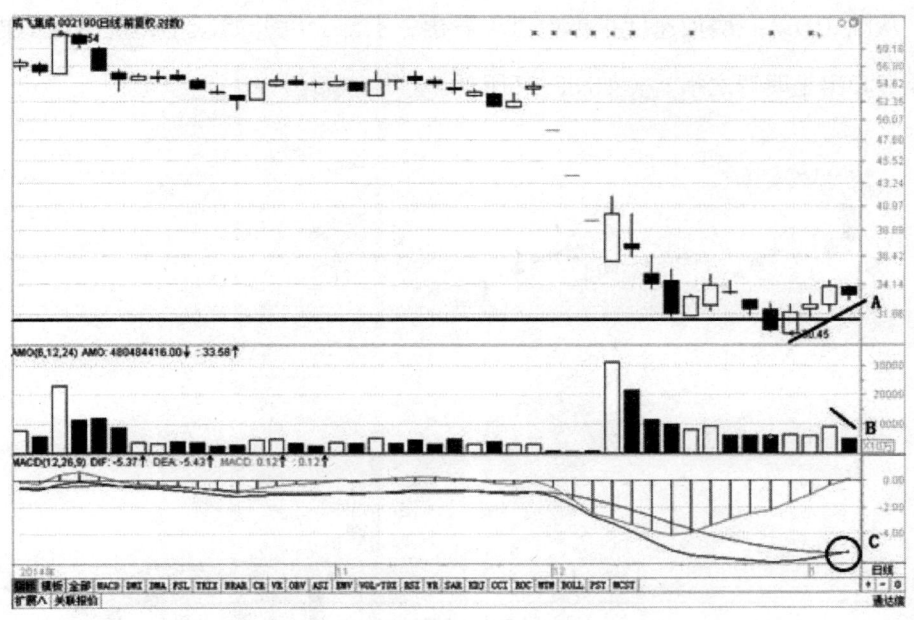

图9-64　成飞集成　多指标分析

　　但是，如果是短线投资者最好在今日就卖出手中的股票，等待回调后的下一个更低价格的买进机会。

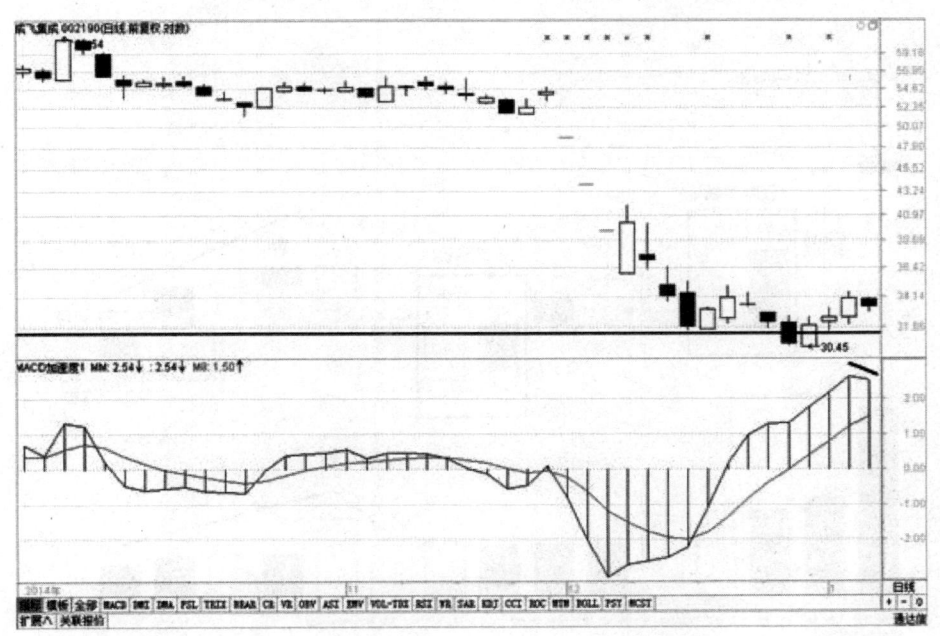

图9-65　成飞集成　MACD第一层加速度指标

从MACD第一层加速度指标也可以看出，上涨力度开始减小，说明短线投资者今日卖出是明智之举。（如图9-65所示）

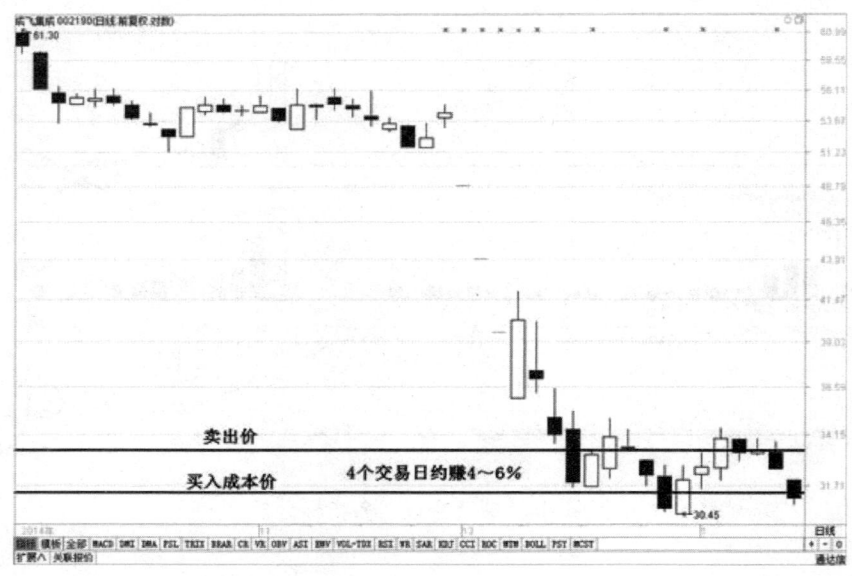

图9-66　成飞集成　本次交易获利4~6%

从买入价到卖出价，约可赚到4%～6%。（如图9-66所示）

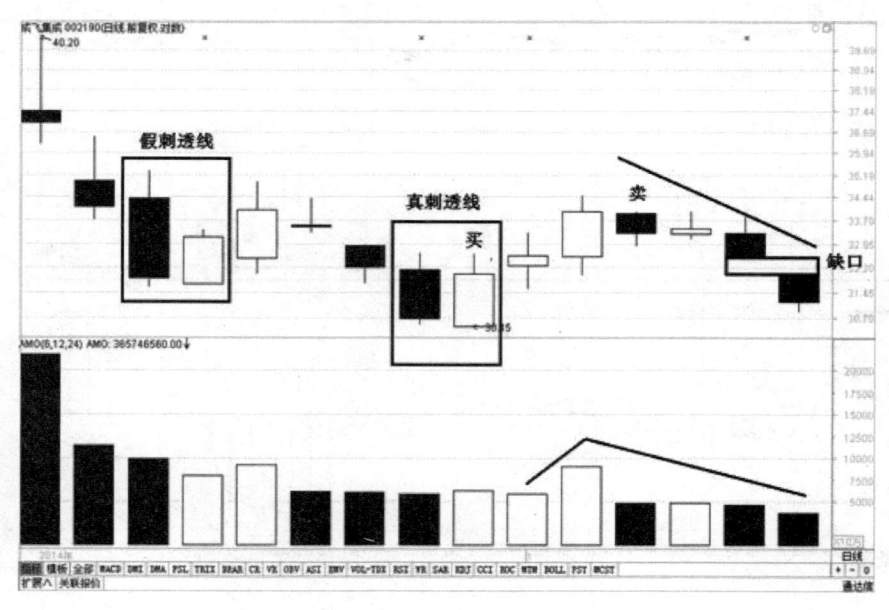

图9-67　成飞集成　前期走势

1月12日，股价连续下跌，并且产生了一个明显的向下跳空缺口，从成交额的递减可以推测出行情可能进入调整末期或接近结束的阶段。（如图9-67所示）

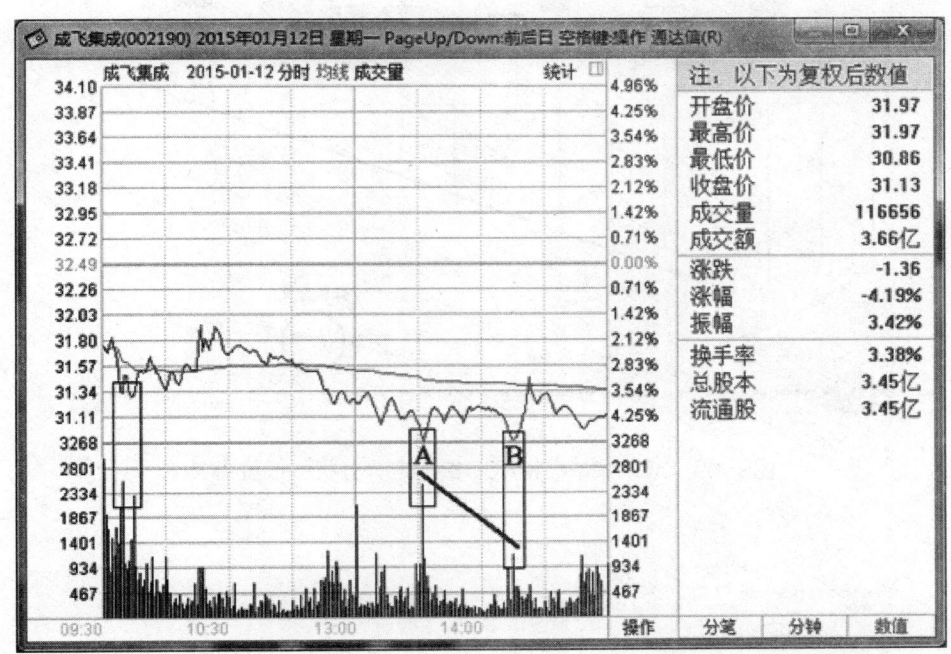

图9-68　成飞集成　2015年1月12日分时图

从分时图图9-68中可以看到，股价当日最低价附近似乎得到某种力量的支撑，A点处成交额非常大，接近开盘阶段的成交额。而到了B点，同样是这个价位，却只增加了较少的成交额。假如说目前处于调整阶段的末期的话，这样的情况说明卖方的力量越以越弱了。

尾盘基本维持在A、B两点价格之上。

MACD指标则显示出中长期看涨观点不变，目前处于红柱缩短阶段，但红柱还有可能继续上行，并且就黄白两线低位金叉买入信号来说，未来立即上涨或是再发生一次黄白两线的金叉才进入主升段。（如图9-69所示）

综合来看，今日这根阴线很可能是调整末期，但具体还未达到非常可靠的程度，需要观察后期走势加以印证。

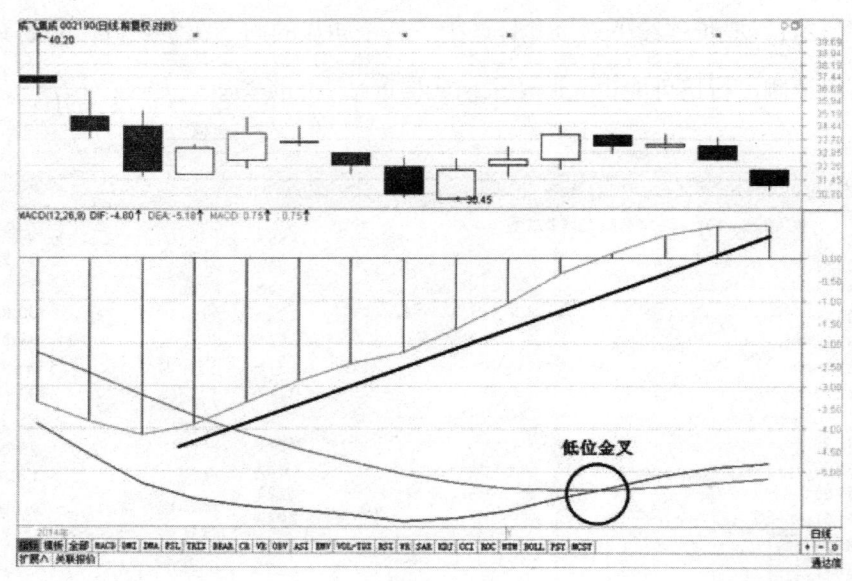

图9-69　成飞集成　MACD指标走势分析　低位金叉

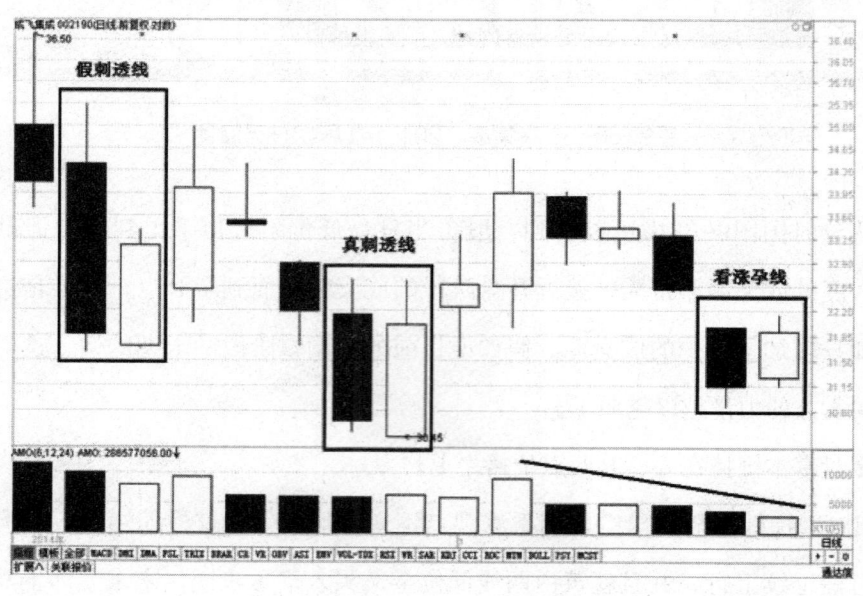

图9-70　成飞集成　量能缩减

　　1月13日，该股当日报收一根阳线，与前一交易日报收的阴线形成"看涨孕线"K线形态，看涨孕线预示未来行情可能会反转上涨。但观察成交额却没有相应增加，为未来是否会上涨打上了个问号。（如图9-70所示）

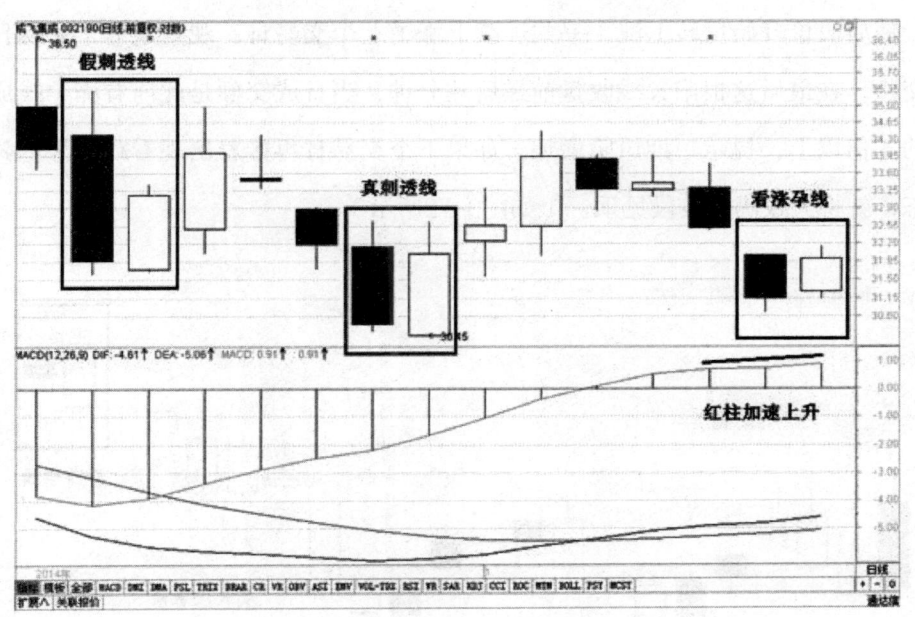

图9-71　成飞集成　MACD指标走势分析　红柱加速上升

　　从图9-71的MACD指标红柱加速上升可以看出，该日的阳线很可能就是调整已经结束的反转上涨信号。可以在该日接近收盘前买入，买入价约为31.91元。

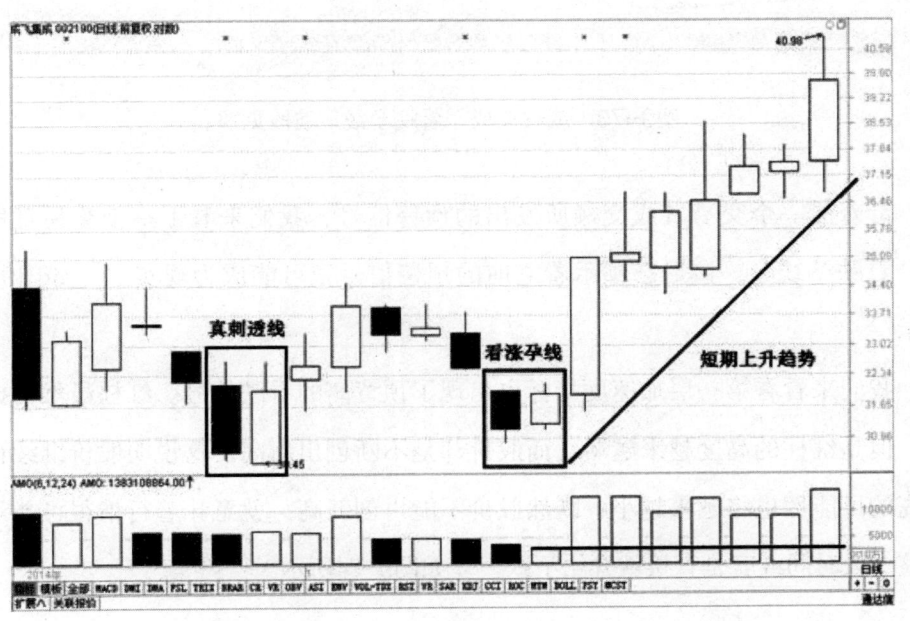

图9-72　成飞集成　量能倍数分析

随后股价开始反转上涨，一共连续上涨了七个交易日，观察这七个交易日的成交额，在最后这根阳K线收盘前最后几分钟，当日成交额是此前看涨孕线成交额的4倍以上，提示短期风险增加。如果下个交易日再接着出现看跌信号的K线形态，就将大致确认波段见顶。（如图9-72所示）

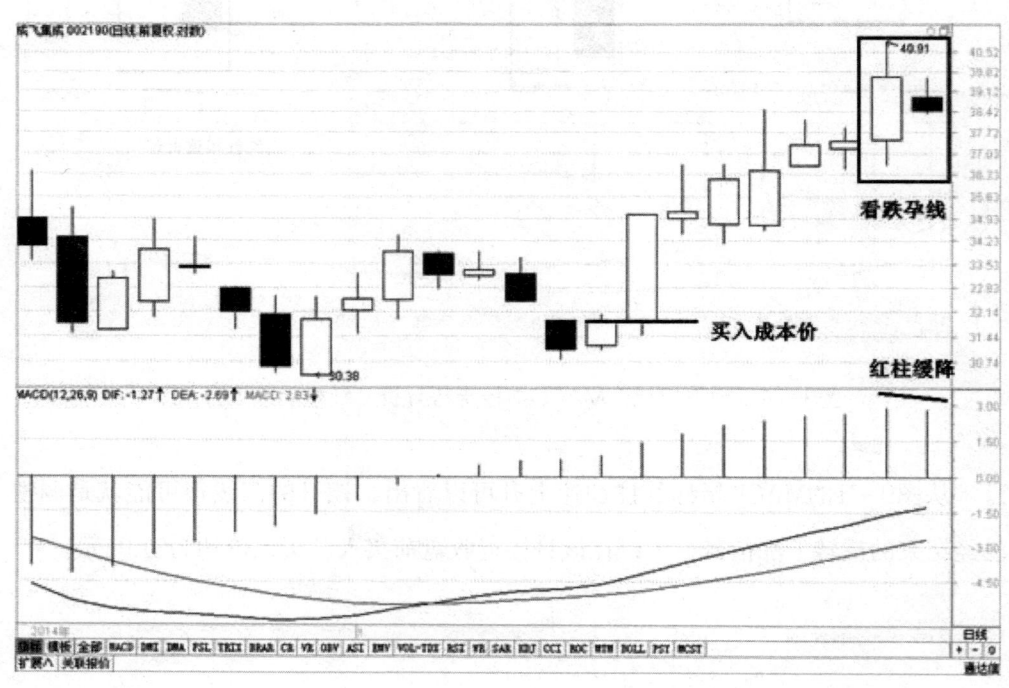

.图9-73　成飞集成　看跌孕线　波段见顶

带着前一个交易日成交额所发出的预警信号，我们来看下一个交易日发出的"看跌孕线"，该形态预示着之前的预警信号很可能成为现实。（如图9-73所示）

我们来看看第一层加速度指标也出现了顶背离的看跌信号。红柱虽然占据上风，但是红柱的高度越来越矮，而股价却是不断创出新高。这说明股价继续再创新高的可能性也将越来越小，既然股价不能再创新高，就意味着行情很可能就此盘整一段时间或者是直接就开始下跌。（如图9-74所示）

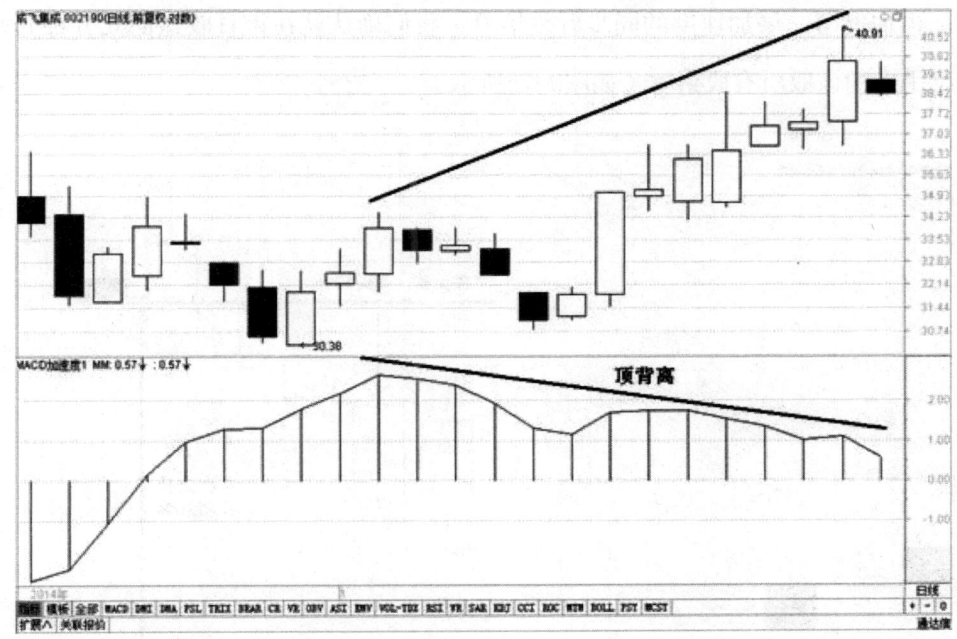

图9-74　成飞集成　MACD第一层加速度指标分析　顶背离

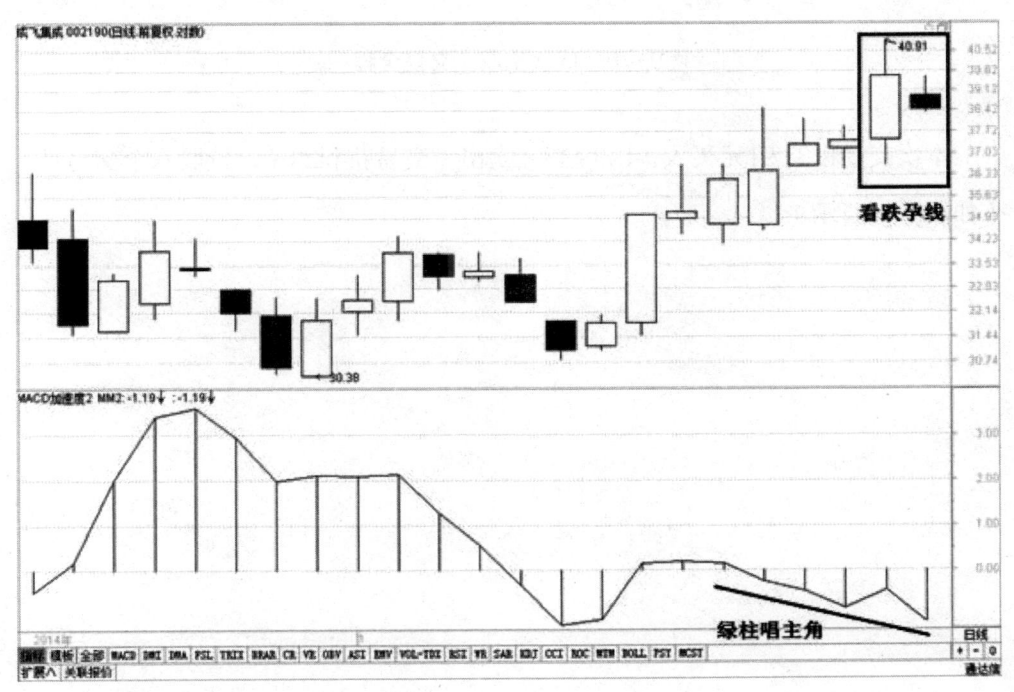

图9-75　成飞集成　MACD第二层加速度指标分析　绿柱继续向下

再加上第二层加速度的同步看跌信号，我们确认就在该日收盘前几分钟开始卖出手中的该股所有股票。（如图9-75所示）

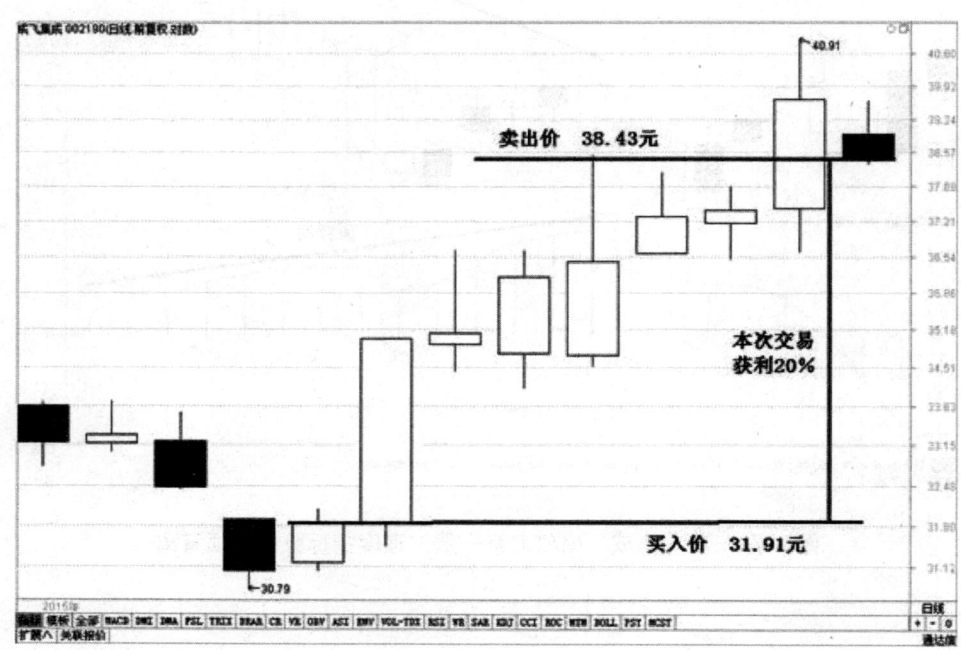

图9-76　成飞集成　交易全程

本次交易以31.91元买入，以38.43元卖出，交易获利20%，持股八个交易日。（如图9-76所示）

结　语

　　股票投资是高收益，但也是高风险的事情。如何才能降低风险呢？只有提高胜算才能进一步降低风险。如何提高胜算呢？这就需要从技术角度出发，找到合适的并且不易被人为操作的几个指标来挖掘。通过这些指标共同发出的信号为主来操作目标股票，使之过滤掉较多的错误信号或人为信号，以此提高每笔交易的成功率。只有成功率提高了，风险才自然降低了！正如股神巴菲特所说的"安全第一，耐心第一"。我们要学会控制自己、学会耐心等待机会。

　　通篇看完了本书的读者，我相信他一定能看懂、会用。不管是K线形态还是MACD指标或者是三个加速度指标等，这些指标技术虽然都很常见，但是真正能用熟、用好的人却是很少，我建议将本书推荐的K线形态、MACD及其三层加速度指标结合起来用。这样就能很大程度地降低投资风险，加大胜算，就算是人为炒作也很难做到三大指标同步发出信号，真正做到"火眼金睛识妖孽"。主力庄家们永远也别想逃出这双火眼金睛！